KB138836

한 권으로 끝내는

초등 미술 돋보기

이상권_ 현 교사. 영상기반교육콘텐츠 제작 연구모임 '몽당분필' 2대 대표로서 인천광역시교육청 공공플랫폼 화상수업시스템 지원단, 인천광역시교육청 정보교육지원단 활동을 하고 있다. 교육부 교육용 콘텐츠 개발육성사업 검토위원, KERIS ICT 연계 교육서비스 교사 지원단, 서울, 경기, 인천교육청 교육연수원 강사로도 활동하고 있다. 티처빌연수원 '한 달만에 쌤 크리에이터 되기 pro' 원격 연수 제작, 경기도평생학습교육관 영상 콘텐츠 제작 지원단, 경기도교육청 초등 1정 연수 '블랜디드 러닝' 강의, 교육부 2015 개정교육과정 핵심교원 연수 강의, 인천광역시서부교육청 온택트 Pioneer 멘토링단, 동아출판 1-2학년 '통합교과' 및 3-6학년 '국어' 차시창 콘텐츠 제작 총괄, 중앙교육연수원 '나도 유튜버, 영상 제작' 연수 강사, 중앙교육연수원 '영상의 시대, 교육 크리에이터를 꿈꾼다' 연수 제작, YOUTUBE 코리아 '유선생 아카데미' 영상 콘텐츠 팀원, 천재교육 티셀파 1-2학년 통합교과 교육활동 영상 콘텐츠 제작 및 디렉팅 등의 활동을 했다. 지은 책으로 『영상 촬영+편집 무작정 따라하기』(길벗, 공저), 『독서록 나와라 뚝딱』(MBC C&I, 공저) 등이 있다.

김형지_ 현 교사. 영상기반교육콘텐츠 제작 연구모임 '몽당분필' 2기로 활동하고 있다. 중앙교육연수원 '안전교육' 연수 제작, 위즈덤하우스출판사 '온작품읽기 자료 및 영상' 제작, 동아출판 1-2학년 '통합교과', '안전한 생활', 5학년 '국어교과' 내용 집필 및 영상 제작, '졸업영상 하루에 끝내기' 연수 운영, ATC STORY MAKER 동화책 집필, 국제 어린이 영어교사(YL-TESOL) 등의 활동을 했다.

박은솔_ 현 교사. 영상기반교육콘텐츠 제작 연구모임 '몽당분필' 2기로 활동하고 있다. 중앙교육연수원 '학급경영' 관련 연수 원고 집필, 동아출판 '안전한 생활', '통합교과', '국어교과' 내용 집필, KERIS '학교ON' 학습활동 자료 제작, 경기도교육청 '인성 체험 프로그램' 제작 및 집필, 위즈덤하우스출판사 '온작품읽기 자료 및 영상' 제작 등의 활동을 했다.

김효주_ 현 교사. 영상기반교육콘텐츠 제작 연구모임 '몽당분필' 3기로 활동하고 있다. 경상남도교육청 '아이톡톡' 프로그램 개발 지원단, 경남수학문화관 '수학 기반 SW · AI 교육 체험 프로그램' 개발 지원단, 한국문화예술교육 '온라인 콘텐츠 제작 저작권' 연수 강사, KERIS '학교ON' 학습활동 자료 제작, 수학문화관 '온라인 영상 콘텐츠 제작' TF팀, 동아출판 '온작품읽기' 집필, '졸업영상 하루에 끝내기' 연수 제작 및 운영, 경상북도교육연수원, '유튜브, 학교를 만나다' 원격 연수 제작, 넷마루 '교사공감 한해살이' 연수 제작 등의 활동을 했다. '경남영상교육공모전'(2020) 교사 부문 금상을 수상했으며, '3.15 영상 공모제'(2019) 최우수상을 수상한 바 있다.

몽당 색연필

초판 1쇄 발행 2021년 6월 18일
지은이 이상권 · 김형지 · 박은솔 · 김효주
펴낸이 이형세
펴낸곳 테크빌교육㈜
책임편집 이윤희 | **편집** 김희선 | **디자인** 어수미 | **제작** 제이오엘엔피
테크빌교육 출판 서울시 강남구 언주로 551, 5층 | **전화** (02)3442-7783 (142)

ISBN 979-11-6346-124-1 03370
책값은 뒤표지에 있습니다.

테크빌교육 채널에서 교육 정보와 다양한 영상 자료, 이벤트를 만나세요!

블로그 blog.naver.com/njoyschoolbooks **페이스북** facebook.com/teacherville
티처빌 teacherville.co.kr **티처몰** shop.teacherville.co.kr
쌤동네 ssam.teacherville.co.kr **키즈티처빌** kids.teacherville.co.kr

이 책의 무단 전재와 무단 복제를 금합니다.
잘못 만들어진 책은 구입하신 서점에서 교환해 드립니다.

한 권으로 끝내는

초등미술 돋보기

이상권 · 김형지 · 박은솔 · 김효주 지음

테크빌교육

선생님, '초등학교 미술 수업' 하면 어떤 것들이 떠오르시나요?

교사의 입장에서 미술 수업은 쉬운 수업이기도, 어려운 수업이기도 합니다. 활동 가이드가 자세히 제시되어 있거나 교사의 역량이 뛰어나다면 미술 지도는 수월할 것입니다. 하지만 적지 않은 선생님들이 미술 수업에 어려움을 겪고 있습니다. 왜 그런 걸까요?

첫째, 미술 수업은 많은 준비물이 필요합니다. 미술은 여러 영역을 포괄하고, 영역에 따라 필요한 준비물도 매우 다양합니다. 이럴 때 교사는 준비물이 많이 필요하지 않은, 학교에 구비된 학습준비물만으로도 쉽고 멋진 작품을 만들 수 있는 미술 활동에 대해 생각하게 됩니다. 이러한 고민은 2020년 원격 수업이라는 커다란 변화를 마주하여, 감염병 상황에 따라 달라지는 등교 일정에 맞춰 미술 학습 꾸러미를 만들어 보내는 과정에서 더욱더 깊어집니다.

둘째, 미술에 평범한 재능을 가진 교사가 교과서만큼의 훌륭한 작품을 만든다는 것은 매우 어려운 일입니다. 교사 역시 예시 작품을 만들고 미술 활동을 하는 학생들에게 도움을 주기 위해서는 명확한 가이드가 필요합니다.

셋째, 미술작품에 숨겨진 이론적 내용, 배경, 작가, 기법 등을 설명하기 위해서는 풍부한 미술 지식이 필요합니다. 하지만 초등 교사는 미술만을 전공한 교사가 아닙니다. 이러한 배경 지식을 설명하기 위해서는 많은 시간을 들여 교재 연구를 하고 검색하는 과정을 거쳐야 합니다. 담임교사가 대부분의 교과목을 지도하는 초등학교의 특성상 이런 과정은 상당한 부담으로 다가옵니다.

이처럼 미술 수업에 어려움을 느낀 4명의 선생님이 모여 책을 만들게 되었습니다.

『한 권으로 끝내는 초등 미술 돋보기』, 이렇게 구성되어 있습니다.

이 책은 크게 '미술 돋보기'와 '돋보기 플러스' 활동으로 구성되어 있습니다.

'미술 돋보기'는 초등학교 3, 4, 5, 6학년 미술 교과의 성취 기준을 달성할 수 있는 학년별 활동을 담고 있습니다. '조형 요소와 원리', '디자인', '표현', '서예', '도예', '판화', '환경', '감상' 등과 같은 핵심 주제어를 중심으로 활동을 구성하였기 때문에, 수업의 진도와 상관없이 필요할 때 필요한 활동을 책에서 쉽게 찾아 수업에 활용할 수 있습니다. '미술 돋보기'의 각 활동은 다음과 같이 구성되어 있습니다.

첫째, 각 활동에 해당하는 성취 기준, 수업을 지도할 때 필요한 미술 용어와 그 뜻을 정리하여 완성 작품의 예시 사진과 함께 제시하였습니다. 활동 영상을 볼 수 있는 QR코드도 같이 삽입되어 있어 수업 지도 시 참고할 수 있습니다.

둘째, '함께 만들어 봐요'에서는 활동 단계별 만드는 방법에 대한 설명과 사진들을 자세히 실었습니다. 또한 각 활동 설명 밑에 위치한 '활동 돋보기'란을 통해 직접 하지 않으면 알지 못하는 활동 팁을 수록하였습니다. 학생들을 지도할 때 도움이 되면 좋겠습니다.

셋째, '생각을 더 해요'에서는 해당 활동 미술 수업 시간에 활용할 수 있는 의미 있

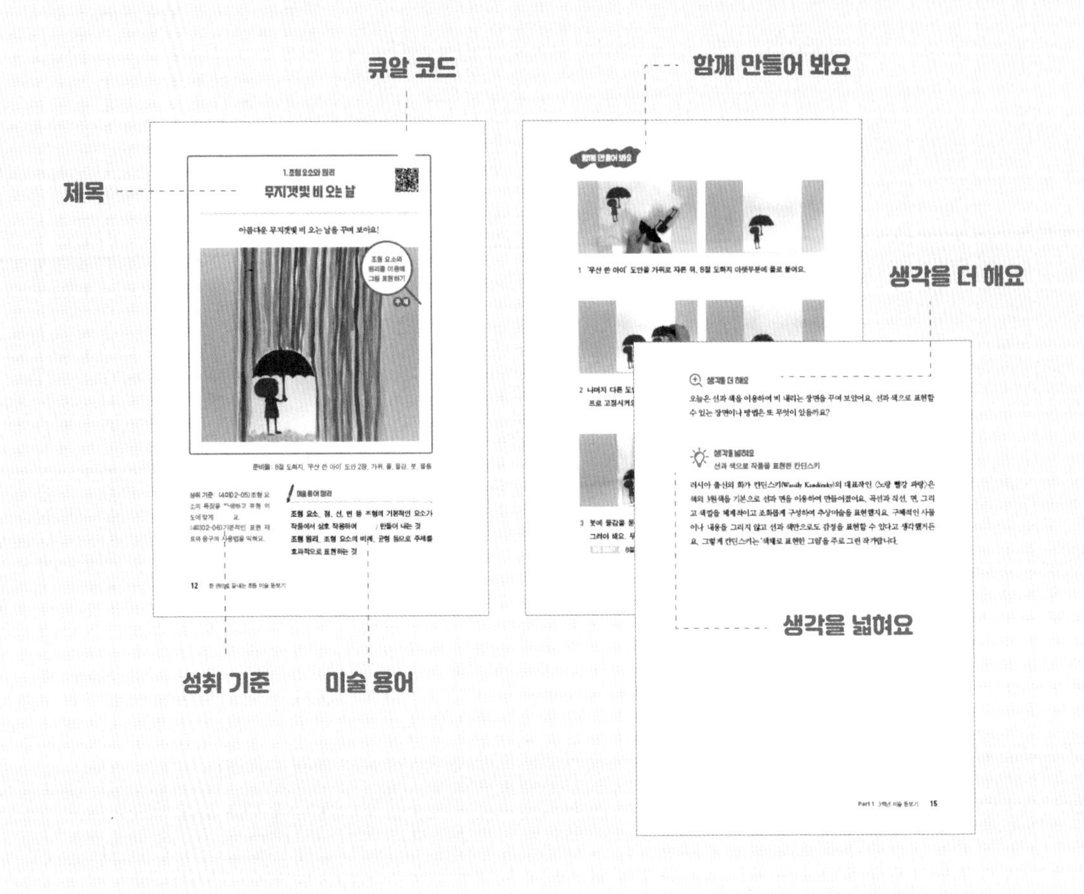

는 핵심 발문을 넣었습니다. '생각을 넓혀요'에서는 미술 수업지도 시 활용할 수 있는 자투리 미술 이야기를 수록하였습니다. 미술 소재에 관한 이야기, 학생들이 알면 좋을 유명한 미술가 이야기 등이 들어가 있어 수업할 때 학생들에게 이야기로 들려준다면 미술 활동에 대한 이해를 넓힐 수 있을 것입니다.

'돋보기 플러스'는 미술 교과서에는 들어가 있지 않지만, 학생들과 즐겁게 할 수 있는 다양한 미술 활동입니다. '돋보기 플러스'의 '놀이 활동' 편에서는 학생들이 쉽게 따라 할 수 있는 재미있는 활동을 담았습니다. '교실 환경' 편에는 비어 있는 교실 뒤 게시판을 멋지게 채울 수 있는 활동들을 담았습니다. 그리고 1년 사계절 시간의 흐름을 느낄 수 있는 미술작품들을 '사계절 미술 활동' 편을 통해 만들어 볼 수 있습니다.

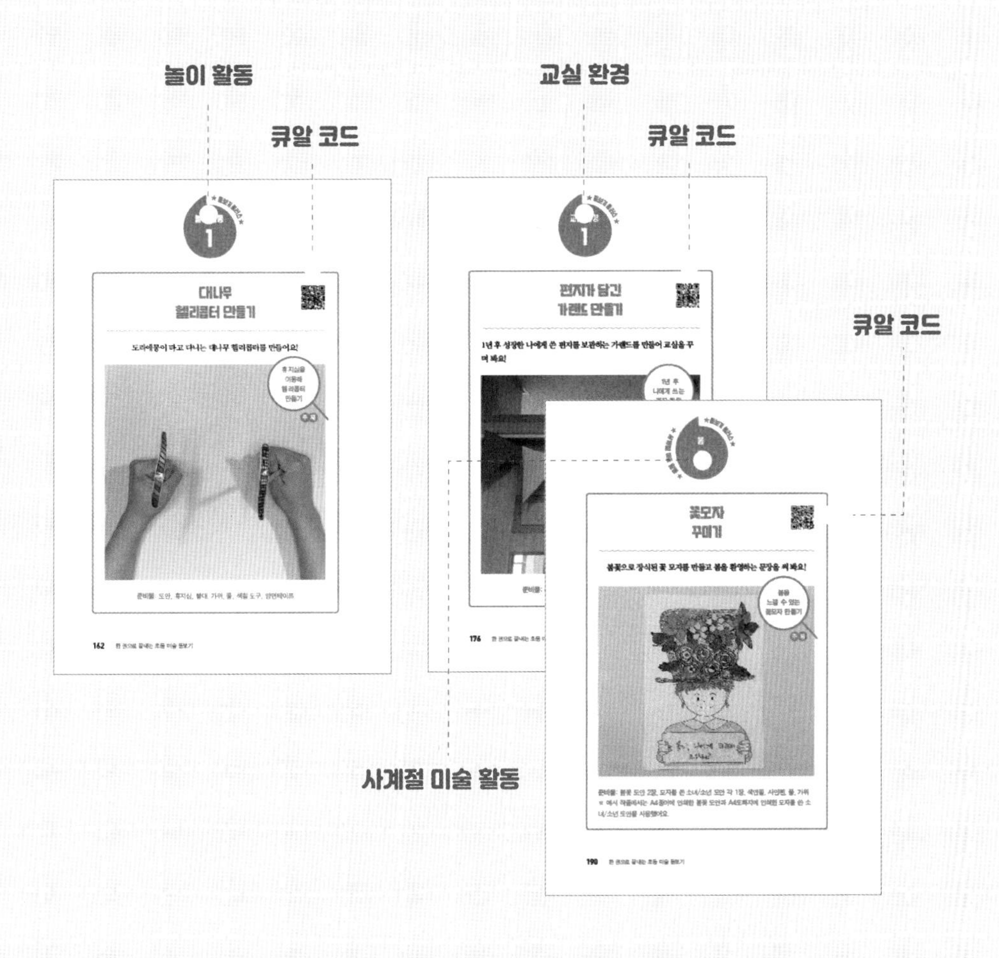

『한 권으로 끝내는 초등 미술 돋보기』, 이렇게 사용합니다.

이 책은 초등학교 선생님들의 미술 수업과 학생들의 미술 활동에 도움을 주기 위해 만들어졌습니다.

선생님들께 이 책은 성취 기준에 따라 미술 활동을 재구성한 책입니다. 미술 교과의 성취기준을 충족하면서도 재미있고 의미 있는 작품을 만들 수 있도록 구성하였습니다. 많은 업무와 수업 준비로 힘든 선생님들께서 손쉽게 미술 수업을 준비하는 데 이 책이 보탬이 되었으면 좋겠습니다.

학생들에게 미술 시간이 즐거운 친구들도 있지만 그렇지 않은 친구들도 있을 겁니다. 그래서 되도록 많은 친구가 쉽게 따라 할 수 있고 간단하면서도 재밌는 활동으로 이 책을 구성하려 노력하였습니다. 만들기 어려운 작품들은 유튜브 영상을 통해서 활동 방법을 확인할 수도 있습니다. 이 책을 통해 여러분이 집에서도 미술 활동을 놀이처럼 즐길 수 있길 바랍니다.

책을 읽는 모든 선생님과 학생들에게 도움이 되는 책이 되길 기원합니다. 감사합니다.

2021년 6월

이상권, 김형지, 박은솔, 김효주

차례

Part3
5학년
미술 돋보기

Part 4
6학년
미술 돋보기

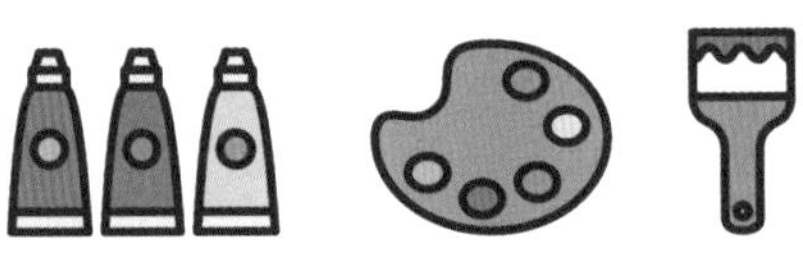
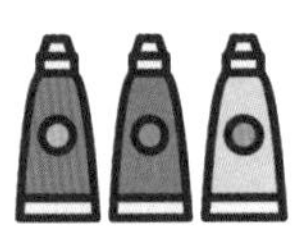

★ 놀이 활동

★ 교실 환경

★ 사계절 미술 활동

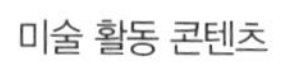

미술 활동 콘텐츠

미술 도안 콘텐츠

Part 1

3학년

미술 돋보기

1. 조형 요소와 원리

무지갯빛 비 오는 날

아름다운 무지갯빛 비 오는 날을 꾸며 보아요!

준비물: 8절 도화지, '우산 쓴 아이' 도안 2장, 가위, 풀, 물감, 붓, 물통

성취 기준: (4미02-05)조형 요소의 특징을 탐색하고 표현 의도에 맞게 적용해요.
(4미02-06)기본적인 표현 재료와 용구의 사용법을 익혀요.

미술 용어 정리

조형 요소_ 점, 선, 면 등 조형의 기본적인 요소가 작품에서 상호 작용하여 작품을 만들어 내는 것

조형 원리_ 조형 요소의 비례, 균형 등으로 주제를 효과적으로 표현하는 것

함께 만들어 봐요

1 '우산 쓴 아이' 도안을 가위로 자른 뒤, 8절 도화지 아랫부분에 풀로 붙여요.

2 나머지 다른 도안을 비슷한 크기로 자르고, 활동 1에서 풀로 붙인 도안 위에 테이프로 고정시켜요.

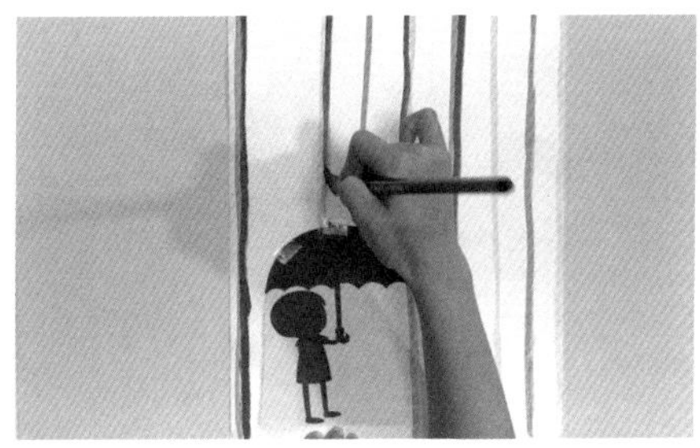

3 붓에 물감을 묻혀 위에서 아래로 도화지에 선을 그려요. 이때 간격을 두고 선을 그려야 해요. 무지개처럼 여러 가지 색깔을 사용하여 선을 그려요.

활동 돋보기 8절 도화지를 비스듬히 기울여서 물감이 흘러내리도록 비를 표현해도 좋아요.

4 빈 곳이 남지 않게 다양한 색으로 선을 그려요.

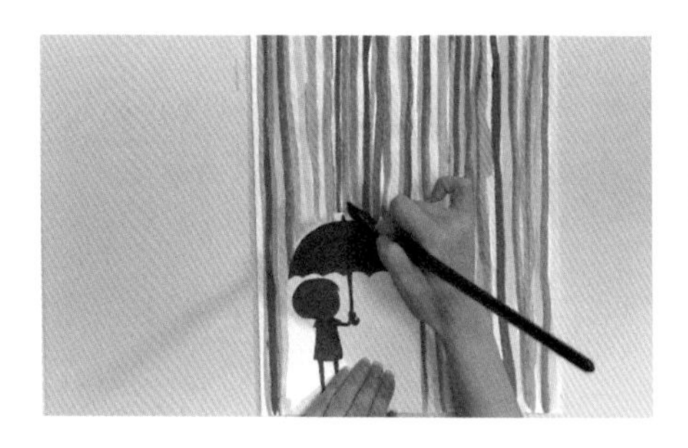

5 테이프로 고정했던 도안을 떼고, 주변이 자연스럽게 보이도록 빗물을 덧칠해요.

활동 돋보기 도안이나 도화지가 찢어지지 않도록 조심히 떼야 해요.

6 '우산 쓴 아이' 도안 밑에 물감이나 다른 색칠 도구로 물웅덩이를 표현하여 완성해요.

활동 돋보기 완성한 작품을 우산 모양으로 잘라 전시해도 예뻐요.

생각을 더 해요

오늘은 선과 색을 이용하여 비 내리는 장면을 꾸며 보았어요. 선과 색으로 표현할 수 있는 장면이나 방법은 또 무엇이 있을까요?

생각을 넓혀요
선과 색으로 작품을 표현한 칸딘스키

러시아 출신의 화가 칸딘스키(Wassily Kandinsky)의 대표작인 〈노랑 빨강 파랑〉은 색의 3원색을 기본으로 선과 면을 이용하여 만들어졌어요. 곡선과 직선, 면, 그리고 색깔을 체계적이고 조화롭게 구성하여 추상미술을 표현했지요. 구체적인 사물이나 내용을 그리지 않고 선과 색만으로도 감정을 표현할 수 있다고 생각했거든요. 그렇게 칸딘스키는 '색채로 표현한 그림'을 주로 그린 작가랍니다.

2. 디자인

종이 사진 액자

찰칵! 기억에 남는 장면을 액자 속에 저장!

준비물: A4색지, 가위, 채색 도구

성취 기준: (4미01-03)우리 생활 속에서 다양하게 활용되고 있는 미술을 발견할 수 있어요.

미술 용어 정리

디자인_ 쓸모 있으면서 독특하고 아름답게 만드는 것으로, 문제를 재미있고 창의적으로 해결해 주며 우리 생활을 좀 더 편리하게 해 주는 것

함께 만들어 봐요

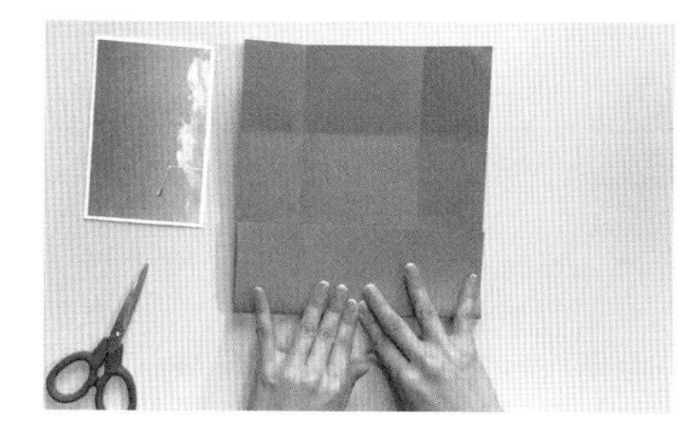

1 A4색지 세 장을 겹친 다음 한가운데 그림이나 사진이 들어갈 만큼 남기고, 네 부분을 안쪽으로 접은 뒤 펼쳐요.

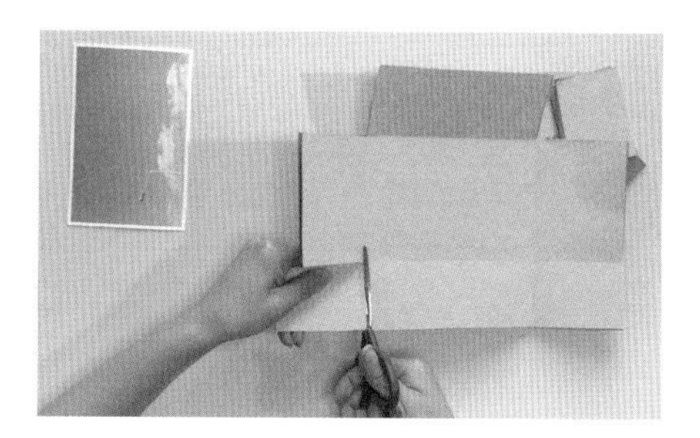

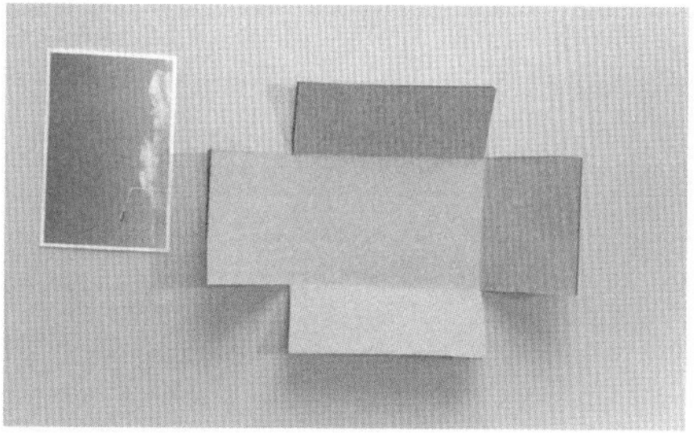

2 A4색지가 접혀진 부분 중 모서리 끝부분을 가위로 모두 잘라요.

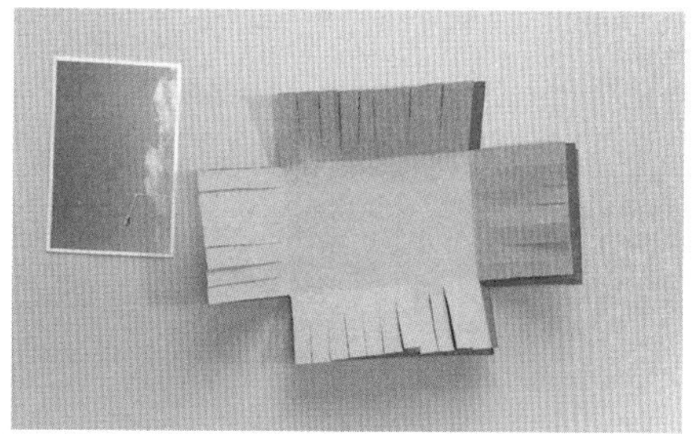

3 모서리 부분을 자르고 남은 끝부분은 간격을 두고 세로로 모두 잘라요.

활동 돋보기 자르는 간격은 마음대로 잘라요. 간격이 좁거나 넓어도 되고, 일정하지 않아도 좋아요.

4 세로로 자른 부분을 자른 부분 끝까지 손으로 돌돌 말아 올려요.

5 돌돌 말아 올린 액자 틀 세 개를 겹쳐요. 크기가 같으니 원하는 순서로 겹쳐요.

6 액자 틀 안에 들어갈 크기의 흰 종이를 준비한 뒤, 기억에 남는 장면을 떠올려 밑그림을 그려요.

7 밑그림에 채색 도구로 색칠해요. 완성한 그림을 액자 틀 안에 껴서 완성해요.

생각을 더 해요

오늘은 종이를 이용하여 액자를 디자인해 보았어요. 이 외에 디자인하고 싶은 우리 주변의 소품에는 어떤 것들이 있나요?

생각을 넓혀요
음식을 디자인하는 푸드 스타일리스트

'디자이너' 하면 옷이나 집을 꾸미는 사람들이 먼저 떠오르는 경우가 많을 거예요. 그런데 음식을 디자인하는 직업도 있다는 사실을 알고 있나요? 바로 음식을 먹음직스럽게 디자인하는 '푸드 스타일리스트'입니다.

푸드 스타일리스트는 TV광고나 드라마 등 대중매체에 내보낼 음식 장면을 맛있어 보이게 연출하거나, 새롭게 소개할 요리를 개발하고 조리법을 만드는 일을 해요. 또 그릇에 담기는 음식이 전체적으로 조화롭게 담기도록 색을 고르고, 음식이 담기는 곳곳을 세밀하게 표현해요. 퍼즐을 맞추듯 음식에 어울리는 식기를 고르고 꾸미기도 하지요. 음식에 아름다운 옷을 입히는 '푸드 스타일리스트'에 대해 조금 알게 되었나요?

3. 도예

납작 얼굴, 둥근 얼굴

찰흙으로 얼굴을 만들어 보고, 나의 경험을 표현해 보아요!

준비물: 찰흙, 찰흙판, 조각칼, 물통, 스펀지

성취 기준: (4미02-05)조형 요소(점, 선, 면, 형태, 색, 질감, 양감 등)의 특징을 탐색하고, 표현 의도에 맞게 적용할 수 있어요.

미술 용어 정리

부조_ 조소의 형식 중 하나로, 평평한 면에 형상을 반 입체적으로 표현하는 것

나의 얼굴 납작하게 만들기

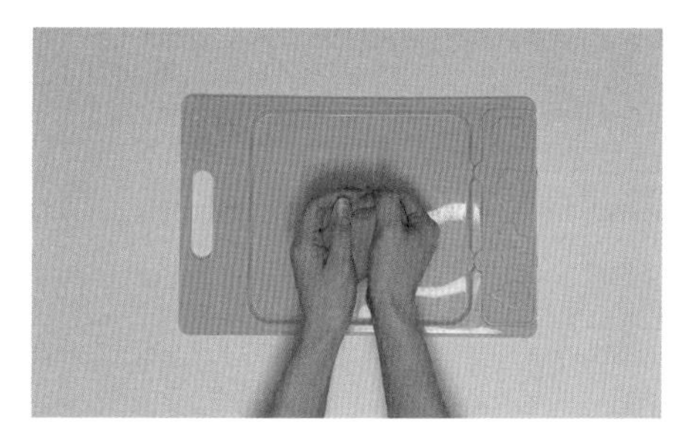

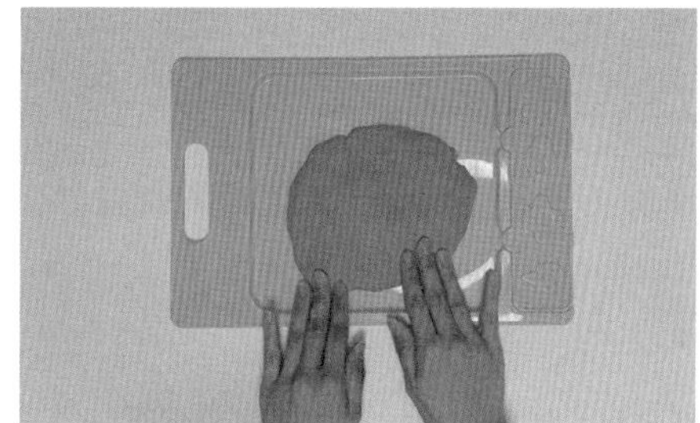

1 찰흙을 주무른 다음, 찰흙판 위에 납작하게 펼쳐요.

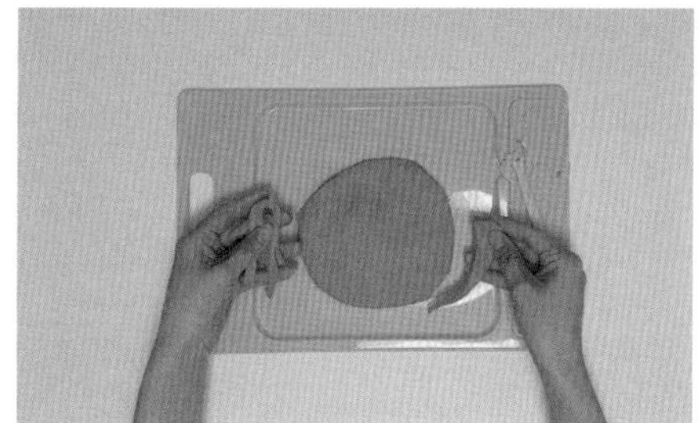

2 조각칼을 사용하여 얼굴 형태를 만든 후, 가장자리를 떼어 내요.

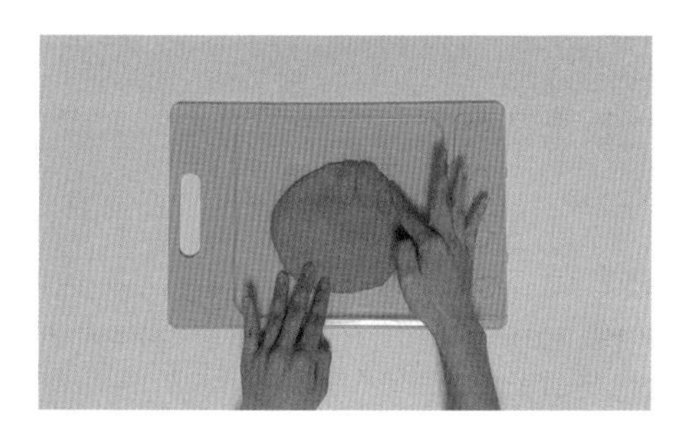

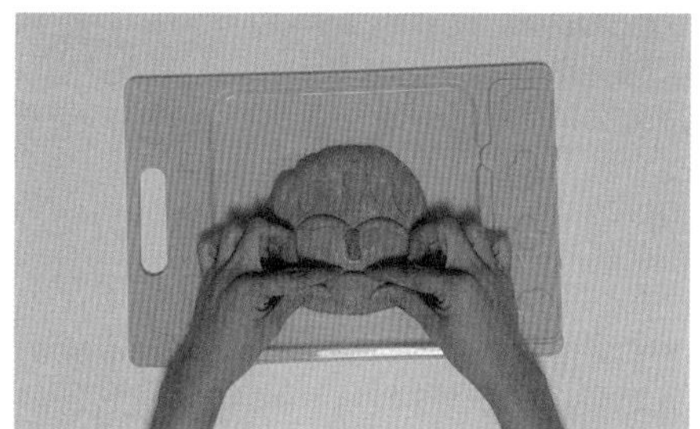

3 찰흙으로 눈, 코, 입, 머리카락을 만들고, 물을 사용하여 붙여요.

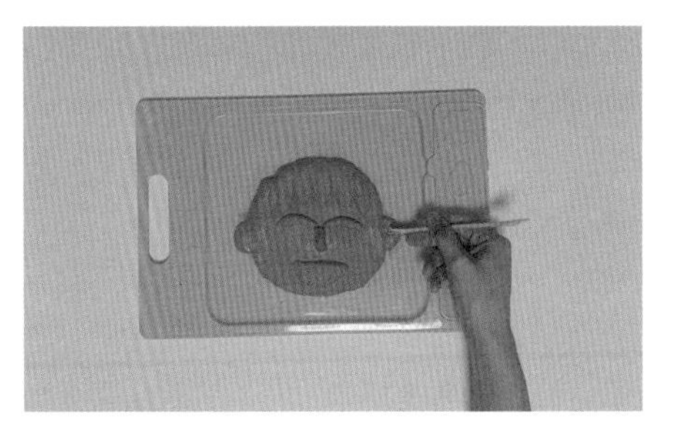
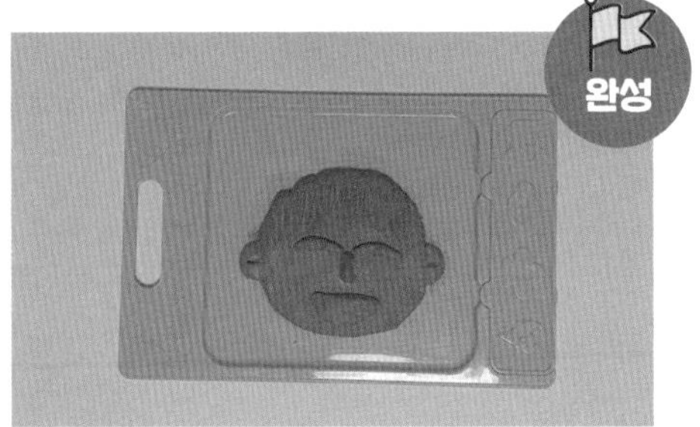

4 조각칼을 활용하여 상세히 꾸며요.

나의 경험 표현하기

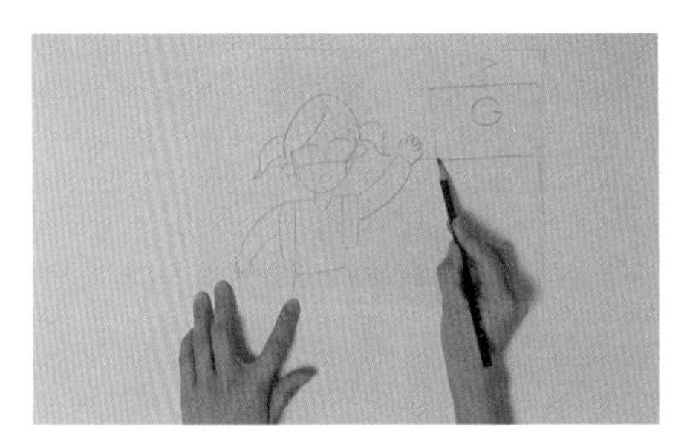
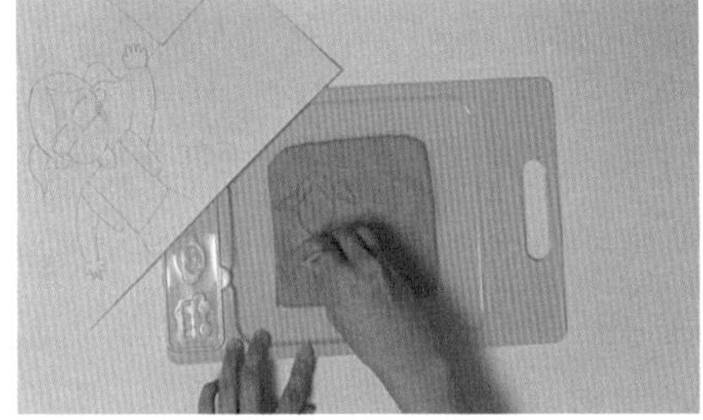

1 나의 경험을 종이에 스케치해요. 찰흙을 납작하게 만들어 다듬은 배경에 조각칼로 따라 그려요.

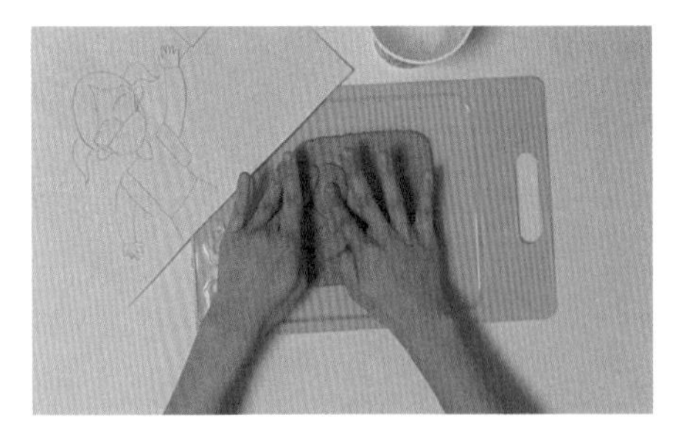
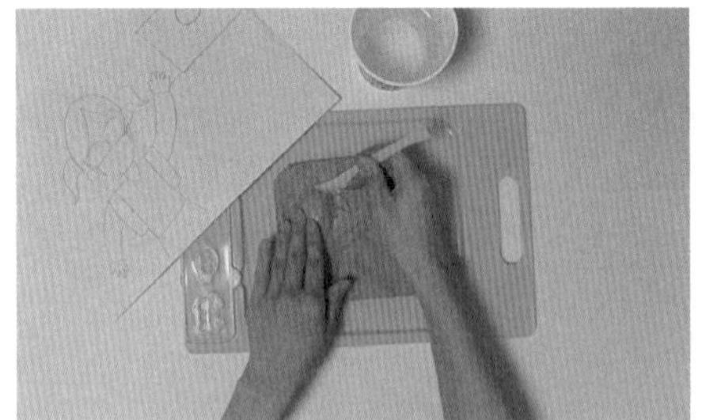

2 입체적인 부분은 찰흙을 덧붙이고 조각칼로 다듬어요.

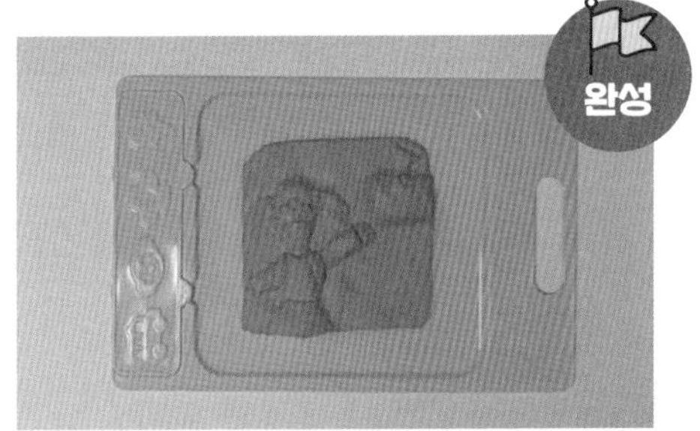

3 반복하며 작품을 완성해 나가요.

생각을 더 해요

- 찰흙으로 무엇을 더 만들 수 있나요?
- 찰흙의 장점은 무엇인가요?

생각을 넓혀요

세계적인 한국 작가, 김수자

김수자 작가(1957년-)는 일명 '보따리 작가'라고 불리는 분이에요. 보자기로 물건을 싸면 평평한 천의 네 귀퉁이가 만나 입체가 되는 것에 관심을 갖고, 이를 이용해 만든 작품들로 유명하지요.
김수자 작가가 2016년 '마음의 기하학'이라는 제목으로 전시회를 열었어요. 당시 관람객들이 직접 손으로 만든 찰흙 공들을 한곳에 모아 만든 작품으로 화제가 되었죠. 함께 참여할 수 있는 전시회, 가 보고 싶지 않은가요?

4. 표현 1

수채 용구야 놀자

수채 용구의 특징을 살펴보고, 그림을 그려 봅시다!

준비물: 8절지, 물감, 팔레트, 붓, 물통, 걸레, 굵은 소금

성취 기준: (4미01-02)주변 대상을 탐색하여 자신의 느낌과 생각을 다양한 방법으로 나타낼 수 있어요.

미술 용어 정리

수채화_ 서양화에서 물감을 물에 풀어서 그린 그림

삼투압 현상_ 농도가 다른 두 용액이 반투막을 사이에 두고 나타내는 압력

함께 만들어 봐요

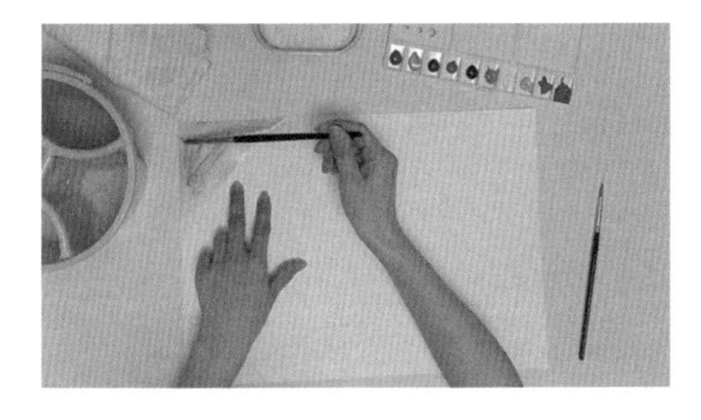

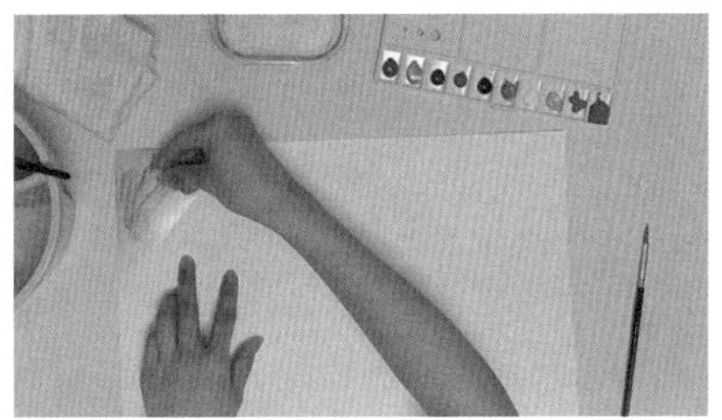

1 8절지에 원하는 색의 물감을 칠하고, 삼투압 작용이 일어나도록 소금을 뿌려요.

활동 돋보기 물의 양을 많이 하면 더 재미있는 효과를 볼 수 있어요!

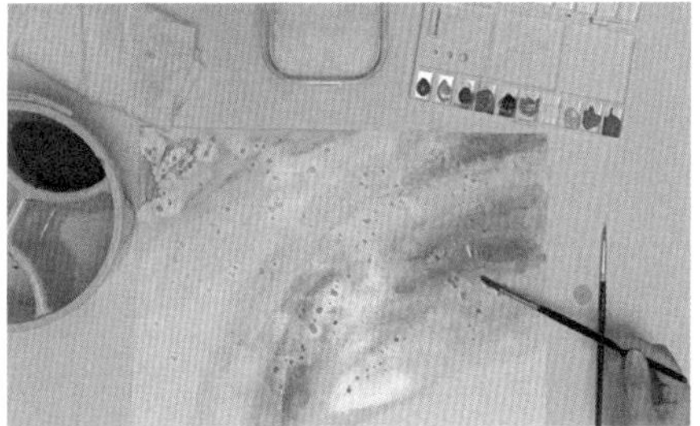

2 소금을 뿌린 곳에 물을 좀 더 묻혀 주세요.

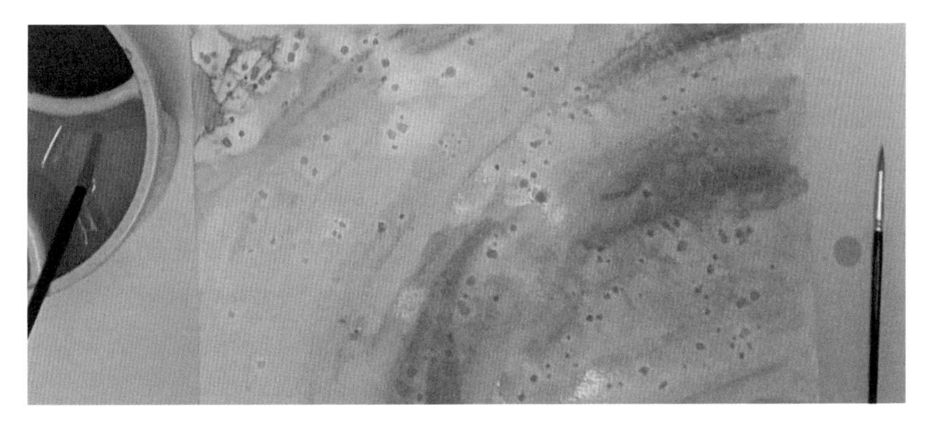

3 10분 정도 건조해 주세요. 빠른 건조를 위해 드라이기를 사용해도 돼요.

4 건조 후 소금을 손으로 털어 주세요.

생각을 더 해요

- 수채 물감이 아닌 다른 재료(색연필, 사인펜, 먹 등)가 소금과 만나면 어떤 현상이 일어날까요?
- 왜 소금은 굵은 것을 사용하는 것이 좋을까요?

생각을 넓혀요

목욕을 하고 나면 손이 쭈글쭈글해져 있는 것을 흔히 볼 수 있어요. 바로 삼투압 작용 때문입니다. 삼투압 현상은 농도가 서로 다른 두 용액이 반투막을 사이에 두고 나타나는 압력을 말해요. 반투막은 물 분자와 같은 작은 용매 입자를 통과시키지만, 설탕과 같은 큰 입자는 통과시키지 못하게 해요. 예를 들어 U자 모양의 관 사이에 반투막을 설치하고 왼쪽에는 물을, 오른쪽에는 설탕물을 투입시켜 볼게요. 그럼 반투막을 경계로 왼쪽에 있던 물이 설탕물로 넘어가 오른쪽의 높이가 높아지게 되는데, 이를 삼투압 현상이라고 해요.

삼투압 현상이 과학적이라 어렵게 느껴졌나요? 이 현상을 이용해 재미있는 미술활동을 할 수 있어요. 굵은 소금을 이용해 아름다운 미술작품을 만들어 보세요!

5. 표현 2

파스텔의 다양한 표현 기법

파스텔을 활용하여 액자를 만들어 봐요!

준비물: 8절지(흰색 1장, 검은색 1장), 파스텔, 휴지(필요 시), 칼, 양면테이프

성취 기준: (4미02-06)기본적인 표현 재료와 용구의 사용 방법을 익혀 안전하게 사용할 수 있어요.

미술 용어 정리

파스텔_ 빛깔이 있는 가루 원료를 길쭉하게 굳힌 크레용

함께 만들어 봐요

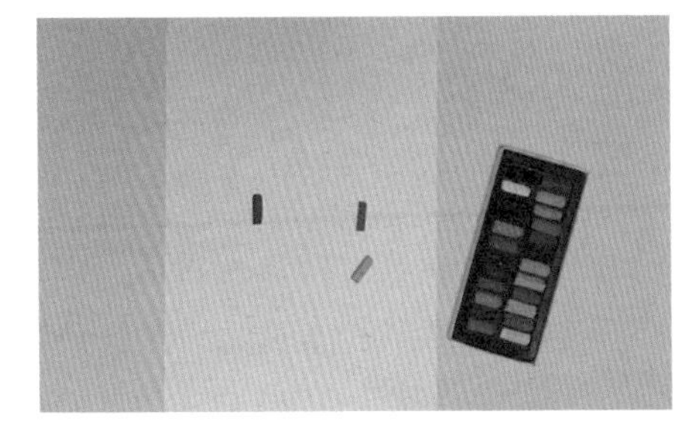

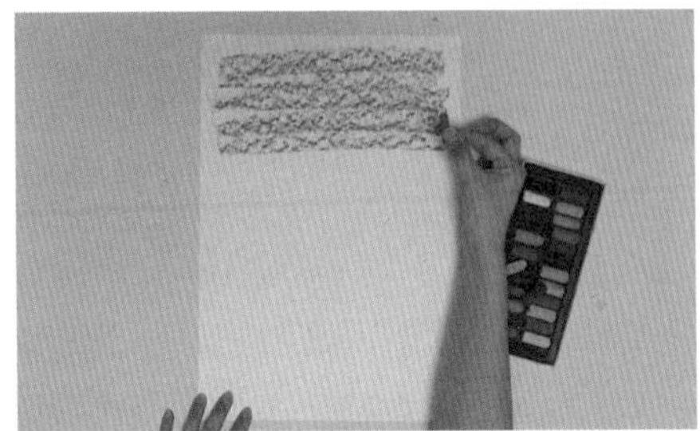

1 파스텔을 8절지 위에 놓아 색의 조합을 생각하고, 원하는 색깔의 파스텔을 선택해 종이에 그어요. 이때 넓은 면 쪽으로 그어 주면 더 좋아요.

2 손 또는 휴지로 문질러 주세요. 같은 방식으로 여러 가지 색깔을 사용하여 종이를 채워 주세요.

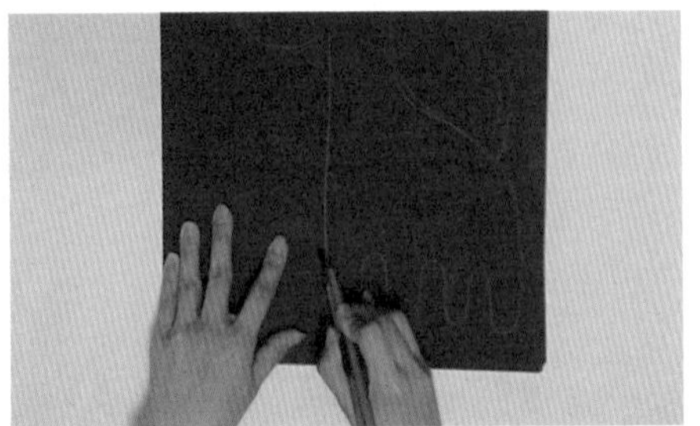

3 검은색 8절지에 뚫을 모양을 스케치하고 칼로 도려내어 주세요.

활동 돋보기 손이 다치지 않도록 조심해 주세요.

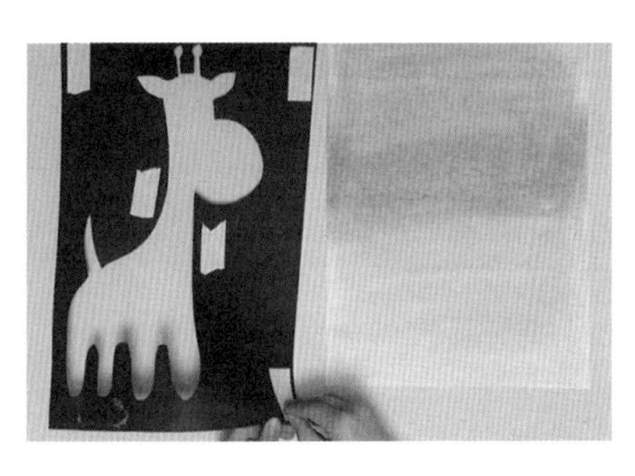

4 검은색 8절지의 뒷면 각 모서리에 양면테이프를 붙이고, 파스텔을 칠한 8절지 위에 덮어요.

활동 돋보기 풀로 붙이는 것보다 테이프를 사용하는 것이 더 좋아요.

생각을 더 해요

- 파스텔로 표현할 수 있는 자연 풍경에는 무엇이 있을까요?
- 파스텔과 크레파스의 차이점은 무엇일까요?

생각을 넓혀요

파스텔, 사용해 본 적이 있나요? 우리가 알고 있는 형태의 파스텔 외에도 파스텔의 종류는 매우 다양하답니다. 어떤 종류가 있는지 알아볼까요?
파스텔은 소프트 파스텔, 하드 파스텔, 연필 파스텔이 있어요. 소프트 파스텔은 우리가 흔히 사용하는 것으로, 문질렀을 때 퍼짐 효과가 가장 잘 나타나요. 하드 파스텔은 스틱 콩테라고도 불리는데, 가루 날림이 덜하기 때문에 스케치나 크로키 작업에 적합합니다. 선명하고 진한 표현을 위해서 사용되죠. 연필 파스텔은 손으로 잡기 쉽고, 세밀한 표현이 가능하다는 장점이 있어요. 문지르기, 소묘하듯 선 긋기, 점 찍기, 재료 대고 문지르기 등의 효과를 활용하여 파스텔로 멋진 작품을 완성해 보세요!

6. 서예

붓과 먹의 성질

먹의 농담을 활용하여 별과 달이 빛나는 밤하늘을 그려요.

준비물: 화선지, 색지, 도화지, 색종이, 가위, 풀, 먹물, 붓, 접시, 물통, 흰 크레파스, 젤리롤펜

성취 기준: (4미02-04)표현 방법과 과정에 관심을 가지고 계획할 수 있어요.

미술 용어 정리

수묵화_ 채색을 따로 하지 않고 먹의 농담(짙음과 옅음 정도)을 활용하여 그리는 그림

함께 만들어 봐요

1 화선지 위에 도화지를 올려서 도화지의 공간을 연필로 표시해요.

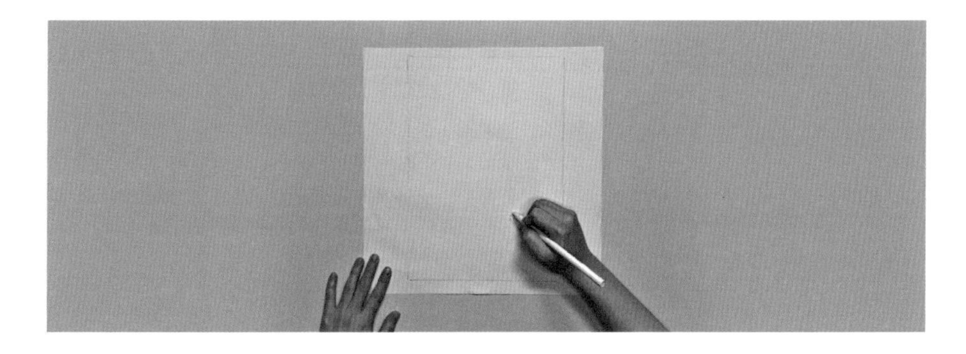

2 도화지만큼의 공간 안에 흰 크레파스로 별을 그려요.

3 다 그렸다면 먹으로 그릴 준비를 해요.

활동 돋보기 화선지 아래에 다른 도화지나 신문지 등을 대서 색이 아래에 배지 않도록 해요.

4 먹물을 접시 위에 조금 덜고, 화선지의 가장 윗부분을 가장 짙은 농도로 칠해요.

활동 돋보기 먹은 생각보다 적은 양이 필요해요. 조금만 덜어서 사용해요.

5 먹물에 물을 타서 농담을 조절하며 점점 옅은 농도로 칠해요.

활동 돋보기 물을 조금씩 더 섞는 것을 반복하여 위에서부터 차례대로 칠해요.

6 모두 칠했다면 먹이 완전히 마를 때까지 기다려요.

활동 돋보기 완전히 마르지 않으면 화선지가 찢어지니 완전히 마를 때까지 기다려요.

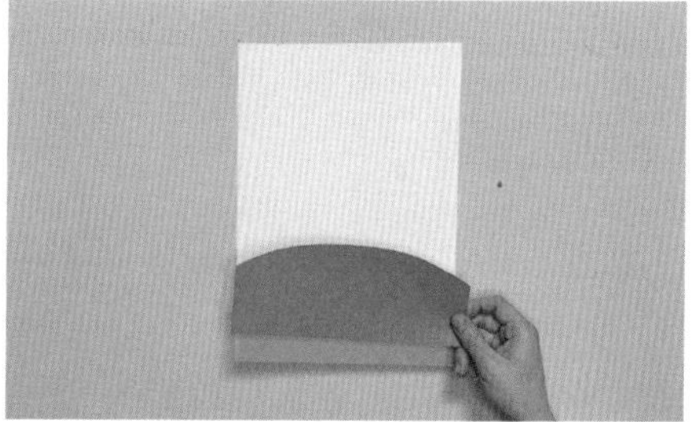

7 바닥이 될 색지를 준비해서 산 모양으로 그린 후 잘라요.

활동 돋보기 초록색 산 모양도 좋고, 색지를 이용하여 원하는 모양으로 만들어요.

8 노란색 색종이를 준비해서 달을 그리고, 달 모양대로 잘라요.

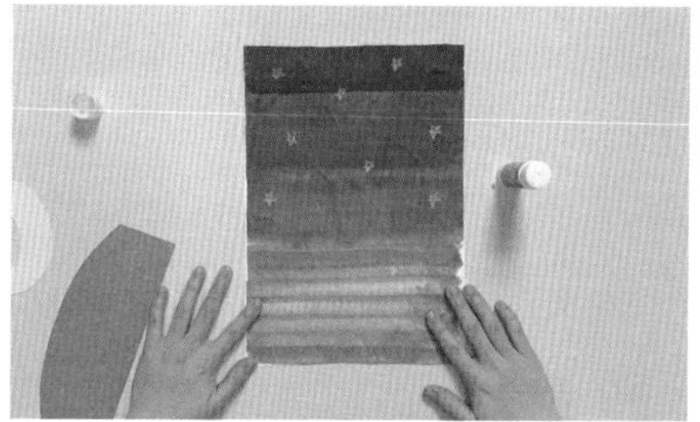

9 물기가 다 마른 화선지를 도화지 크기에 맞게 자르고 도화지에 붙여요.

10 만들어 두었던 달과 산 모양의 색지를 붙여 줘요.

11 젤리롤펜으로 별을 더 그려서 마무리해요.

생각을 더 해요

오늘은 먹물로 밤하늘을 표현해 보았어요. 먹물로 표현할 수 있는 풍경이나 사물은 어떤 것들이 있을까요?

생각을 넓혀요

먹물의 검은색은 물감의 검은색과는 다른 색과 특징을 가진 재료랍니다. 요즘에는 시판되는 먹물을 간편하게 사용하지만, 과거에는 직접 벼루에 먹을 갈아 먹물을 만들어 사용했어요. 먹을 가는 것이 글쓰기나 그림 그리기의 가장 중요한 시작이었지요.

그럼 먹은 무엇으로 만들어졌을까요? 먹을 만드는 방법은 다양하고 시간이 흐르며 변해 왔어요. 그 가운데 우리가 흔히 알고 있는 검은색을 띤 송연묵은 어떻게 만들어지는지 알아볼까요?
송연묵은 검은색과 함께 약간 청색을 띤다고 해서 청묵이라고도 부릅니다. 송연묵은 이름처럼 소나무를 태운 송연에 동물의 가죽, 힘줄, 뼈 따위를 진하게 고아서 굳힌 아교를 섞어서 만들어요. 송연과 아교를 밀가루 반죽처럼 반죽한 후, 틀에 넣어 모양을 만들고 자연 바람에 건조하면 우리가 아는 먹이 만들어진답니다.
먹은 얼핏 보면 우리가 흔히 보는 검정색을 가지고 있는 것 같지만 그 속에 오묘한 청색이나 적색을 띠고 있는 매력이 있어요. 이번 기회에 먹과 먹의 색에 대해서 자세히 살펴볼까요?

7. 감상

함께 읽는 미술작품, 우리 반은 미술관

내가 좋아하는 미술작품을 골라 친구에게 소개하는 편지를 써 보아요!

준비물: 사인펜, A4색지

성취 기준: (4미03-01)다양한 분야의 미술작품과 미술가들에 관심을 가질 수 있어요.

미술 용어 정리

미술 감상_ 작품의 조형 요소와 원리, 작가의 의도, 작품의 시대적 · 사회적 배경 등을 살펴보고, 이를 바탕으로 작품을 느끼고 즐기는 미적 체험

함께 만들어 봐요

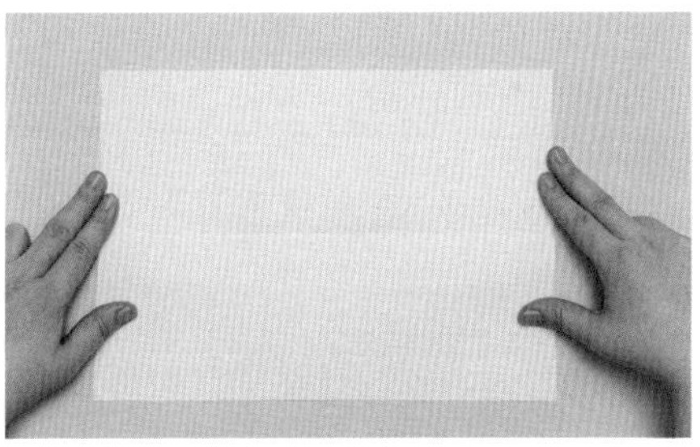

1 A4색지를 가로로 반을 접어요. 그리고 다시 펼쳐요.

활동 돋보기 만들기 앞서, 교과서에 나온 작품들을 감상하고 내가 좋아하는 작품을 골라요.

2 가운데 접은 선에 맞추어 네 모서리를 삼각형 모양으로 접어요.

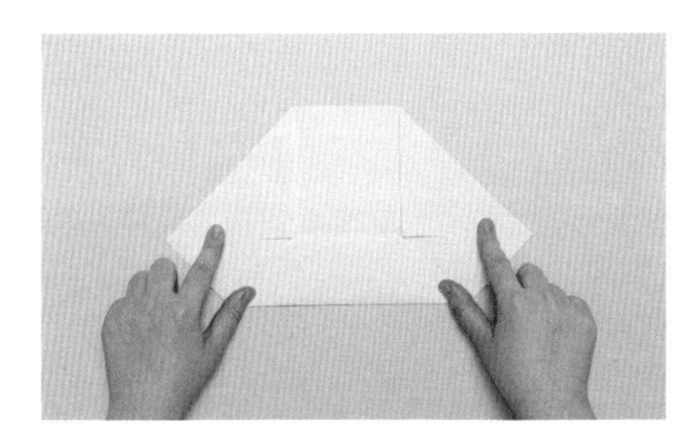

3 가운데 접은 선에 맞추어 윗부분과 아랫부분을 반씩 접어요.

4 양쪽 끝 뾰족한 부분을 활동 3에서 접은 부분과 만나도록 삼각형 모양으로 접어요.

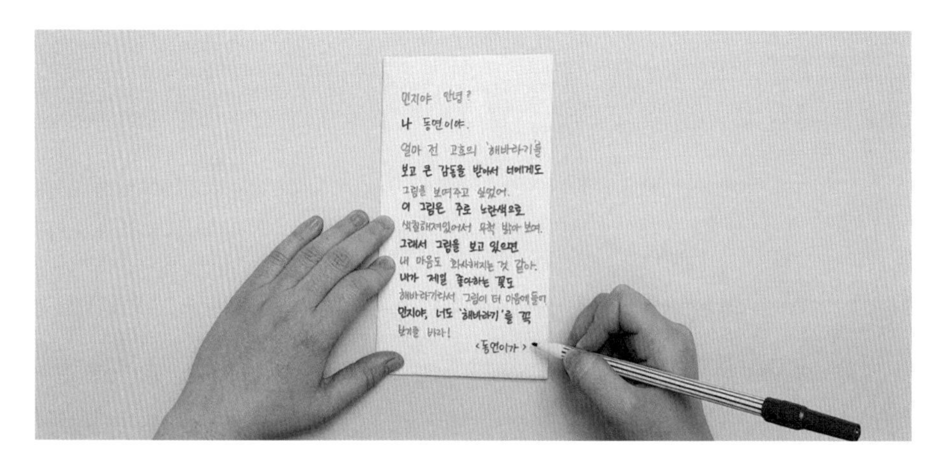

5 뒤집어서 내가 좋아하는 작품을 친구에게 소개하는 편지를 써 보아요.

활동 돋보기 편지를 쓰기 전, 친구에게 하고 싶은 말을 미리 공책에 정리해 보는 걸 추천해요.

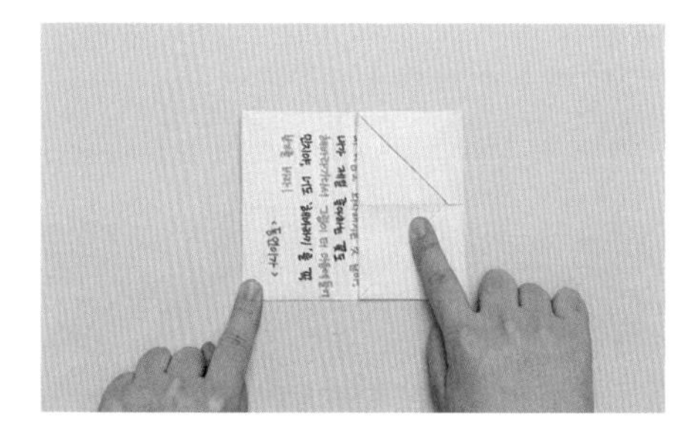

6 편지의 양쪽 끝부분이 서로 감싸지도록 3등분해서 접어요.

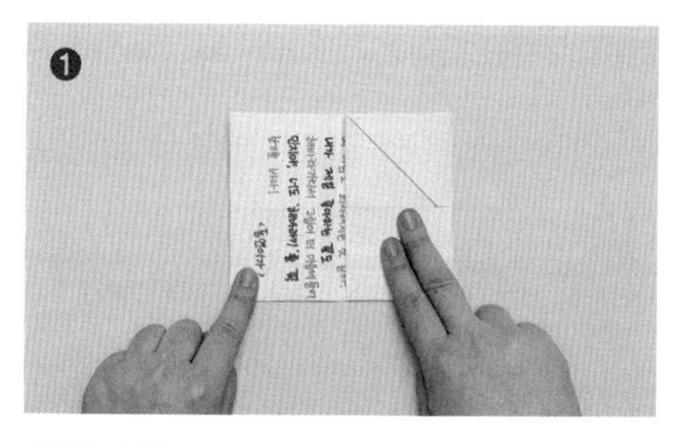

7 위쪽으로 덮은 부분을 다시 펼쳐서 아랫부분에 끼워요.

완성

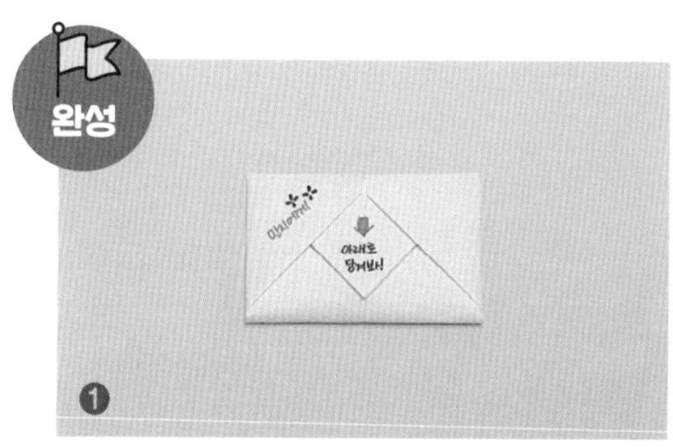

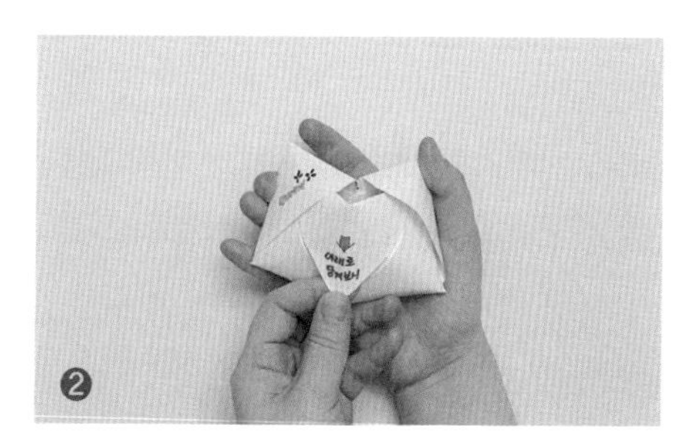

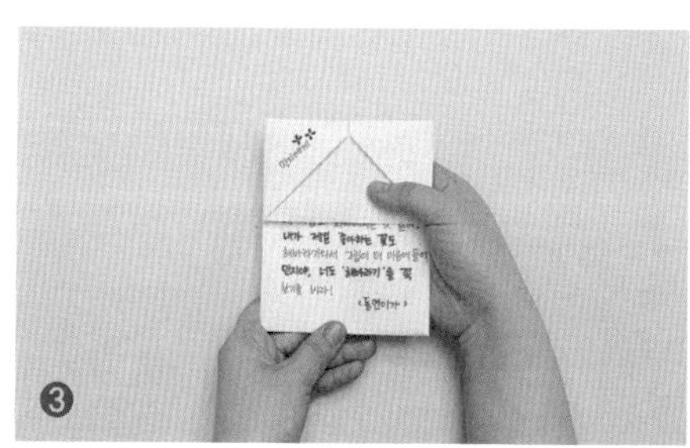

8 친구가 편지를 읽어 볼 수 있도록 편지 겉부분에 '아래로 당겨 봐'와 같은 안내글을 적고 간단히 꾸며요.

활동 돋보기 편지를 완성한 후 친구와 서로 나누어 읽어 보며 작품에 대한 감상을 나눠요!

생각을 더 해요

여러분이 좋아하는 작품을 고른 이유를 설명해 볼까요? 이유를 설명하기 어려운 친구는 작품을 보고 떠오르는 단어를 대신 이야기해도 좋아요!

생각을 넓혀요
태양의 화가 빈센트 반 고흐

빈센트 반 고흐(Vincent van Gogh)는 네덜란드에서 태어나 프랑스에서 활약한 화가예요. 37살이라는 짧은 생애에도 〈별이 빛나는 밤〉, 〈자화상〉, 〈해바라기〉, 〈감자를 먹는 사람들〉 등과 같은 놀라운 명작들을 남겼어요.

태양을 좋아했던 고흐는 태양을 닮은 해바라기를 즐겨 그렸어요. 예시 작품 속 동연이가 민지에게 추천했던 작품 〈해바라기〉는 고흐가 친구였던 화가 폴 고갱을 기다리면서 그렸던 그림이에요. 〈해바라기〉에는 남프랑스의 아름다운 풍경 속에서 친구인 폴 고갱과 함께 즐겁게 그림을 그리며 살고 싶다는 고흐의 희망이 담겨 있어요.

고흐는 해바라기를 돋보이게 하기 위해 노란색을 다양하게 사용했어요. 탁자, 벽, 화병, 해바라기 모두 노란색 위주로 색칠했을 뿐만 아니라, 두껍게 물감을 덧칠해서 마치 해바라기가 정말로 그림 밖으로 튀어나올 것 같은 느낌을 주기도 했지요. 친구를 기다리며 그림을 그렸던 고흐의 마음을 느끼며 〈해바라기〉를 감상해 보는 건 어떨까요?

8. 환경

버려진 물건의 재탄생

정크 아트 기법을 활용하여 단추 모자이크 작품을 만들어요.

준비물: 다양한 색과 크기의 단추, 8절 도화지, A4색지, 가위, 풀, 목공용 풀, 채색 도구

성취 기준: **(4미01-03)**생활 속에서 다양하게 활용되고 있는 미술을 발견할 수 있어요. **(4미01-04)**미술과 생활을 관련지어 보아요. **(4미02-01)**미술의 다양한 표현 주제에 관심을 가질 수 있어요.

미술 용어 정리

정크 아트_ 일상생활에서 나온 부산물인 폐품을 소재로 제작한 미술작품

함께 만들어 봐요

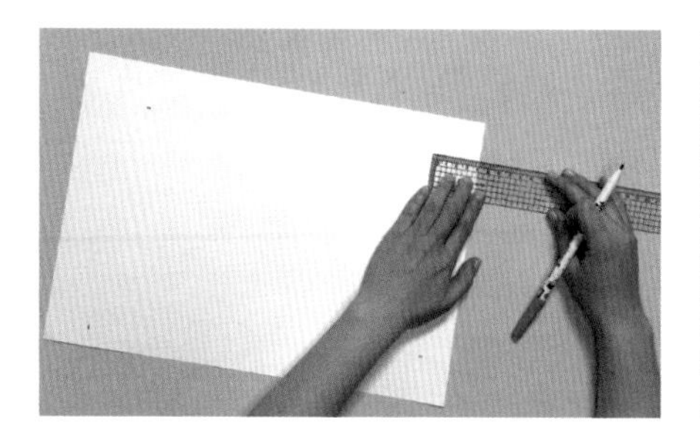

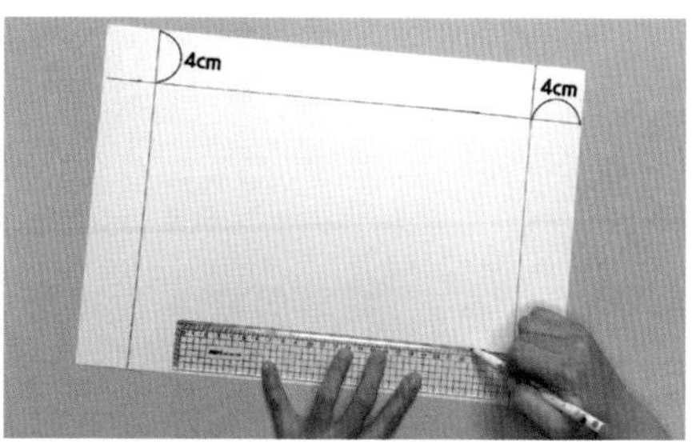

1 8절 도화지와 자를 준비해서 각 테두리에서 4cm가 되는 지점에 선을 그어요.

활동 돋보기 자에 그려져 있는 가로, 세로 눈금을 활용해서 수직을 맞춘 후 그려요.

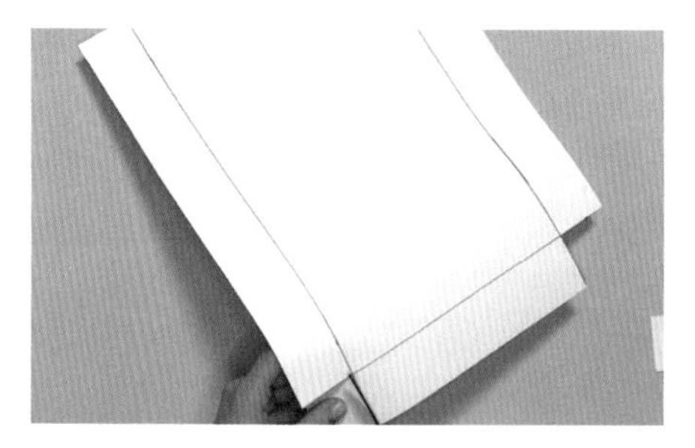

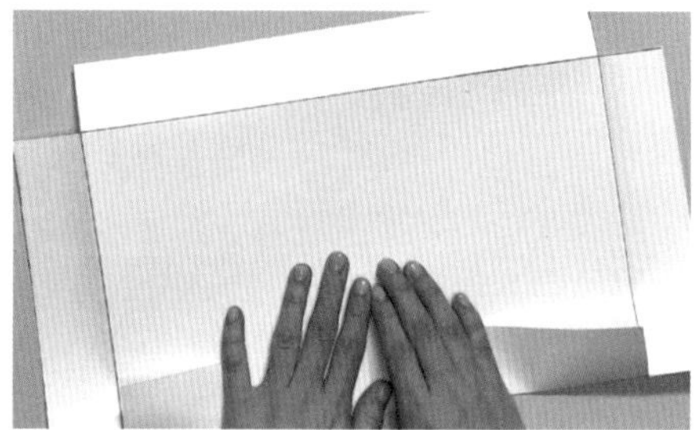

2 선을 그린 후, 각 모서리를 가위로 잘라요. 그런 다음, 그은 선을 따라 위, 아래, 양 옆을 안쪽으로 접어요.

활동 돋보기 접을 때 힘을 강하게 주어 접고, 여러 번 눌러 주세요.

3 접었던 종이를 펼친 후, 한 칸을 반으로 접어요. 이를 다시 반으로 힘주어 접어요.

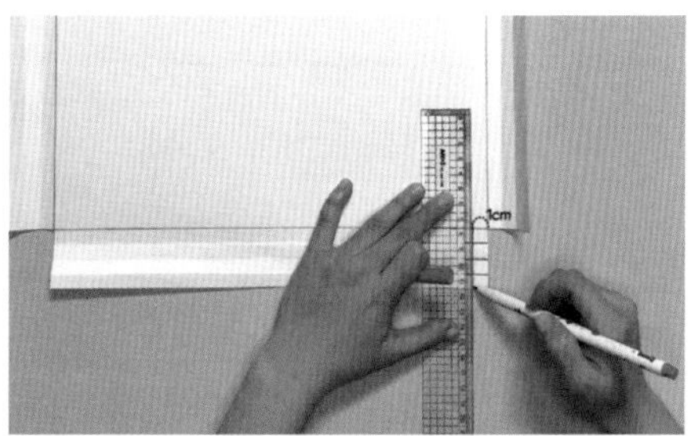

4 접었던 종이의 4면을 펼치면 왼쪽 사진과 같은 모양이 나와요. 이제 긴 날개의 끝 부분에서 1cm 간격을 띄우고 선을 그려요.

활동 돋보기 자에 있는 눈금을 활용하면 더 쉽게 그릴 수 있어요.

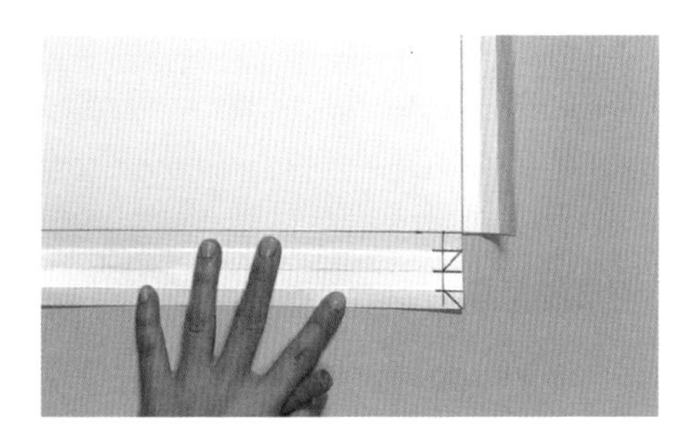

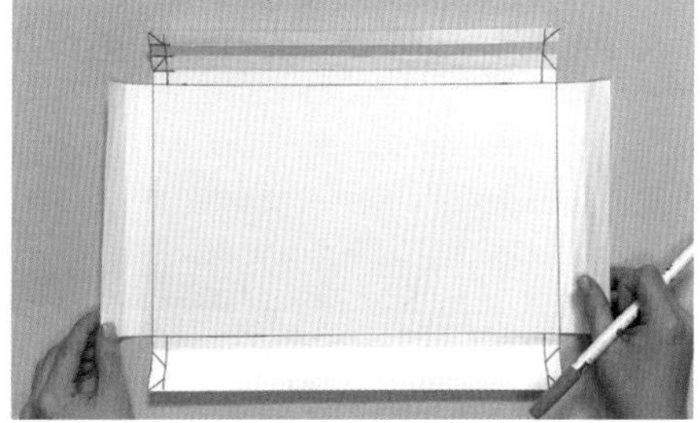

5 아래에서 첫 번째 칸과 세 번째 칸에 사진과 같이 대각선으로 선을 그려요. 긴 날개 네 모서리를 모두 같은 방법으로 표시해요.

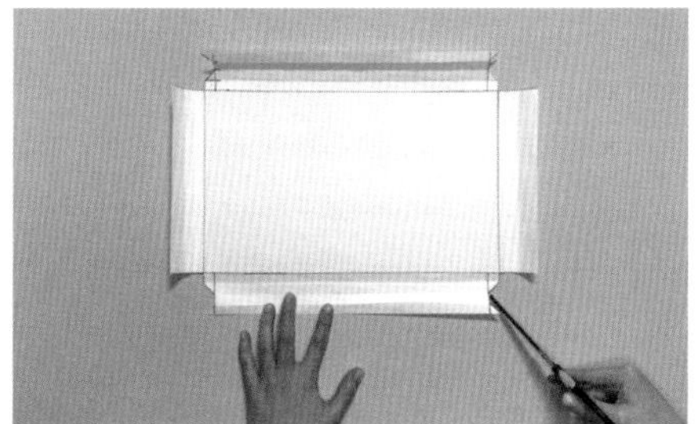

6 네 모서리를 사진과 같은 방법으로 잘라요.

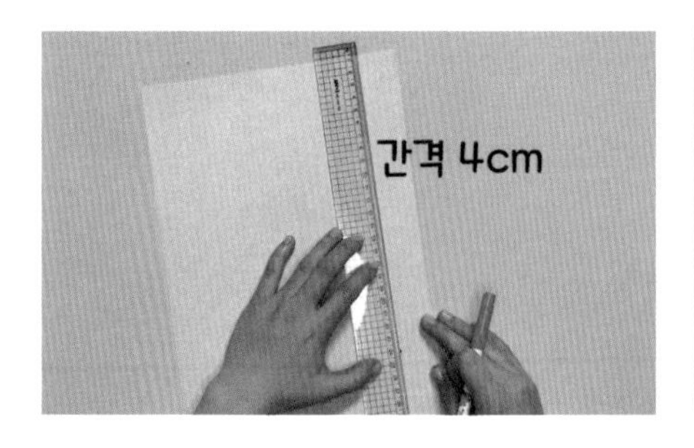

7 색지를 준비해서 종이의 긴 면 안쪽으로 4cm가 되는 지점에 표시하고, 선을 그어요. 그런 다음, 표시한 선을 따라 가위로 잘라요.

활동 돋보기 색지는 내가 만들 작품의 배경이 되므로 어울리는 색을 골라요.

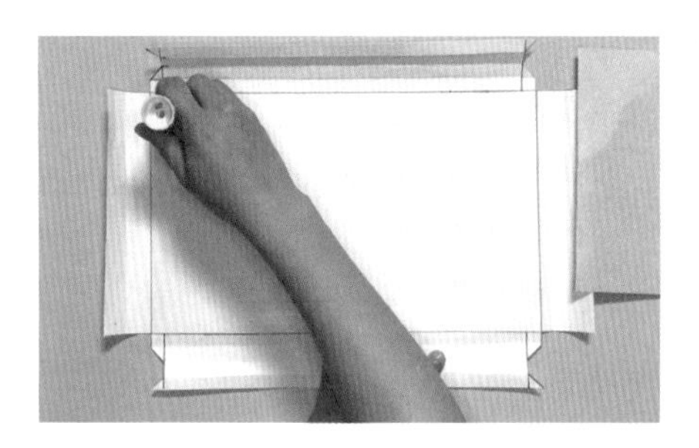

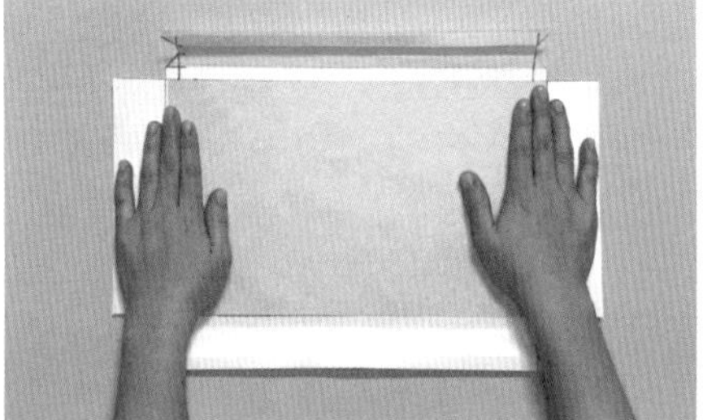

8 자른 색지를 액자의 틀이 될 8절 도화지 안쪽에 붙여요.

활동 돋보기 자른 A4 색지는 칸 안에 딱 맞게 들어가요. 선에 맞춰 반듯하게 붙여 줘요.

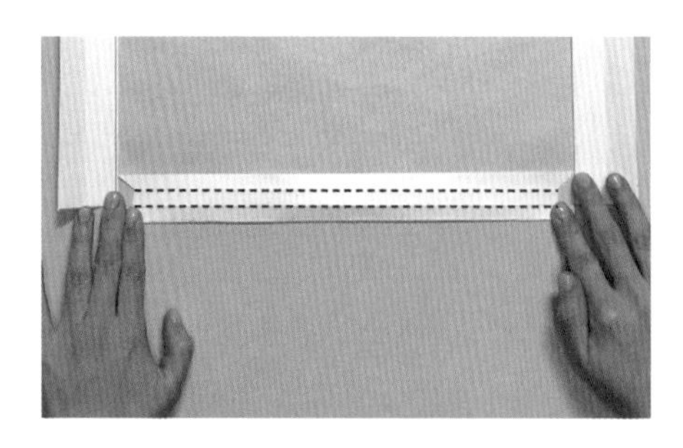

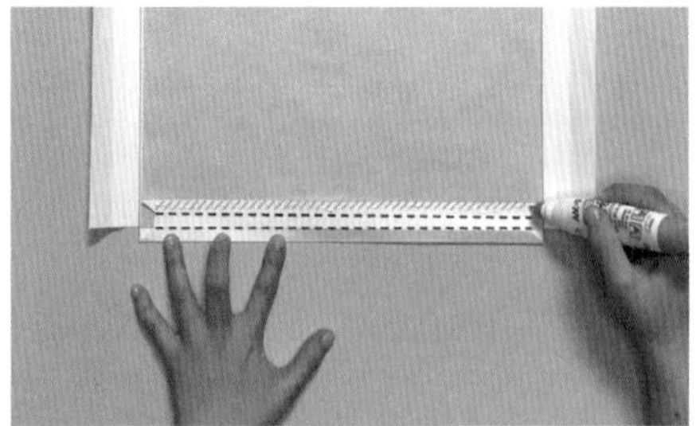

9 긴 날개를 아래에서 3칸만 접고, 가장 위 칸에 목공용 풀을 발라요.

10 안쪽으로 접어서 액자 모양으로 만든 후, 풀 붙인 면을 잘 고정해 주세요. 짧은 쪽 모서리도 같은 방법으로 고정해요.

활동 돋보기 연필이나 긴 막대를 액자 틀 쪽으로 넣어서 고정하면 더 단단하게 고정돼요.

11 액자 안에 원하는 모양으로 단추를 배치해 보고, 채색 도구 등을 활용해서 필요한 부분을 더 꾸미거나 그려요.

활동 돋보기 단추를 배치하기 전에 미리 스케치해도 좋아요. 단추의 색을 잘 고려해서 비슷한 색끼리 원하는 위치에 붙이면 모자이크 효과를 낼 수 있어요.

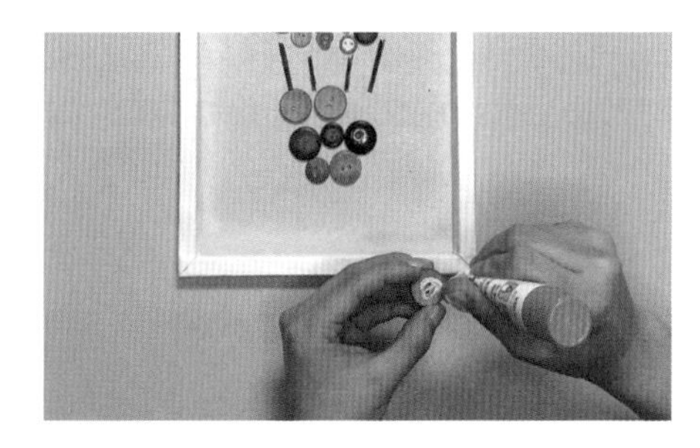
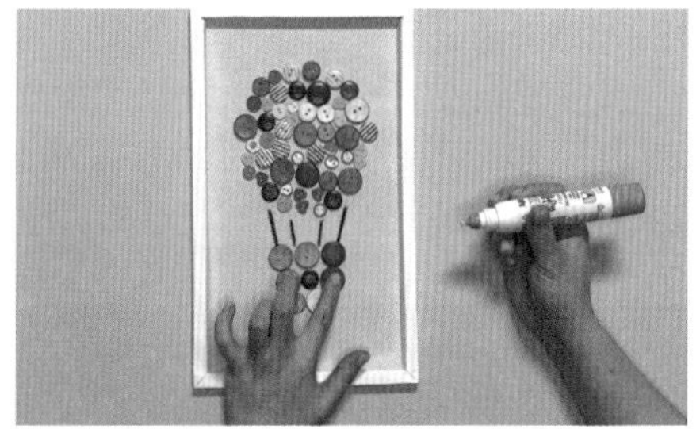

12 단추의 튀어나온 부분에 목공용 풀을 발라 단추를 붙여요.

13 다양한 색지나 채색 도구들을 이용해서 꾸미고 싶은 부분을 더 꾸며 봐요.

생각을 더 해요

여러분이 정크 아트 작가라면 어떤 소재로 작품을 만들고 싶나요?

생각을 넓혀요
영국의 정크 아티스트, 제인 퍼킨스

영국의 정크 아티스트인 제인 퍼킨스(Jane Perkins)는 각종 폐품을 활용해서 작품을 만들어요. 멀리서 보면 명화와 인물을 그린 작품인 것 같지만, 가까이서 보면 모두 주변에서 흔히 볼 수 있는 폐품들의 색과 크기를 맞춰 붙여 놓은 것을 알 수 있지요. 특히 이 작가는 소재에 색을 칠하기보다 소재 본연의 색을 활용해서 작품을 만든다는 점도 인상적이에요. 버려진 폐품의 재탄생이 참 흥미롭지 않나요?
쓰레기로만 생각했던 폐품들을 아름다운 미술작품으로 재탄생시키는 과정을 살펴보면서 우리가 매일 쉽게 버리는 쓰레기들의 가치를 재발견해 보는 것은 어떨까요?

Part 2

4학년

미술 돋보기

1. 조형 요소와 색

360도 카메라로 보는 10색상환

360도 카메라로 보는 건물을 여러 가지 색깔로 색칠해 봐요!

준비물: A4용지 또는 도안, 자, 연필, 채색 도구

성취 기준: (4미02-05)조형 요소의 특징을 탐색하고, 표현 의도에 맞게 적용할 수 있어요.
(4미02-04)표현 방법과 과정에 관심을 갖고 계획해 보세요.

미술 용어 정리

10색상환_ 색상의 변화를 한눈에 알아보기 위해 10가지 색을 고리 모양으로 배열한 것

함께 만들어 봐요

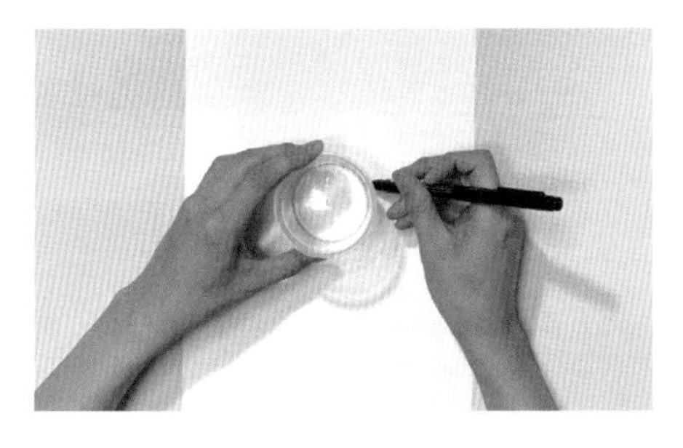

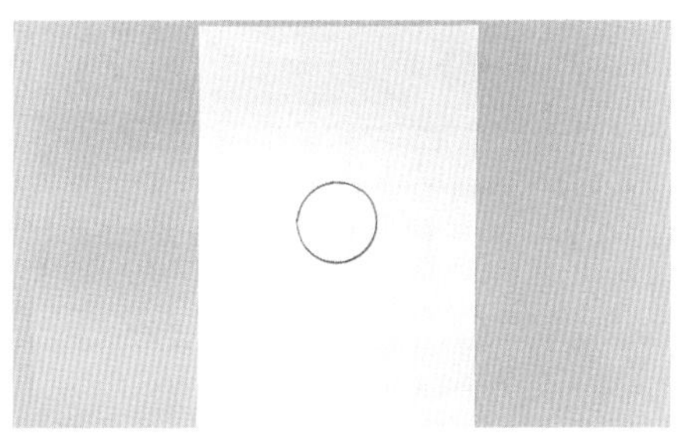

1 물컵처럼 원으로 된 물건을 이용해 A4용지의 가운데에 원을 그려요.

활동 돋보기 용지를 가로, 세로로 1번씩 반으로 접었다 펴면 가운데(중심)를 찾을 수 있어요.

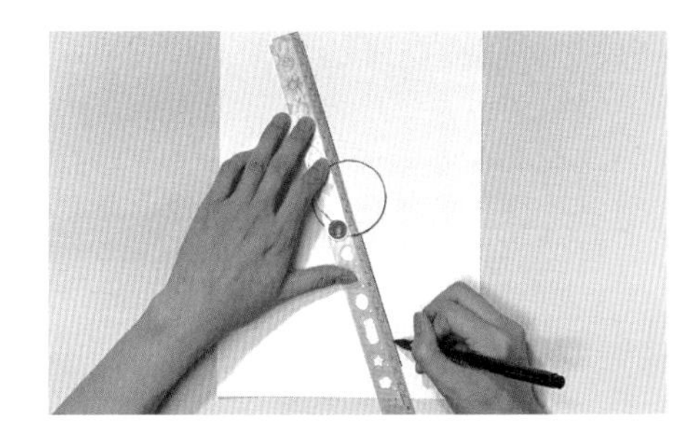

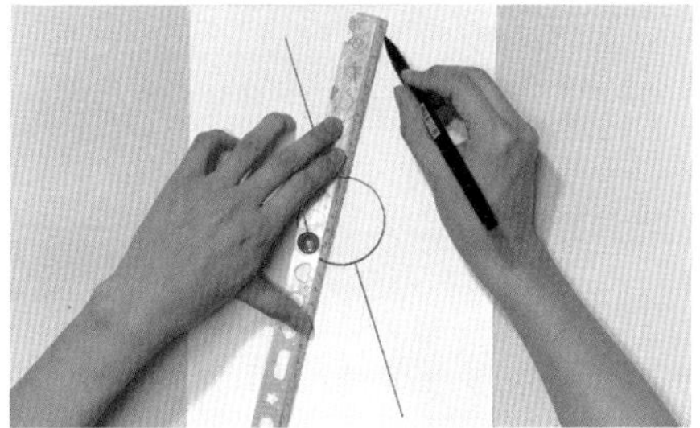

2 자를 이용하여 원의 중심을 가로지르는 선을 그려요. 이때 원 안에는 선을 그리지 않아요. 반대쪽에서도 원의 중심을 가로지르는 선을 그려요.

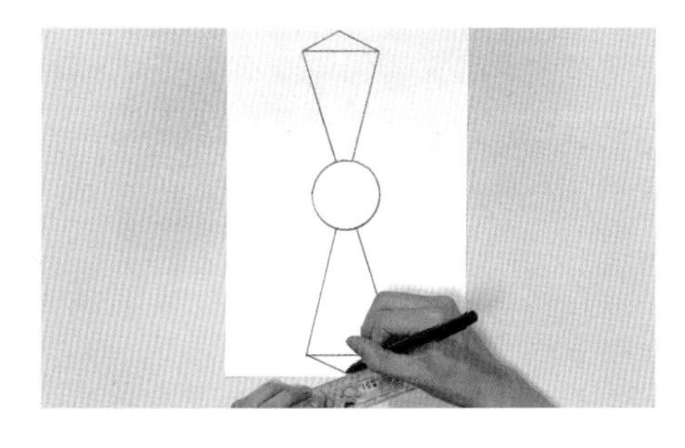

3 지붕을 그리고 마주 보는 건물도 완성해요. 10색상환에 표현된 색의 개수에 맞게 나머지 8개의 건물도 활동 2, 3과 같이 그리되, 높낮이나 너비를 다르게 해요.

4 그려진 건물에 여러 가지 모양의 창문과 문을 그려요.

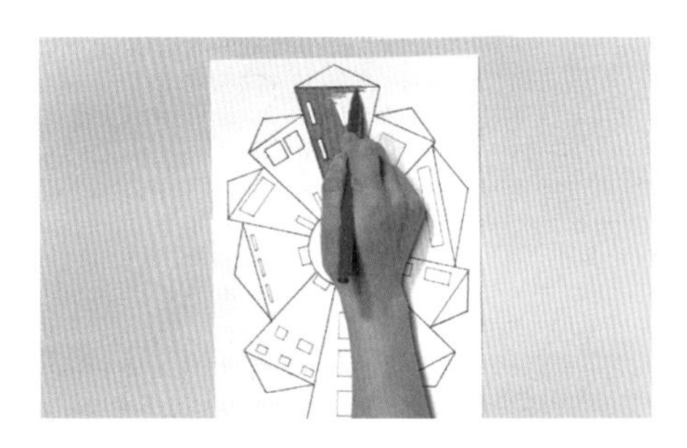

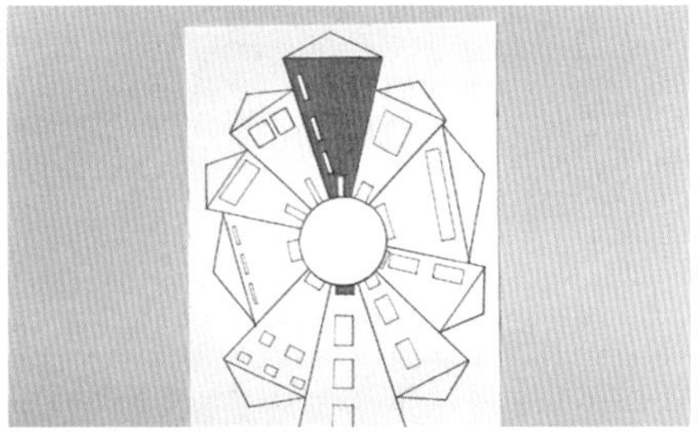

5 채색 도구로 건물을 색칠해요. 마주 보고 있는 건물의 문에 같은 색을 칠해요.

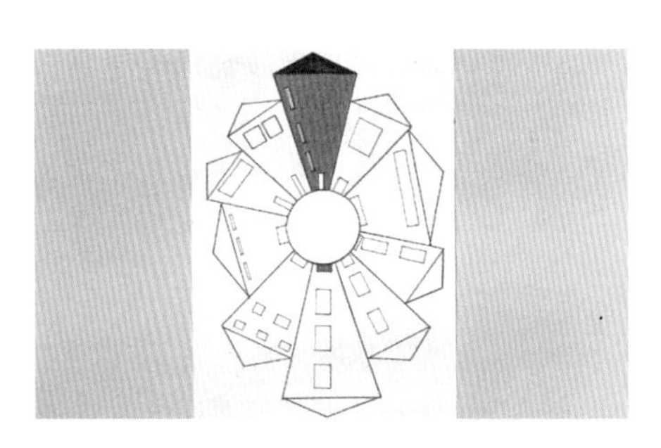

6 창문과 지붕을 원하는 색으로 칠해요. 그리고 10색상환에서 마주 보고 있는 색깔을 생각하며 나머지 건물을 색칠하여 완성해요.

생각을 더 해요

우리 주변에서 10색상환에 나오는 색깔을 가진 물건은 무엇이 있을까요?

생각을 넓혀요

10색상환을 자세히 알아봐요!

10색상환은 색의 변화를 알아보기 위해 10가지 색깔을 둥글게 배열한 것이에요. 따뜻한 느낌의 색, 차가운 느낌의 색, 그리고 비슷한 색을 쉽게 찾을 수 있고, 색깔을 섞으면 어떤 색이 나오는지 알 수 있지요. 예를 들어, 빨간색과 보라색을 섞으면 빨간색과 보라색 사이에 있는 자주색이 만들어져요. 그리고 색상환에서 마주 보고 있는 색을 '보색'이라고 해요. 마주 보고 있는 색을 같이 쓰면 서로의 색깔을 눈에 잘 띄게 해 주는 역할을 한답니다. 보색을 사용하여 그림을 색칠하면 더 생동감 있어 보여요.

2. 디자인

루돌프 책갈피 만들기

메리 크리스마스! 루돌프 모양으로 책갈피를 만들어요!

준비물: 색종이, 가위, 풀, 채색 도구

성취 기준: (4미01-03)일상생활에서 다양하게 활용되고 있는 미술을 발견할 수 있어요.

미술 용어 정리

디자인_ 쓸모 있으면서 독특하고 아름답게 만드는 것으로, 문제를 재미있고 창의적으로 해결해 주며 우리 생활을 좀 더 편리하게 해 주는 것

함께 만들어 봐요

1 원하는 색깔의 색종이를 골라 삼각형으로 접었다가 펼쳐요. 그리고 반대쪽도 똑같이 접었다가 펼쳐요.

2 색종이를 마름모 모양으로 두고 아랫부분을 가운데 중심점까지 접어 올려요. 그리고 한 번 더 위로 접어 올려 삼각형을 만들어요.

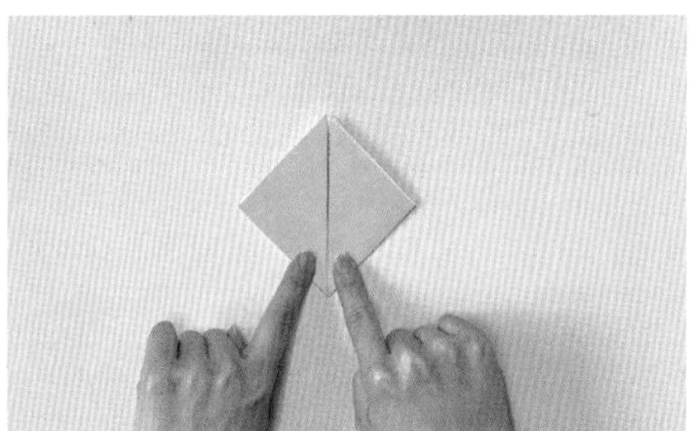

3 양 끝부분을 가운데 접은 선에 맞춰 접어 올려요.

4 접어 올린 양 끝부분을 아래 끝부분에 맞춰 접어 내려요.

5 접어 내린 양 끝부분을 사진과 같이 동물의 귀 모양처럼 접어 올린 후, 안쪽으로 넣어 주세요.

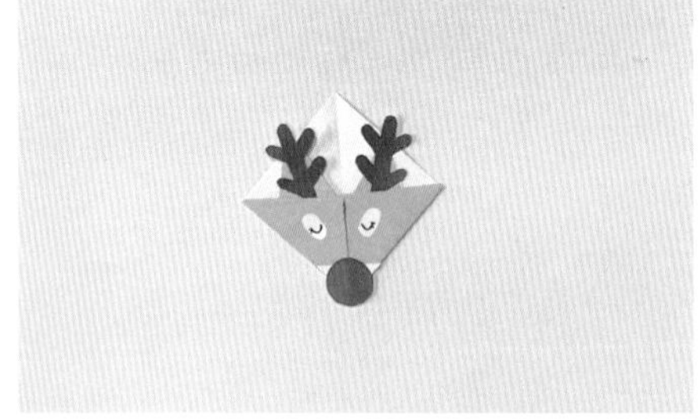

6 루돌프의 얼굴을 꾸미고, 뿔을 색종이로 그린 후 잘라 붙여요.

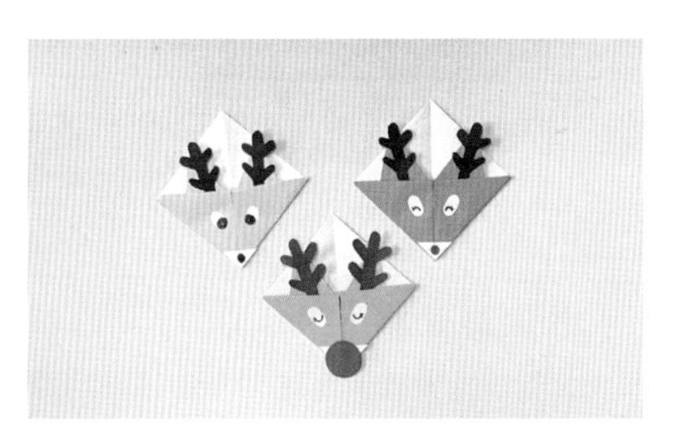

7 여러 가지 색깔로 루돌프 책갈피를 만들어 보고, 책에 꽂아 보아요.

생각을 더 해요

루돌프 외에 책갈피로 만들고 싶은 동물이 있나요?

생각을 넓혀요

생활 소품을 아름답게 해주는 소품 디자이너

옷이나 집을 꾸미는 디자이너 외에도 우리가 집에서 쓰는 물건을 꾸미는 디자이너도 있다는 사실을 알고 있나요? 바로 집에서 사용하는 소품을 꾸며 주는 '소품 디자이너'입니다.

소품 디자이너는 어떤 공간의 전체적인 디자인이 결정되면 그 공간에 맞는 소품을 디자인하는 직업으로, 정해진 공간에 맞춰 디자인을 하거나 가상의 공간에 맞춰 디자인을 하기도 해요. 소품을 사용하기 쉽게 만들거나 아름답게 꾸미는 소품 디자이너에 대해 조금 알게 되었나요?

3. 도예

입체로 표현하기

찰흙으로 동물을 표현해 보아요!

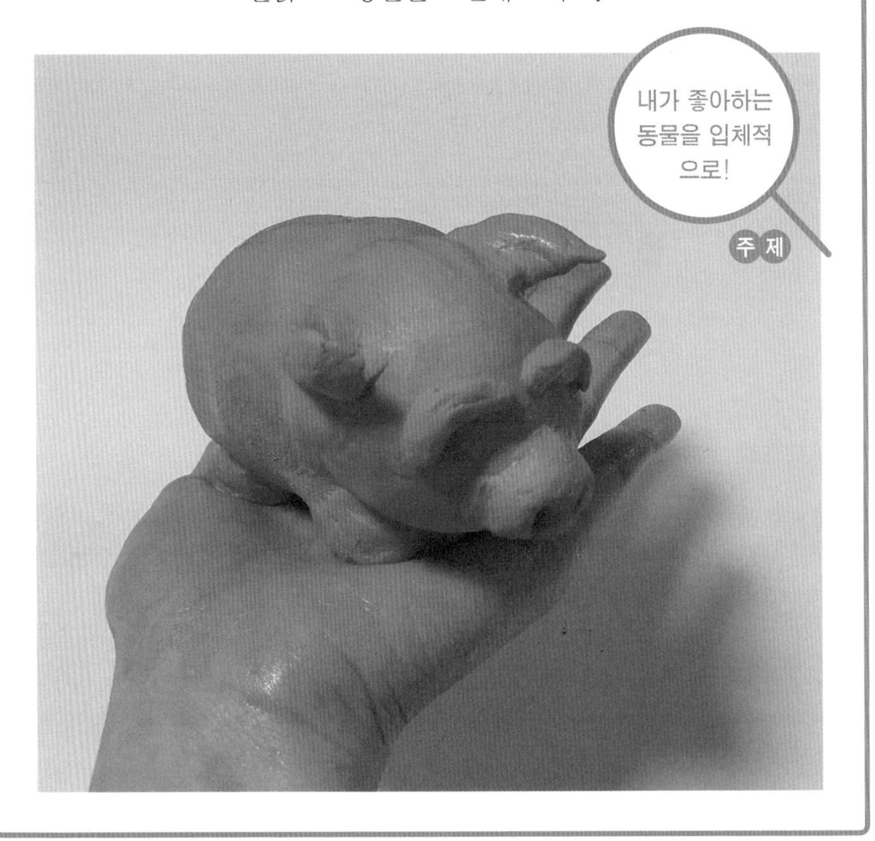

준비물: 찰흙, 찰흙판, 조각칼, 물통, 스펀지

성취 기준: (4미02-05)조형 요소(점, 선, 면, 형태, 색, 질감, 양감 등)의 특징을 탐색하고, 표현 의도에 맞게 적용할 수 있어요.

미술 용어 정리

환조_ 조소 형식의 하나로, 형상을 완전한 입체로 제작해 사방에서 볼 수 있도록 만드는 조형 기법

함께 만들어 봐요

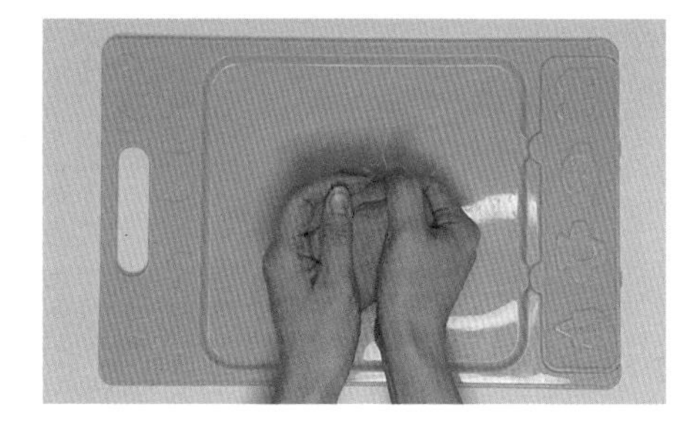

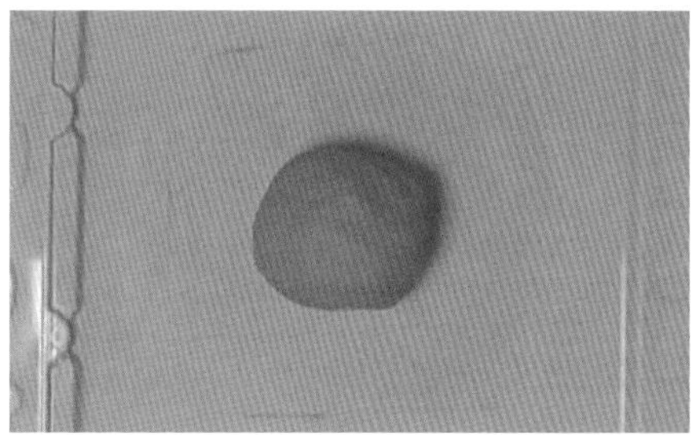

1 찰흙을 주물러 둥글게 뭉쳐 동물의 몸통을 만들어요.

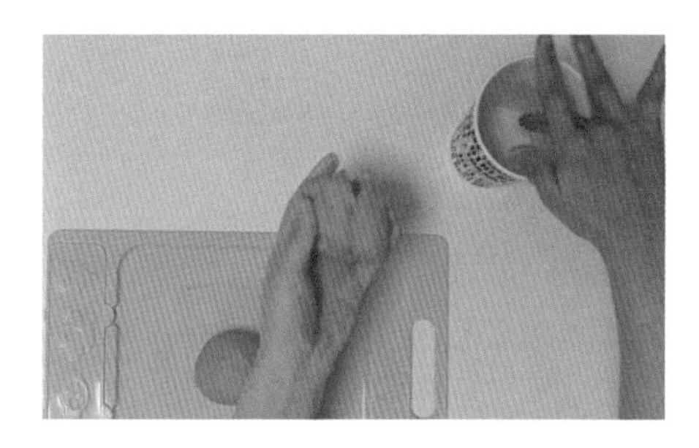

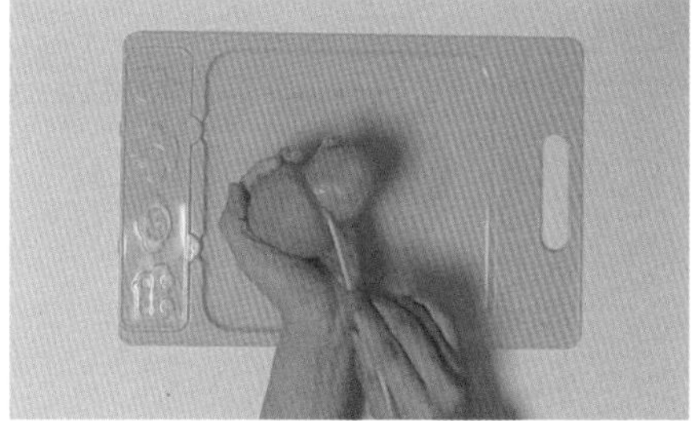

2 머리를 만들어서 물을 묻혀 붙여요.

활동 돋보기 조각칼을 이용하여 붙여도 좋아요.

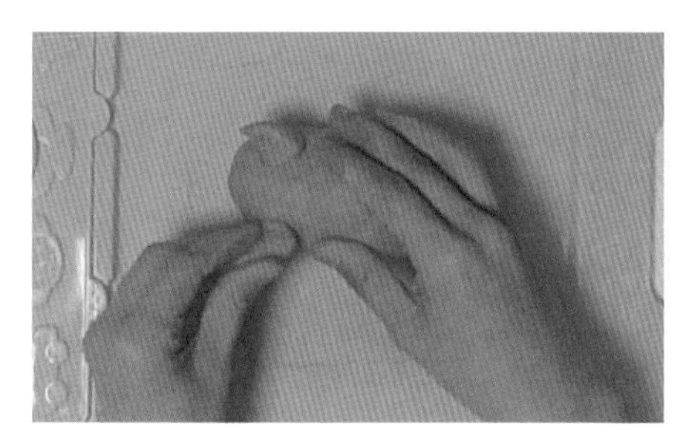

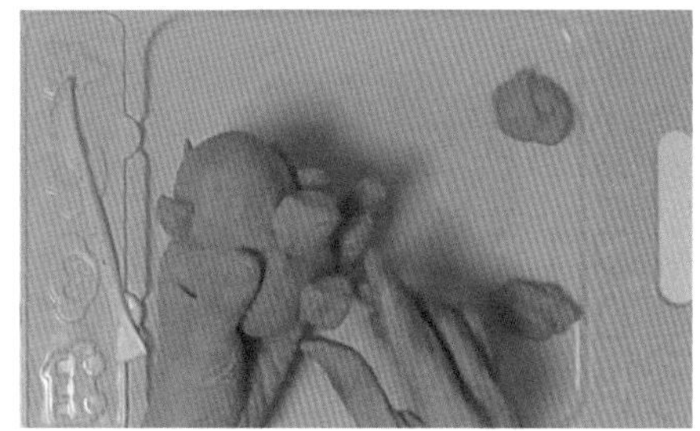

3 귀와 다리를 만들어 붙여요.

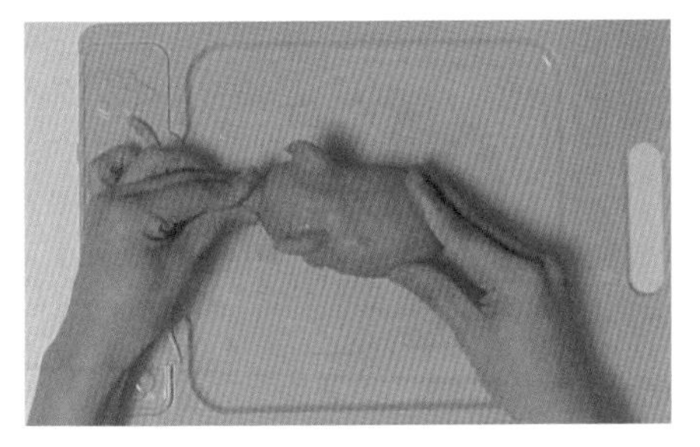
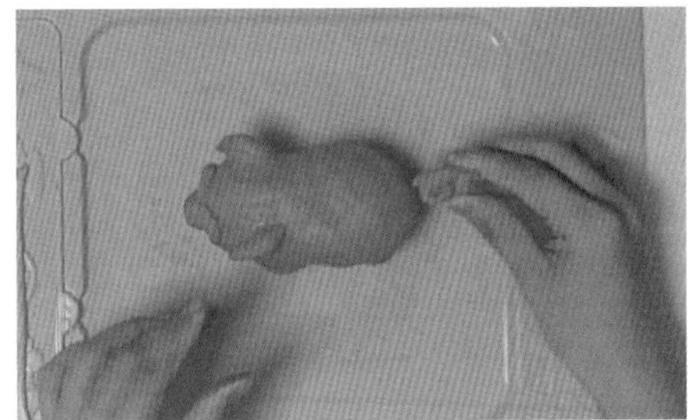

4 코, 눈, 꼬리를 만들어 붙여요.

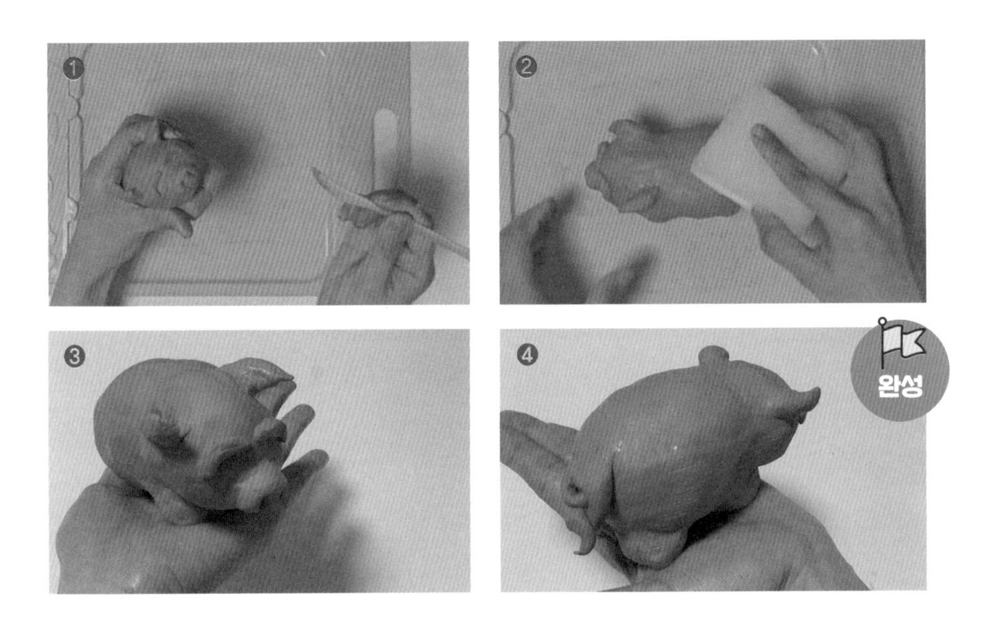

5 조각칼로 이목구비 등의 섬세한 부분을 표현하고, 스펀지에 물을 묻혀 질감을 상세하게 표현해요.

생각을 더 해요

- 환조의 장점은 무엇일까요?
- 환조로 표현할 수 있는 것들은 무엇이 있을까요?

생각을 넓혀요

부조와 환조라는 용어를 들어 본 적이 있나요? 부조와 환조는 대상의 입체감을 얼마만큼의 깊이로 표현하는지, 어떤 방식으로 표현할지에 대한 기준으로 구분됩니다. 부조는 한쪽 면만 감상할 수 있는 반면, 환조는 360도 사방에서 작품을 감상할 수 있게 만든 것입니다. 부조가 2D라면 환조는 3D라고 표현할 수 있겠네요. 재료의 한쪽 면에만 표현하는 부조, 재료의 사면에 표현하는 환조. 여러분은 어떤 것을 선택하고 싶나요?

4. 서예

판본체

판본체로 책 제목을 쓰고 책 표지를 디자인해 봐요!

준비물: 책 표지 디자인 도안, 붓펜, 색연필, 사인펜 등의 채색 도구, 가위

성취 기준: (4미02-06)기본적인 표현 재료와 용구의 사용 방법을 익혀 적절하게 사용할 수 있어요.

미술 용어 정리

판본체_ 한글 창체 직후에 나온 붓글씨의 글자 모양으로, 반듯하고 획의 굵기가 일정하며, 글자의 중심이 가운데에 있는 특징을 가진 글씨체

함께 만들어 봐요

1 도안에 책 제목이 들어갈 네모 칸을 연필로 그린 후, 붓펜으로 판본체의 특징을 잘 살려서 책의 제목을 써요.

활동 돋보기 판본체를 쓸 때 네모 칸을 생각해 두고 쓰면 더 쉽게 판본체를 쓸 수 있어요.

2 제목을 다 썼다면 지우개로 연필선을 지우고, 연필로 책 표지 디자인을 스케치해요.

활동 돋보기 책 표지를 디자인할 때에는 책 제목에 어울리는 그림을 그려 넣어요.

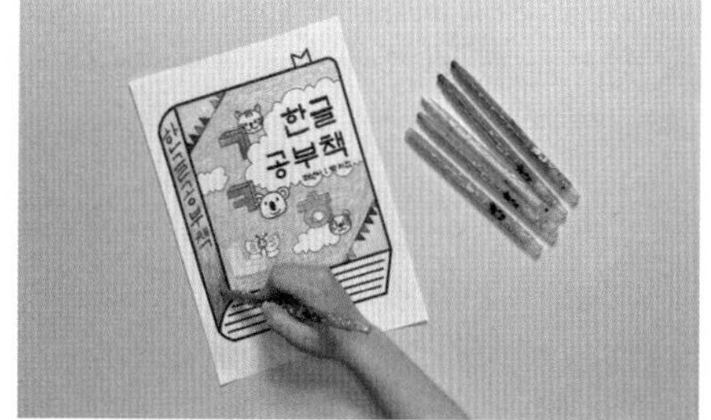

3 채색 도구(색연필, 사인펜 등)를 활용해서 책 표지를 꾸며요.

활동 돋보기 색연필로 색칠하기 전에 연필선을 지우개로 깔끔하게 정리해요.

4 윤곽선을 따라 가위로 잘라요.

생각을 더 해요

판본체 모양이 가지는 특징은 어떤 것들이 있나요? 특징을 알면 판본체를 쓰기 더 쉬워져요!

생각을 넓혀요
사라질 뻔한 서체, 판본체?

판본체는 한글이 만들어졌을 당시에 주로 쓰이던 서체랍니다. 그런데 판본체는 붓글씨를 쓰기에 불편한 점이 많았어요. 반듯한 사각형의 형태로 단정하게 글씨를 쓰려면 천천히 써야 하고 시간이 많이 걸렸지요. 판본체는 원래 비석에 글을 새기거나 활자를 조각할 때 많이 쓰였던 서체예요. 판본체의 형태가 조각하기에 더 용이하기 때문이겠지요. 시간이 흐르면서 변형된 서체들이 많이 생겨나고, 그 중 가장 유명한 서체가 우리가 고학년이 되면 배우는 궁서체입니다. 이렇게 사라질 뻔했던 판본체는 다행히 지금까지 전해져 내려와서 붓글씨의 기본으로 쓰이고 있답니다.

5. 감상

나는 우리 반 도슨트!

내가 감상한 작품을 친구들에게 설명하는 도슨트가 되어 보아요!

준비물: 머메이드지 10cm×12cm 2장(각각 다른 색으로 준비), 머메이드지 2cm×15cm, 칼, 목공용 풀, 연필, 30cm 자, 사인펜, 4학년 미술 교과서

성취 기준: (4미03-03)미술작품에 대한 자신의 생각과 느낌을 발표하고, 그 이유를 설명할 수 있어요.

미술 용어 정리

도슨트_ 교육을 받은 후 미술관이나 박물관에서 전시물과 작가에 대한 설명을 해 주는 전문 안내인

함께 만들어 봐요

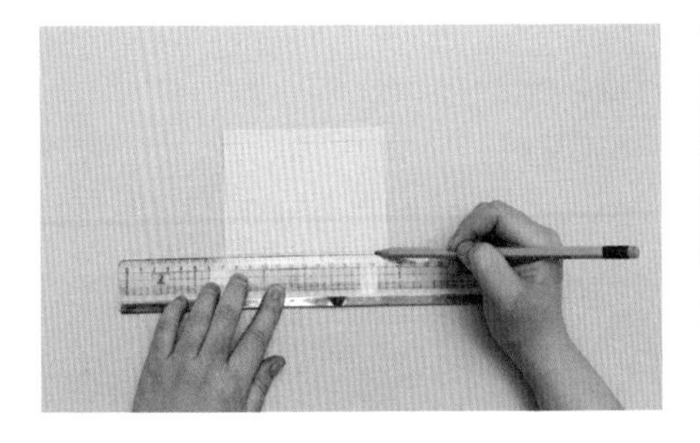

1 머메이드지 10cm×12cm 2장 중 1장을 선택해요. 머메이드지 4면의 가장자리에서 안쪽으로 각각 1cm의 간격을 두고 연필로 4개의 선을 그어요.

활동 돋보기 만들기 전, 교과서에 나온 작품들 중 소개하고 싶은 작품을 미리 골라 둬요.

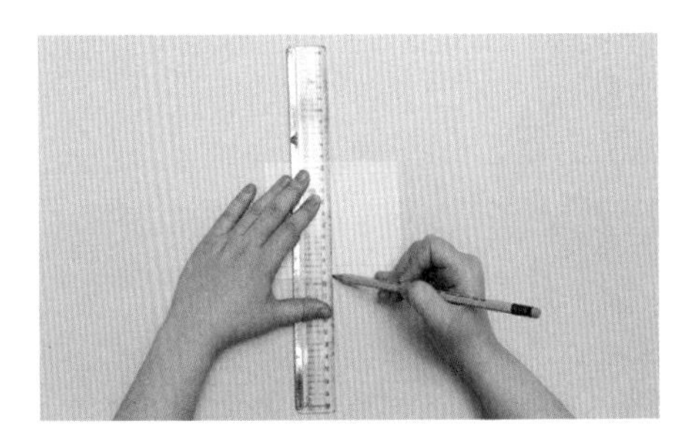

2 머메이드지의 한가운데에도 자를 대고 연필로 선을 그어요.

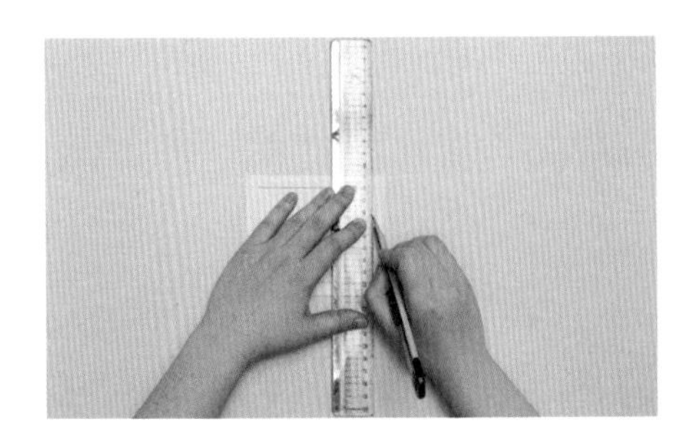

3 활동 1에서 그은 선 가운데 짧은 면의 선 1개만 남기고, 가장자리 3곳의 선을 칼로 잘라요. 이때, 선과 선이 만나는 점까지만 칼로 잘라야 해요.

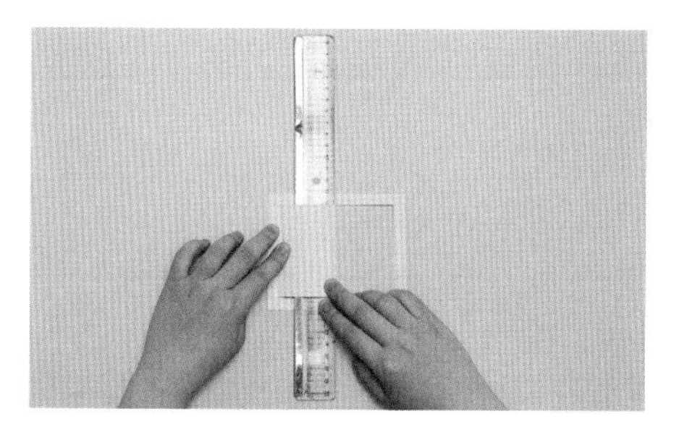

4 자른 부분을 가운데 그어진 선에 맞춰 바깥쪽으로 접어요.

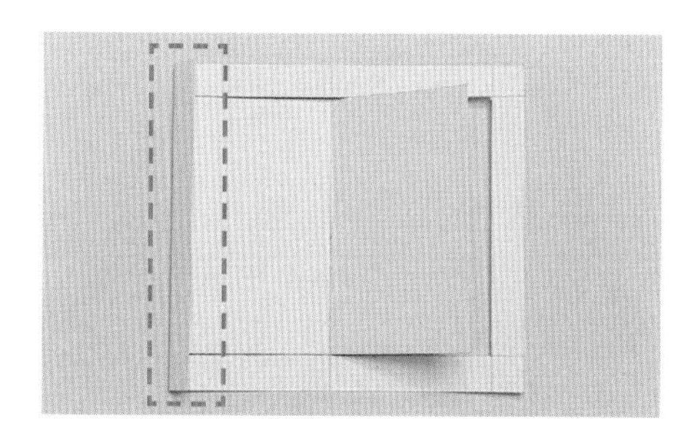

5 활동 3에서 자르지 않은 선에 맞춰서 안쪽으로 접은 후, 사진과 같이 종이를 뒤집어요.

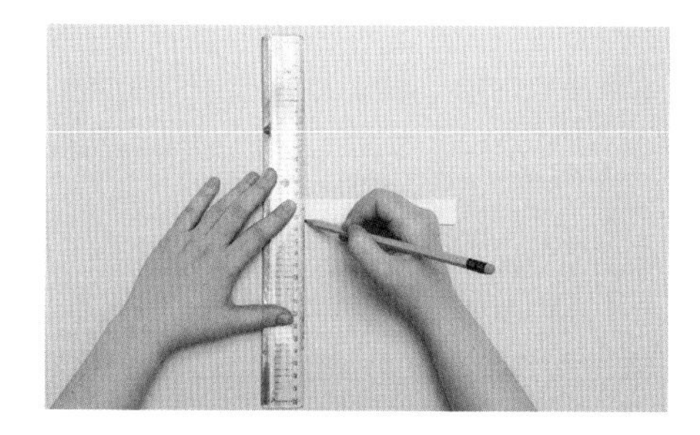

6 머메이드지 2cm×15cm의 좁은 면 끝에서 안쪽으로 2cm 위치에 자를 대고 연필로 선을 그어요.

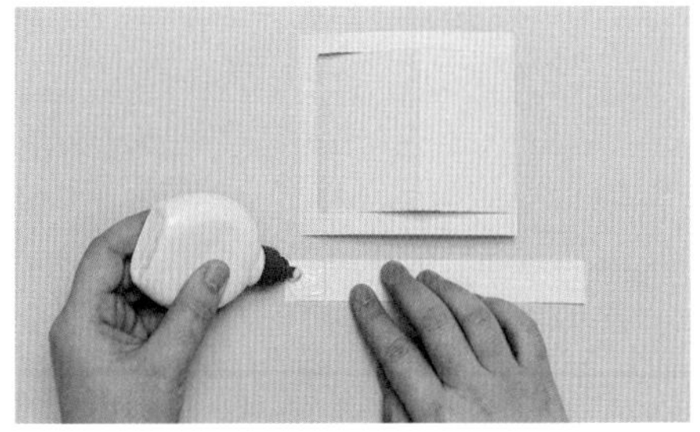

7 선을 따라 접었다 펴요. 그리고 목공용 풀을 접었다 편 부분에 골고루 발라요.

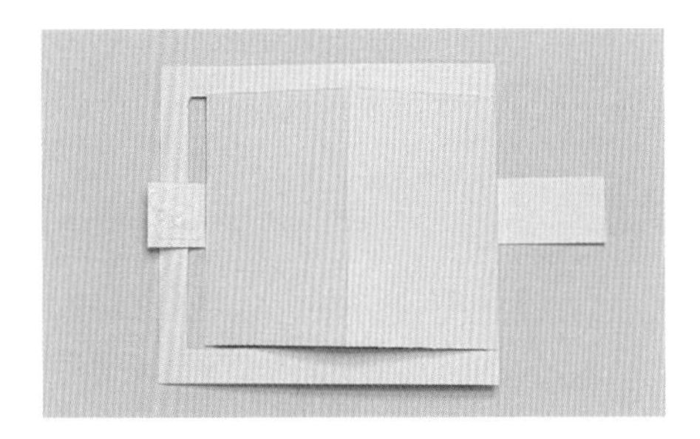

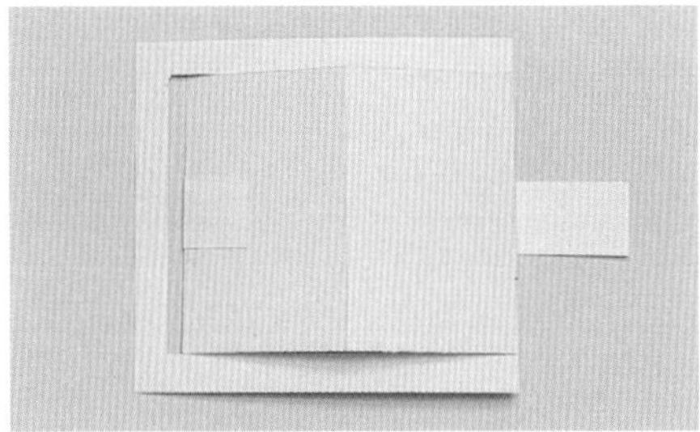

8 머메이드지 2cm×15cm를 활동 5 머메이드지의 잘라진 틈 사이로 끼워 붙여요.

활동 돋보기 머메이드지 2cm×15cm는 완성된 전시대에서 작품을 세우는 손잡이가 될 거예요. 따라서 가운데에 위치하게 붙여야 작품이 똑바로 서 있을 수 있어요.

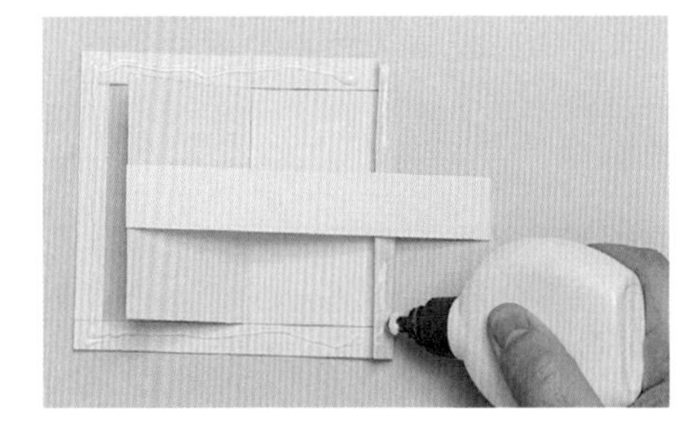

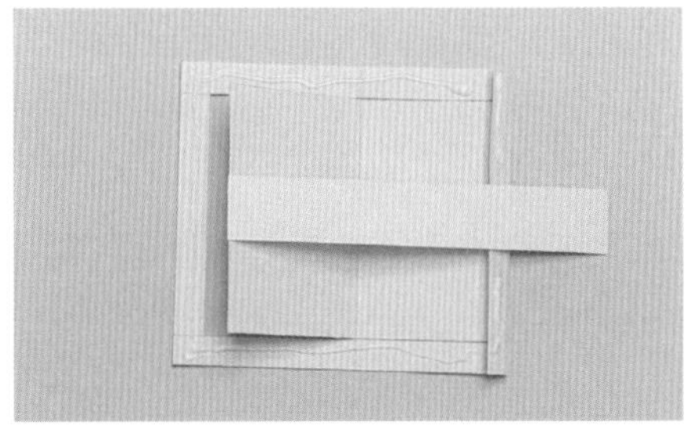

9 손잡이가 나오도록 뒤집어요. 그리고 목공용 풀을 머메이드지 10cm×12cm의 가장자리 접힌 부분에 발라요.

활동 돋보기 손잡이가 지나가는 부분에는 목공용 풀을 바르지 않아요. 손잡이가 앞뒤로 움직여야 작품을 세울 수 있어요.

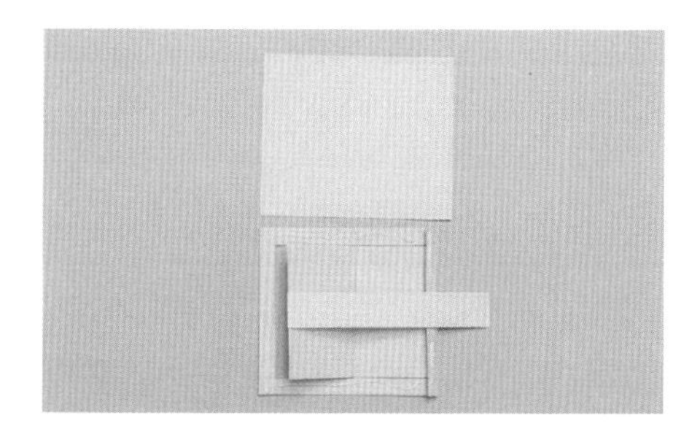

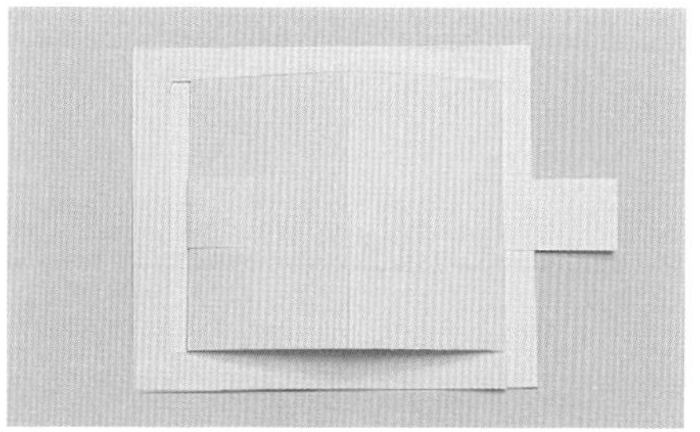

10 사용하지 않은 머메이드지 10cm×12cm 1장을 밑에 내려놓아요. 그리고 활동 9의 전시대를 뒤집어서 모서리에 잘 맞추어 붙여요.

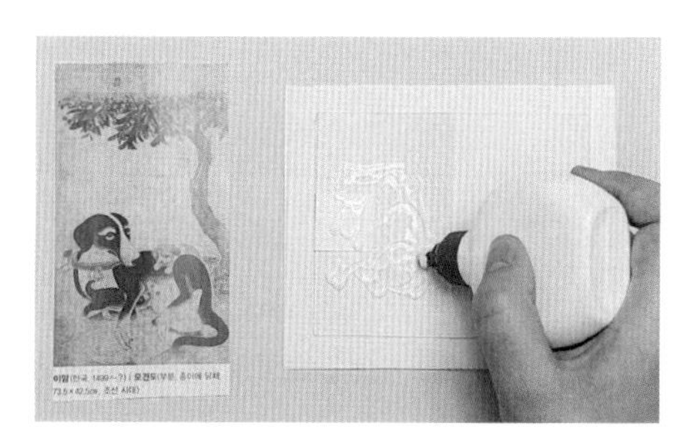

11 교과서에서 고른 작품 사진을 전시대 윗부분에 목공용 풀로 잘 붙여요.

활동 돋보기 미술 교과서에서 작품 사진을 자를 때 작품 밑의 작품 정보도 포함해서 잘라요.

12 손잡이를 잡아당겨서 작품 전시대를 세워요. 그리고 아래 빈 공간에 작품에 대한 설명을 간단하게 적어요.

13 완성한 작품 전시대를 사용해서 미술관의 도슨트처럼 모둠 친구들에게 미술작품에 대해 설명해 보아요.

생각을 더 해요

작품 속에서 어떤 일이 벌어지고 있는지 상상해서 발표해 볼까요? 작품을 자세히 감상하다 보면 미술가의 마음을 더 잘 이해할 수 있어요.

생각을 넓혀요

예리한 관찰력과 섬세한 표현력을 가진 화가, 이암

예시 작품 속 〈모견도〉를 그린 화가 이암(李巖)은 세종대왕의 넷째 아들인 임영대군의 증손이에요. 이암은 새와 동물을 소재로 한 영모화와 꽃과 새를 주제로 한 화조화를 잘 그렸어요.

〈모견도〉에는 나무 아래에서 여유롭게 시간을 보내는 어미 개와 귀여운 강아지들이 그려져 있어요. 어미 개가 큼지막한 방울이 달린 멋진 목걸이를 차고 있는 것을 보아 주인에게 사랑받고 있는 걸 짐작할 수 있지요. 그림에서 어미 개와 강아지 모두 윤곽선 없이 그려진 것을 볼 수 있는데, 이러한 기법을 몰골법이라고 해요. 이암은 왜 어미 개와 새끼를 소재로 그림을 그렸을까요? 아마 보기만 해도 미소가 지어지는 따뜻한 모습을 전달하고 싶었던 것은 아니었을까요? 작품을 보며 화가의 마음을 좀 더 느껴 봐요!

6. 미술+과학 원리

플립북

잔상 효과를 볼 수 있는 플립북을 만들어요!

준비물: 사인펜, A4용지, 가위, 집게

성취 기준: (4미01-04)미술을 자신의 생활과 관련지을 수 있어요.

미술 용어 정리

플립북_ 낱장마다 각 동작의 연속적인 그림을 그린 종이 묶음

함께 만들어 봐요

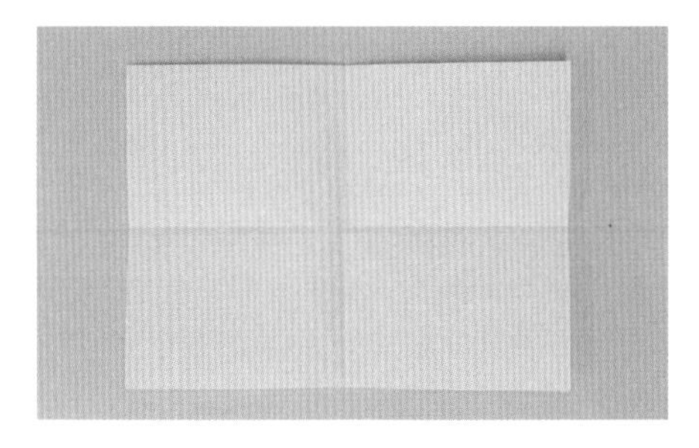

1 A4종이를 가로, 세로로 1번씩 반으로 접었다 펴요. 그리고 대문 접기 해요.

활동 돋보기 가운데 중심선에 맞춰 양끝을 반씩 접는 것을 대문 접기라고 해요.

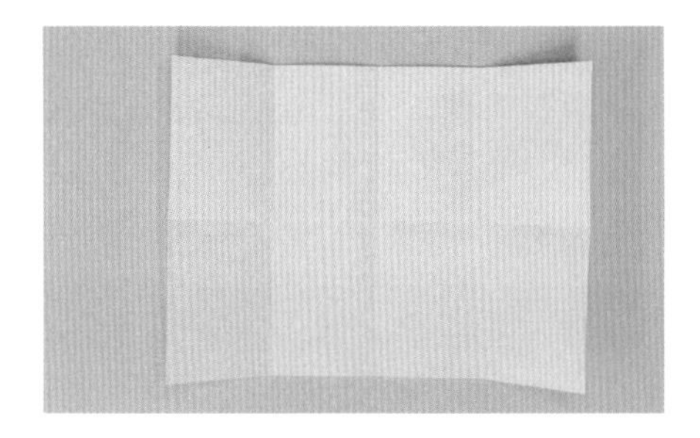

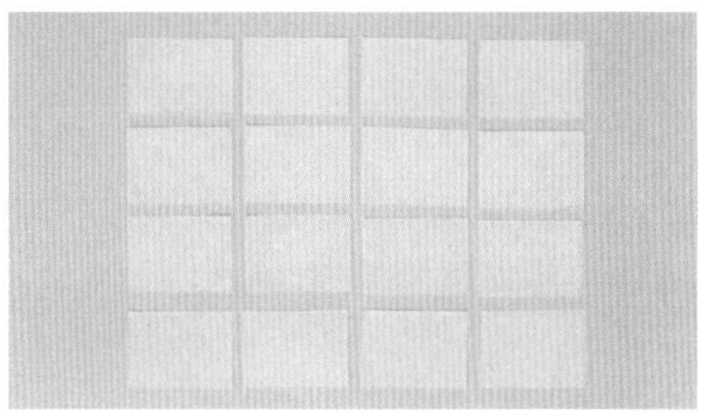

2 대문 접기한 종이를 펼쳐서 접었던 선을 따라 가위로 잘라요. A4종이 1장을 자르면 총 8조각이 나와요. A4 2장을 접고 잘라서 16조각을 준비해요.

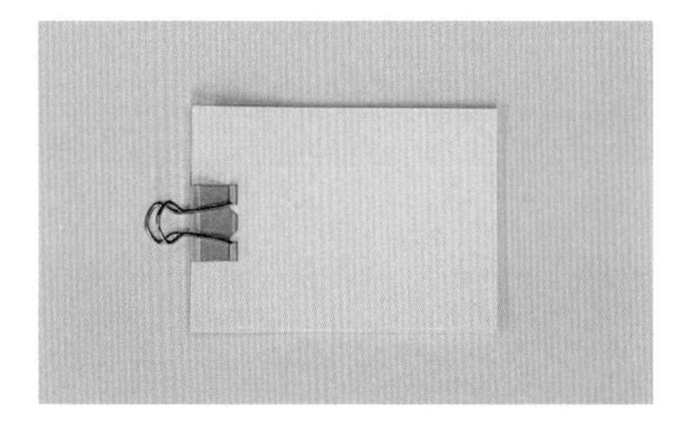

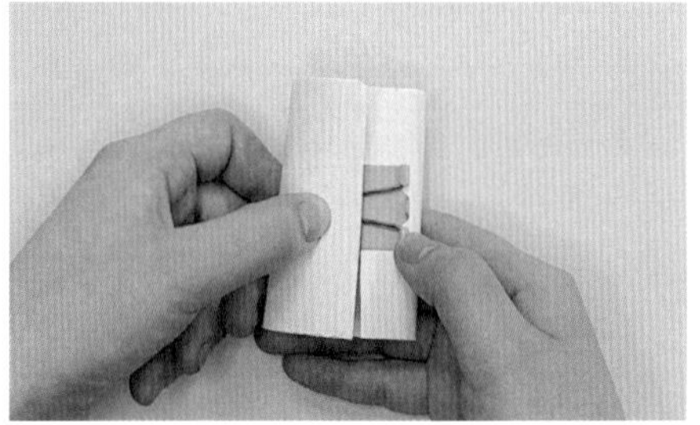

3 16장의 종이를 모은 후, 왼쪽에 집게를 끼워요. 그다음, 집게가 오른쪽에 오도록 하여 집게를 끼운 부분을 둥글게 말고 반대편도 둥글게 말아 집게 위를 감싸요.

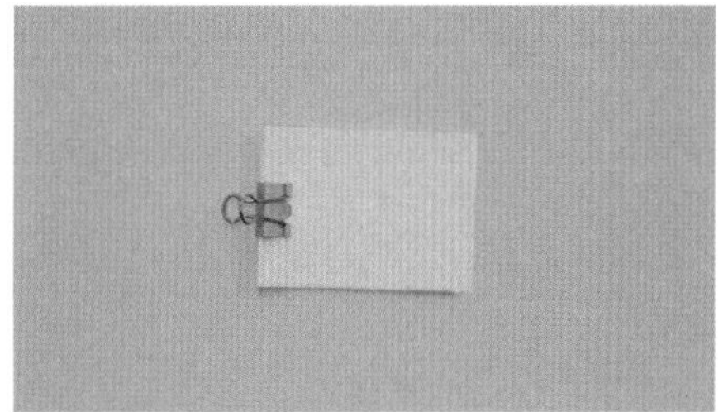

4 집게 위에 말려진 종이 중 가장 왼쪽에 위치한 종이의 가장자리를 기준으로 나머지 부분을 가위로 잘라내요. 다 자른 후 집게가 왼쪽에 오도록 플립북을 내려놓아요.

활동 돋보기 활동 4번을 하면 16장 종이의 길이가 조금씩 차이가 생겨 플립북을 더 쉽게 넘길 수 있어요.

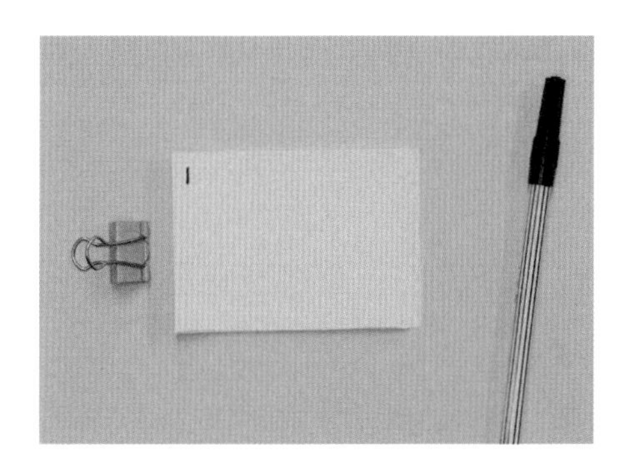

5 플립북에서 집게를 빼요. 그리고 사인펜으로 플립북 각 페이지에 그림을 그려요.

활동 돋보기 1) 플립북 각 페이지의 왼쪽 상단 부분에 번호를 써 놓으면 순서를 헷갈리지 않을 수 있어요. 그림을 그릴 때 집게를 빼놓으면 더 편하게 그릴 수 있어요.

2) 1번 페이지에는 표지를, 2번 페이지에는 사건 중 가장 먼저 일어난 장면을, 16번 페이지에는 가장 마지막에 일어난 장면을 그릴 거예요. 어떤 사건을 그릴지 생각해서 그려 봐요. 그리기 어려우면 예시 작품을 그대로 따라 그려도 돼요.

3) 그림을 그릴 때에는 종이의 오른편에 그리는 것을 추천해요. 종이를 넘길 때 가려지지 않고 잘 보이기 때문이에요.

4) 한 장면을 그리고 난 후에는 다음 페이지를 그 위에 올려서 덮은 후, 이전 장면과의 간격을 확인하며 그려요. 이렇게 그리면 플립북을 넘길 때 그림이 좀 더 자연스럽게 보여요.

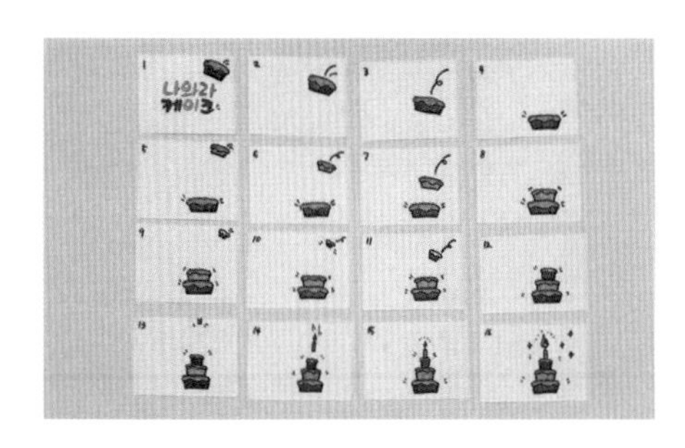

6 그림을 다 그린 후에는 사인펜으로 색칠해요. 마지막으로, 순서에 맞게 각 페이지를 모은 후 왼쪽에 집게를 꽂고 플립북을 넘겨 잔상 효과를 확인해요.

생각을 더 해요

플립북을 넘길 때 움직임이 잘 나타나게 하려면 어떻게 그림을 그려야 할까요?

생각을 넓혀요
눈의 착각이 일으키는 잔상 효과

정지된 상태의 그림을 빠르게 연속해서 움직였을 때, 하나의 움직이는 영상으로 보이는 것을 잔상 효과라고 해요. 정지된 상태의 그림이 움직이는 것처럼 보이는 이유는 무엇일까요? 우리의 뇌는 눈을 통해 본 장면들을 모두 기억해요. 그런데 연속으로 보는 장면들이 빠른 속도로 인하여 서로 겹쳐지게 되면 우리의 뇌는 마치 그림이 움직인다고 착각하게 돼요. 실제 움직이는 것은 아니지만, 마치 움직이는 것처럼 인식하는 거예요. 이러한 잔상 효과를 이용한 대표적인 예가 바로 영화와 애니메이션이에요.

영화와 애니메이션에서 영상을 이루는 정지된 한 장면을 '프레임'이라고 해요. 잔상 효과를 일으키기 위해서는 보통 1초에 25~30프레임을 사용한다고 해요. 좀 더 부드럽게 연결하려면 1초에 60~120프레임으로 구성한다고도 하니 정말 대단하지요?

7. 판화

공판화, 스텐실

스텐실 기법을 활용하여 작품을 완성해요!

준비물: 스텐실 도안(다운로드 및 개별 작성), OHP필름 여러 장, 물감, 스펀지, 네임펜, 칼, 테이프, 8절지

성취 기준: (4미01-02)주변 대상을 탐색하여 자신의 느낌과 생각을 다양한 방법으로 나타낼 수 있어요.

미술 용어 정리

스텐실_ 판에 구멍을 뚫고 여기에 잉크를 통과시켜 찍어 내는 공판화 기법 중 하나

함께 만들어 봐요

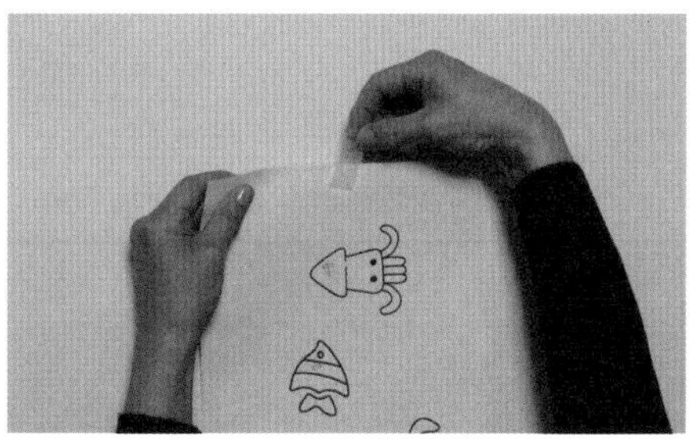

1 도안 속 각 그림에 어울리는 색을 생각해 보고 한 귀퉁이에 적어 두세요. OHP필름 1장을 도안 위에 덮어 주세요. 그리고 움직이지 않도록 테이프를 붙여 주세요.

2 네임펜으로 도안을 따라 그리세요. 이때 색깔별로 OHP필름을 따로 만들어 주세요.

활동 돋보기 위치상 멀리 떨어져 있는 색깔은 1개의 OHP필름에 표시해도 좋아요.

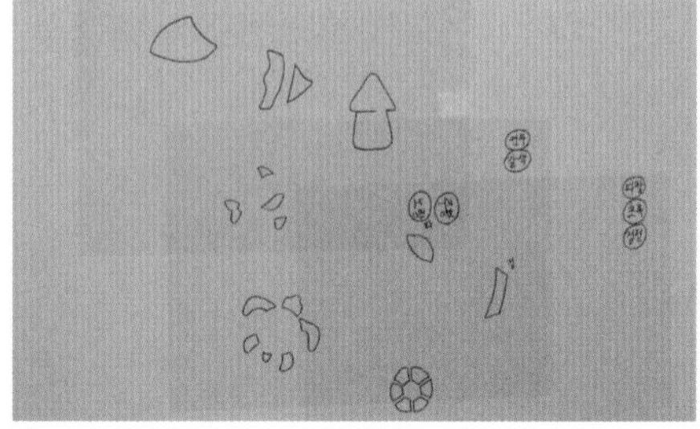

3 칼을 사용하여 도안을 오려 주세요.

활동 돋보기 손이 다치지 않도록 조심해 주세요. 곡선은 OHP필름을 돌려 가면서 오려 보세요.

4 종이나 천 등 원하는 곳에 OHP필름을 얹고, 스펀지에 물감을 묻혀 찍어 주세요.

활동 돋보기 색은 밝은색부터 찍어 주세요. 그래야 어두운색에 덮이지 않아요.

5 동물의 눈과 같이 세세한 부분은 네임펜으로 그려 넣어요.

활동 돋보기 형태가 이상하게 나오거나 어색한 부분은 붓을 사용하여 채울 수도 있어요!

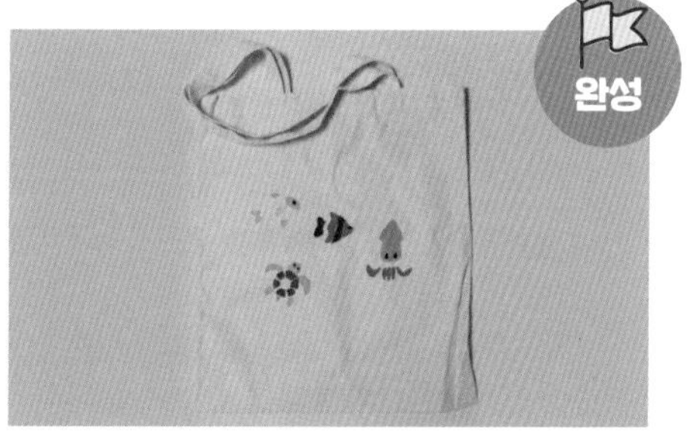

6 어려운 도안으로도 도전해 보아요.

생각을 더 해요

- 여러분이 도안을 만든다면 어떤 것을 만들고 싶나요?
- 공판화의 종류에는 스텐실 외에 무엇이 있을까요?

생각을 넓혀요
팝아티스트 로이 리히텐슈타인

로이 리히텐슈타인(Roy Lichtenstein, 1923-1997년)은 공판화의 기법 중 하나인 실크스크린을 사용하여 많은 작품을 만든 작가입니다. 그는 미국 뉴욕에서 태어나 상업적인 광고 이미지나 대중적인 만화를 작품의 소재로 하여, 밝은 색채와 뚜렷한 윤곽선, 기계적인 인쇄로 생긴 망점이 특징인 작품을 제작했어요. 팝아트의 대표적인 작가로 손꼽히고 있죠. 그의 작품을 한 번도 본 적 없는 사람은 없을 거 같아요!
리히텐슈타인이 이런 형태로 작품을 만든 이유는 무엇이었을까요? 바로 아이들에게 감동을 주기 위해서였다고 해요. 아이들이 좋아하는 만화 같은 그림을 그려 감동을 이끌어 내고 싶었던 것이죠. 그렇게 리히텐슈타인은 세계적인 팝아티스트이자 아이들이 좋아하는 화가가 되었답니다.

8. 만화

만화로 표현하는 꿈속 이야기

내가 꿈꾸고 싶은 이야기, 만화로 표현해요!

준비물: 도화지, 색연필, 사인펜 등 채색 도구, 포스트잇, 꿈속 이야기 도안

성취 기준: (4미02-03)연상, 상상하거나 대상을 관찰하여 주제를 탐색할 수 있어요.

미술 용어 정리

만화_ 이야기를 간결하고 재미있게 표현하여 대화와 함께 그리는 그림

함께 만들어 봐요

1 준비한 도안에 포스트잇 4장을 4개의 칸에 각각 붙여요. 내 이름을 괄호 안에 쓰고, 나의 꿈속을 상상해 보아요.

활동 돋보기 도안을 사용해도 좋고, 직접 그리는 방법도 있어요. 포스트잇은 원하는 모양, 원하는 색을 사용해요.

2 포스트잇에 순서대로 나의 꿈속 이야기를 써 보아요.

활동 돋보기 만화는 칸에서 칸으로 이야기가 전달돼요. 이야기가 이어지도록 구성해 보아요. 꿈속 이야기이기 때문에 현실에 없는 이야기를 만들어 내도 좋아요.

3 포스트잇을 하나씩 떼어 구성한 이야기에 맞는 만화를 그려 봐요.

활동 돋보기 만화의 그림은 사실과 가깝기보다는 조금은 간결하고 익살스럽게 표현해 보아요.

4 4칸을 모두 완성한 후, 채색 도구로 색칠해요. 내가 자는 모습도 함께 채색해요.

5 나의 꿈속 이야기를 모두 완성한 후, 짝과 함께 이야기를 나누어 보거나 친구들에게 발표해 봐요.

활동 돋보기 친구의 이야기에 경청하는 자세를 가져요. 친구의 만화에는 어떤 특징이 있는지, 나와는 어떻게 다른지 살펴봐요.

생각을 더 해요

여러분이 표현하고 싶은 만화의 주제는 또 어떤 것이 있나요?

생각을 넓혀요

영원한 둘리 아빠, 만화가 김수정

여러분은 국민 만화 〈아기 공룡 둘리〉를 알고 있나요? 둘리는 여러분의 부모님 세대부터 즐겨 보았던, 우리나라 사람이라면 누구나 아는 아기 공룡이 등장하는 만화랍니다. 여러분도 한 번쯤은 들어 본 적이 있지요? 〈아기 공룡 둘리〉는 1983년 처음 발표되었으니 정말 역사가 오래된 만화지요.

처음 〈아기 공룡 둘리〉가 나왔을 당시는 만화에 대한 사회의 인식이 좋은 편은 아니었어요. 지금은 다양한 형태의 만화가 나오고 또 웹툰이라는 장르까지 등장하면서 만화가 아주 친숙하게 느껴지지만, 당시에는 만화가라는 직업에 대해서도 색안경을 끼고 보는 사람이 많았답니다.

〈아기 공룡 둘리〉를 만든 둘리 아빠 김수정 만화가는 1950년 11남매의 여덟째로 태어났어요. 1950년은 우리나라에서 한국전쟁이 일어났던 해로, 많은 사람들이 매우 궁핍하게 살았어요. 어렵고 힘든 환경에서 가족과 아웅다웅하며 살아온 작가의 경험은 만화 〈아기 공룡 둘리〉에 그대로 투영되었다고 해요. 또한 〈아기 공룡 둘리〉의 등장인물은 모두 우리 주변에서 흔히 볼 수 있는 보편적인 가족 구성원의 모습을 담고 있지요.

1980년대 우리나라에서는 일본 애니메이션과 만화책이 아이들에게 인기가 많았어요. 그런 가운데 우리의 것으로 큰 인기를 얻은 〈아기 공룡 둘리〉는 그 자체로도 큰 의미가 있는 만화이겠지요? 〈아기 공룡 둘리〉 외에 우리 만화는 어떤 작품들이 있을까요? 관심을 가지고 한번 찾아봐요.

Part 3

5학년

미술 돋보기

1. 조형 원리

닮은 듯 아닌 듯 4등분 얼굴 콜라주

얼굴을 4등분하여, 다양한 방법으로 표현해 봐요!

준비물: 8절 도화지, 얼굴 인쇄 사진, 색종이, 가위, 풀, 채색 도구

성취 기준: (6미02-04)조형 원리의 특징을 탐색하고, 표현 의도에 맞게 활용할 수 있어요.
(6미02-05)다양한 표현 방법의 특징과 과정을 탐색해 활용해 봐요.

미술 용어 정리

콜라주_ 잡지나 신문, 책 등에서 마음에 드는 그림이나 사진 등을 찢거나 오려서 종이 위에 자유롭게 붙인 그림

함께 만들어 봐요

1 8절 도화지와 인쇄된 사진 하나를 준비해요. 도화지 위에 인쇄된 사진을 올려 두고 연필로 얼굴 테두리를 따라 그린 뒤, 8절 도화지에 나타난 연필 자국을 따라 한 번 더 그려요.

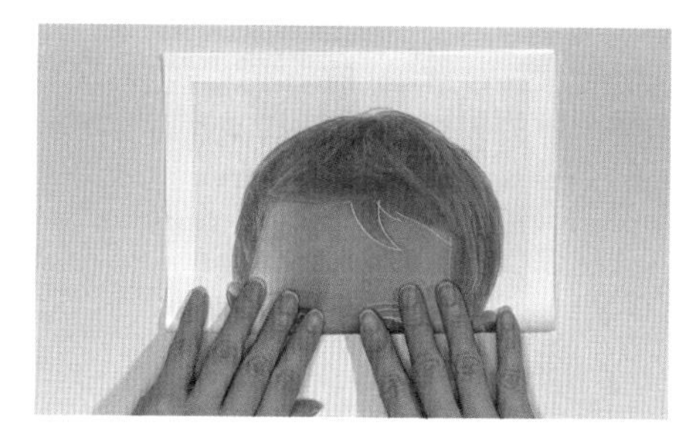

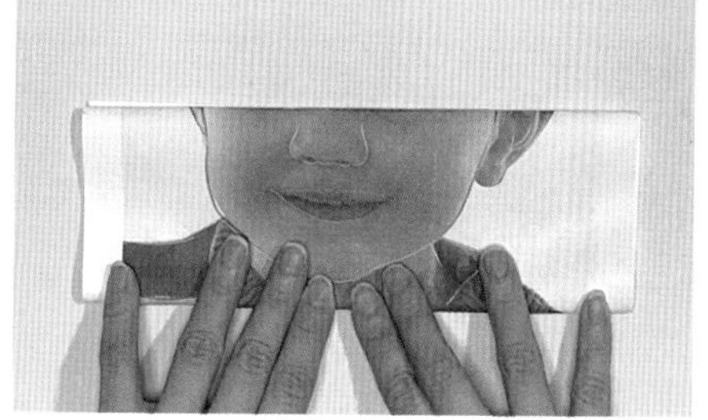

2 인쇄된 사진을 4등분해서 접어요.

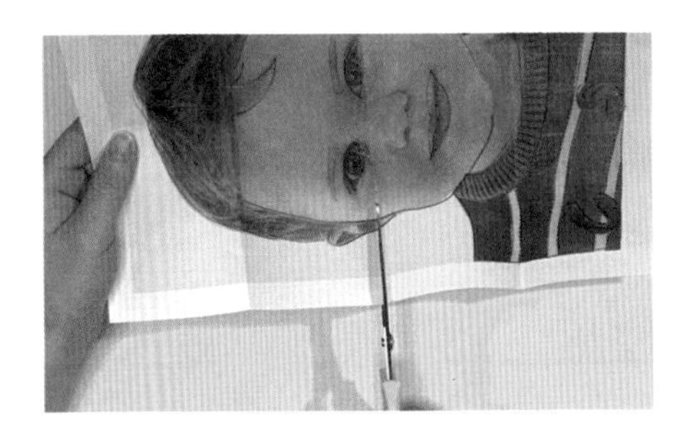

3 4등분으로 접은 인쇄된 사진을 자르고, 그중에서 한 부분을 골라 8절 도화지에 풀로 붙여요.

4 사진을 붙인 나머지 부분을 다양한 방법으로 표현해요. 예를 들어, 머리 부분은 색종이를 찢어 붙일 수 있어요.

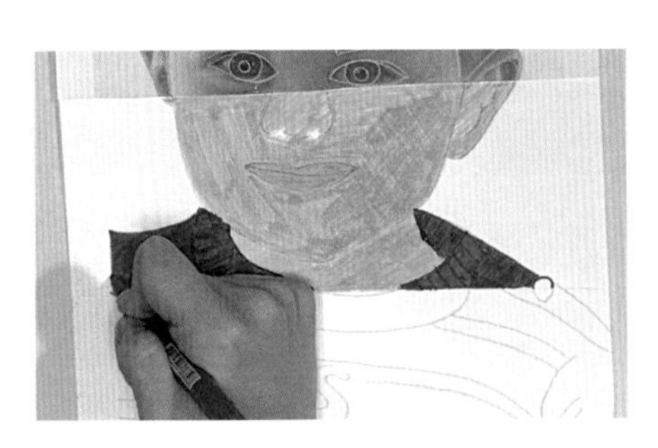

5 나머지 부분을 다양한 채색 도구를 사용하여 완성해요.

생각을 더 해요

콜라주 기법을 활용할 때 종이 외에 어떤 것을 붙여 표현할 수 있을까요?

생각을 넓혀요
콜라주에 대해 자세히 알아봐요!

콜라주란 본래 '풀칠'의 의미하였으나 화면에 천, 쇠, 나뭇조각, 모래, 나뭇잎, 인쇄물 등 다양한 재료를 붙여서 구성하는 기법 중 하나를 가리키는 말이에요. 1911년 입체주의 화가 피카소와 브라크가 화면에 물감 대신 신문지, 우표, 벽지, 상표 등의 실물을 붙여 작품을 제작하는 기법에서 시작되었어요. 1960년대 유행한 팝 아트 역시 신문이나 잡지 등을 소재로 콜라주 기법을 사용하여 제작한 대표적인 장르예요.

2. 디자인

종이 꽃병 만들기

예쁜 꽃을 담은 꽃병을 만들어 교실을 멋지게 꾸며 봐요!

준비물: A4색지, 한지, 빨대, 가위, 풀, 스테이플러

성취 기준: (6미02-03)다양한 재료를 활용하여 아이디어를 구체적으로 표현할 수 있어요.

미술 용어 정리

디자인_ 쓸모 있으면서 독특하고 아름답게 만드는 것으로, 문제를 재미있고 창의적으로 해결해 주며 우리 생활을 좀 더 편리하게 해 주는 것

함께 만들어 봐요

1 A4색지 한 장과, 대비되는 색깔의 종이를 띠 모양으로 길게 잘라 준비해요.

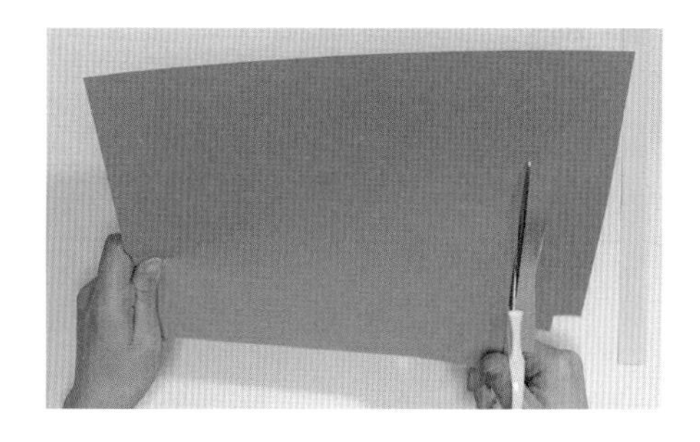

2 A4색지를 세로로 2/3 부분까지만 일정 간격으로 잘라요. 이때, A4색지를 세로로 1/3 정도 잘라 버리면 나중에 꽃병의 주둥이는 조금 작아지고 가위로 자른 부분을 말아 올리기가 편해져요.

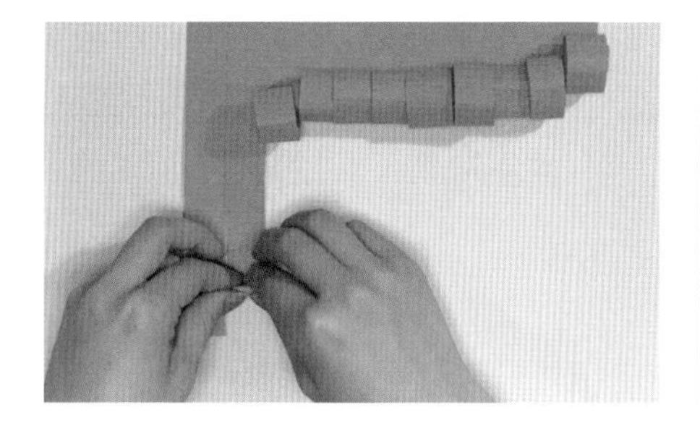

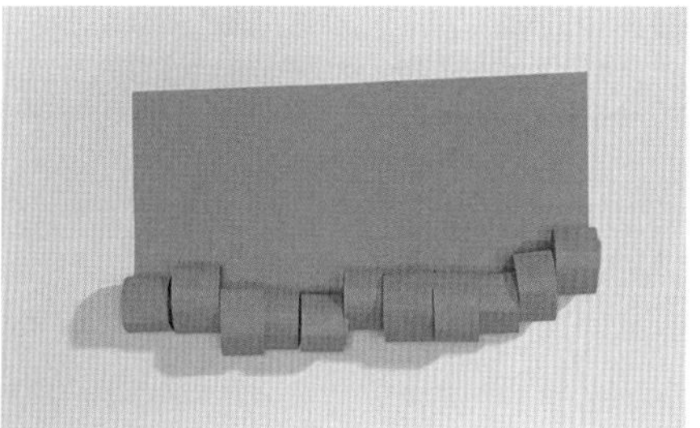

3 세로로 길게 자른 부분을 자른 부분까지 돌돌 말아 올려요.

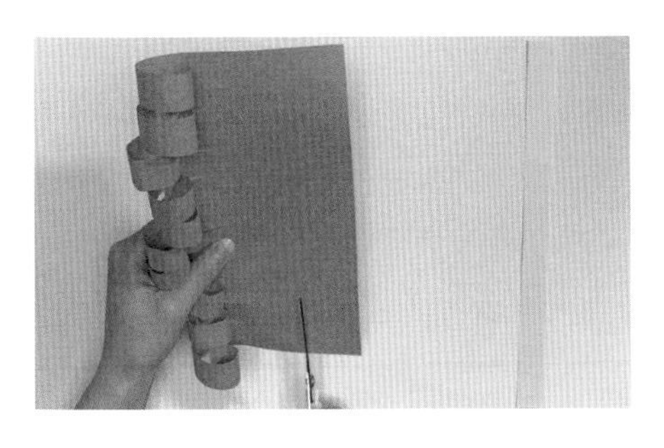
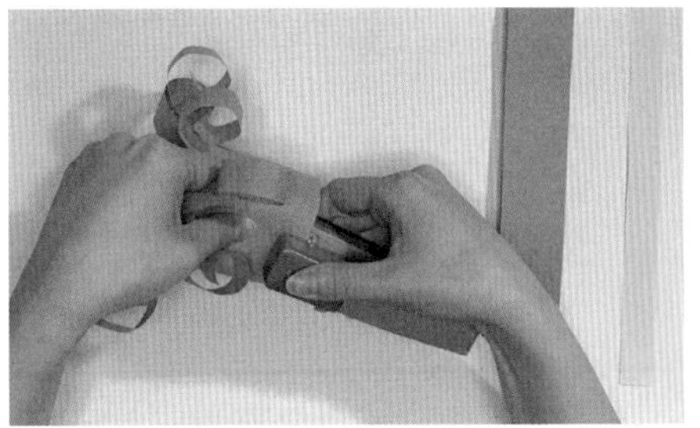

4 꽃병의 높이를 낮게 하고 싶다면 원하는 만큼 아랫부분을 잘라 내고, 원통 모양으로 둥글게 구부린 뒤 스테이플러로 고정해요.

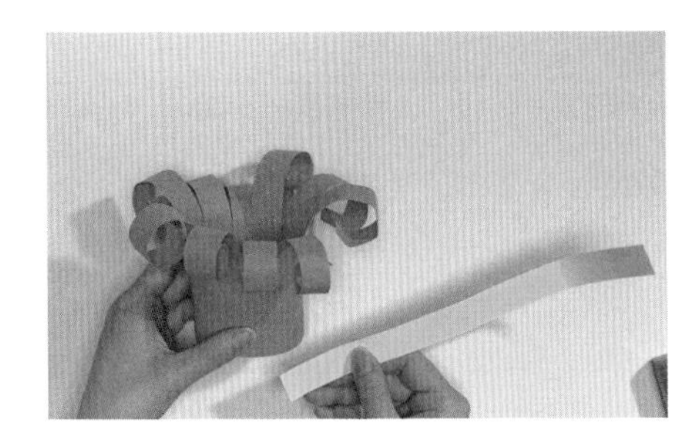
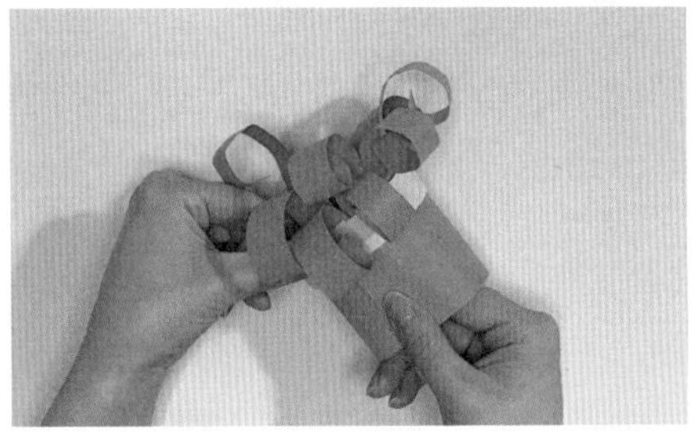

5 원통 모양의 겉에 띠 색지를 빙 둘러 꽃병을 완성해요.

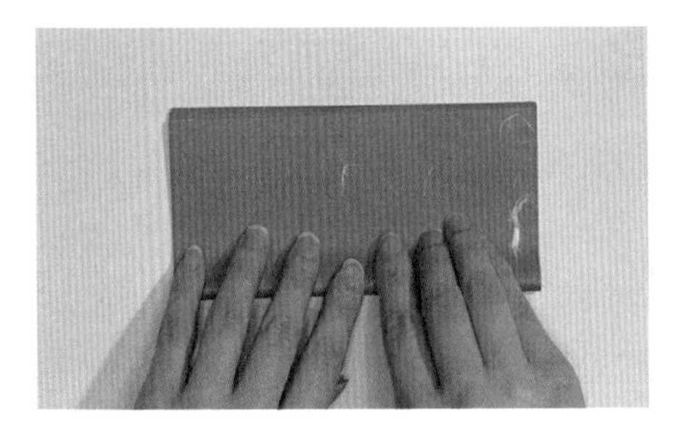

6 한지 여러 장을 겹친 후, 4등분하여 접어요.

7 4등분한 한지의 모서리 부분을 둥글게 잘라 낸 후에 겹쳐 두어요.

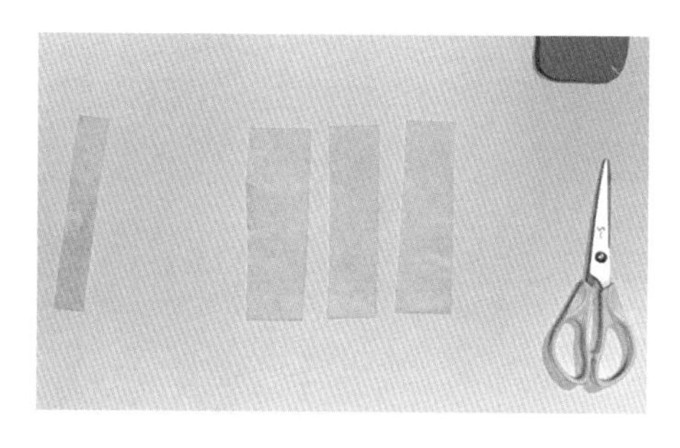
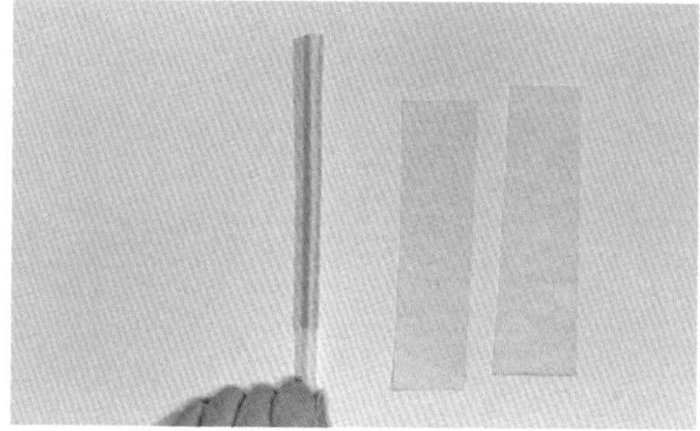

8 녹색 한지를 길게 잘라, 빨대에 돌돌 말아 붙여요.

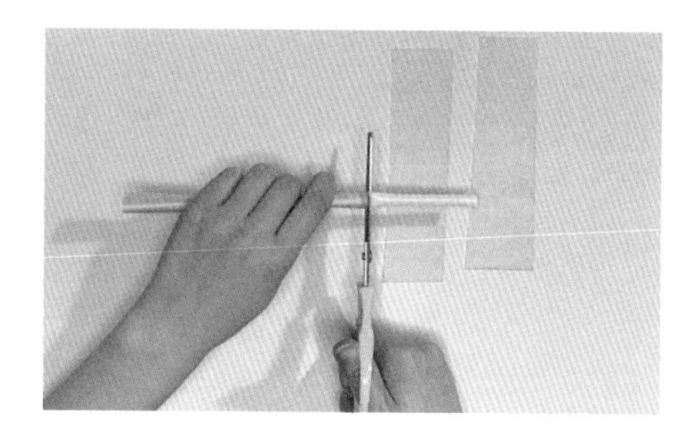
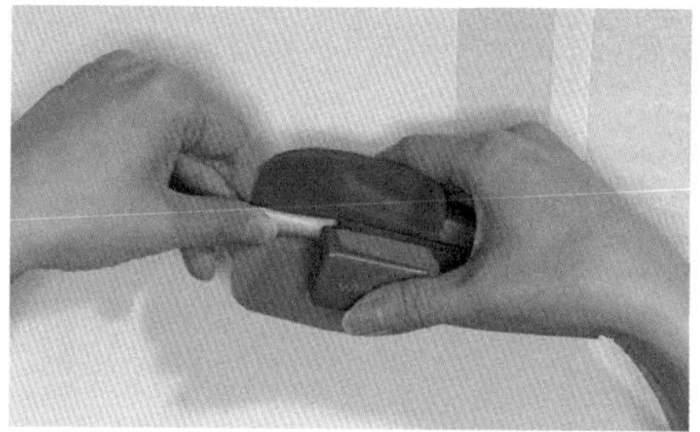

9 한지를 붙인 빨대를 원하는 만큼 잘라 내요. 스테이플러로 겹쳐 둔 한지의 정중앙에 빨대를 고정해요.

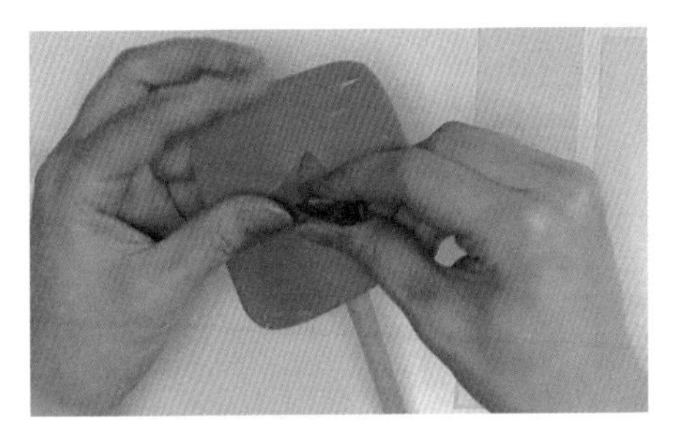

10 겹쳐진 한지를 한 장씩 접어 올려 꽃잎을 만들어요.

활동 돋보기 먼저 접는 한지는 최대한 구겨서 접어 올려야 예쁜 꽃 모양을 완성할 수 있어요.

11 여러 가지 색깔로 꽃을 만든 뒤, 꽃병에 꽂아 완성해요.

생각을 더 해요

종이, 한지, 빨대를 이용하여 꽃병을 디자인해 보았어요. 이 외에 디자인해 보고 싶은 우리 주변의 소품은 어떤 것들이 있나요?

생각을 넓혀요
꽃을 디자인하는 플로리스트

꽃을 디자인하는 직업이 있다는 사실을 알고 있나요? 바로 꽃을 상황과 목적에 맞게 꾸미는 '플로리스트'입니다. 플로리스트는 꽃을 보기 좋게 배열하여 작품으로 만들지요. 이뿐만 아니라 꽃으로 꾸미고자 하는 구체적인 목적, 꽃이 놓일 장소의 콘셉트와 분위기를 고려해서 이에 맞는 꽃을 구입하거나 생화를 관리하고 작품을 만들어 예쁘게 장식하는 일 등 다양한 일을 하는 직업이랍니다. 꽃을 예쁘게 담고 표현하는 직업인 플로리스트에 대해 조금 알게 되었나요?

3. 도예

나만의 그릇 만들기

나만의 그릇을 만들어요.

준비물: 찰흙, 찰흙판, 조각칼, 물통

성취 기준: (6미02-03)다양한 재료를 활용하여 아이디어를 구체적으로 표현할 수 있어요.

미술 용어 정리

도예_ 도자기 공예를 줄인 표현으로 토기, 도자기, 석기 등을 만드는 작업

함께 만들어 봐요

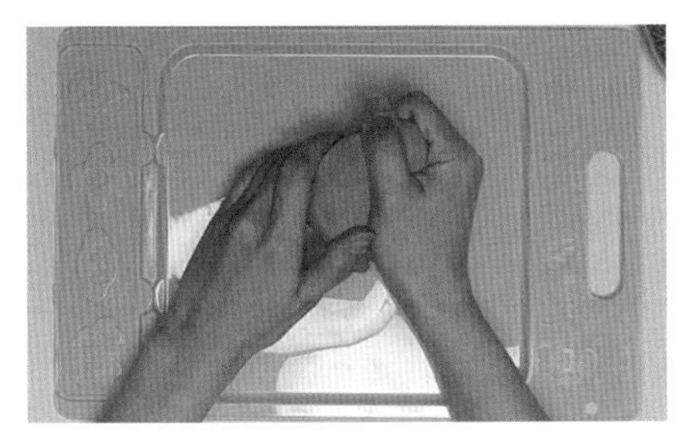

1 찰흙을 반죽하여 그릇 바닥을 만들어요.

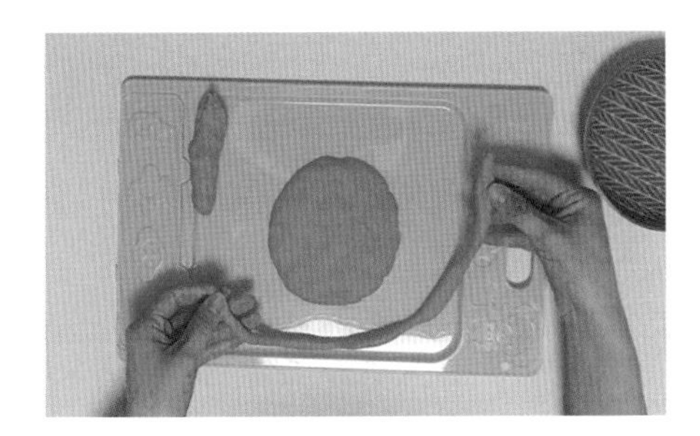

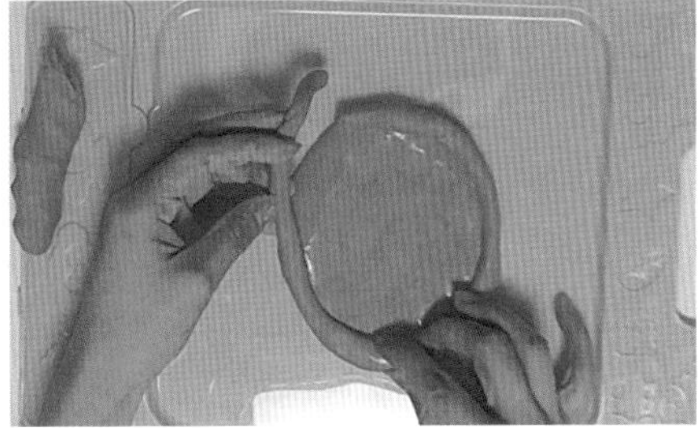

2 긴 기둥을 만들어 물을 바른 후, 그릇 바닥에 빙 둘러 올려요.

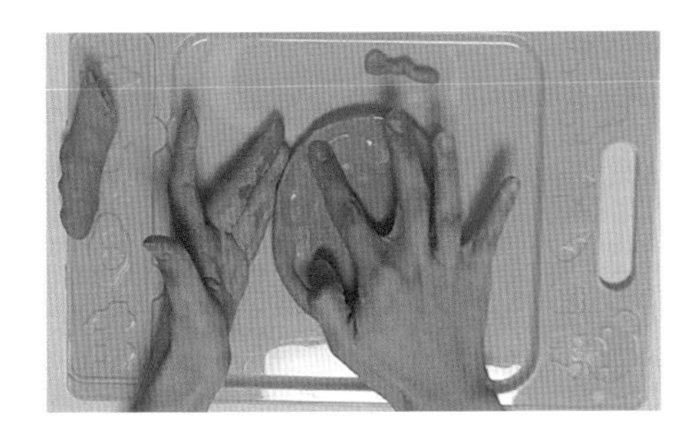

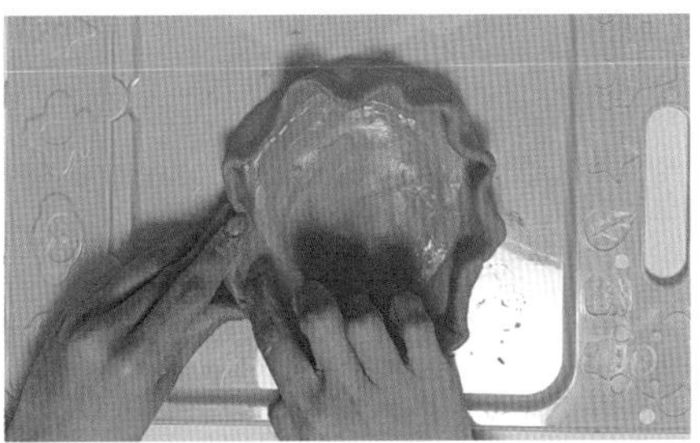

3 손가락으로 눌러서 붙인 다음, 원하는 모양으로 만들어요.

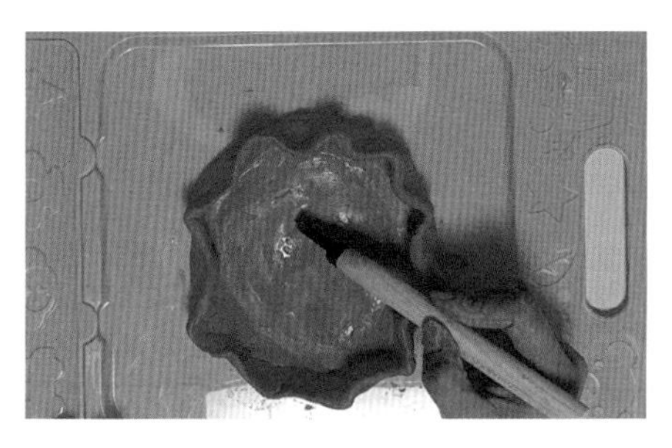
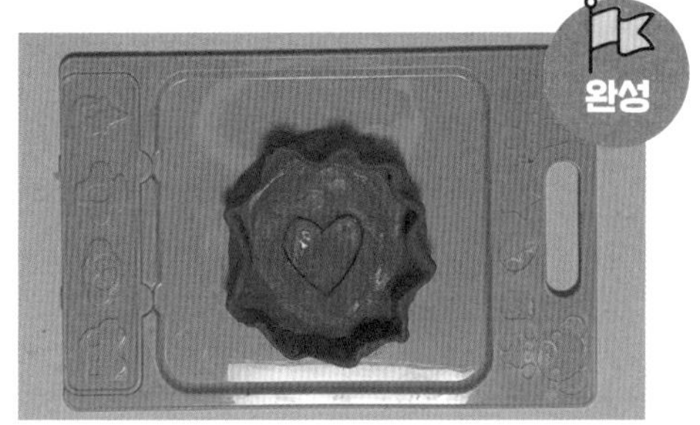

4 조각칼을 이용하여 꾸며요.

활동 돋보기 붙이고 싶은 모양을 만들어서 붙여도 좋아요.

생각을 더 해요

- 어떤 모양의 그릇을 만들고 싶은가요?
- 그릇 말고 만들 수 있는 것에는 무엇이 있을까요?

생각을 넓혀요

고려시대를 알고 있나요? 고려만의 특별한 예술작품이자 발명품이라고 하면 '상감청자'를 떠올릴 수 있을 거예요. 고려 귀족들은 청자를 매우 좋아해서 생활용품은 물론, 건축 자재나 문방용품도 청자로 만든 것을 사용했다고 합니다.
상감청자는 어떻게 만들어지는 걸까요? 고려청자는 '상감법'이라는 독창적인 기법을 통해 더욱 발전했어요. 상감법은 원래 금속에 무늬를 새기고, 금이나 은 등의 재료를 넣어 장식하는 기법이랍니다. 청자의 표면에 그림을 그려서 파내고, 그 위에 흰 흙을 바른 뒤 초벌로 구워요. 마른 흰 흙을 긁어내고 붉은 흙이 들어갈 부분의 무늬를 판 후, 붉은 흙을 넣어 다시 말립니다. 마지막으로, 마른 흙을 긁어낸 후 유약을 발라 구워 주면 완성! 고려청자는 색깔이 아름다워 중국인들도 명품으로 손꼽을 정도였다고 해요. 여러분도 한번 만들어 보지 않을래요?

4. 표현

색종이 꽃다발

색종이로 꽃을 접어서 꽃다발을 완성해요!

준비물: 8절지, 색종이, 연필, 가위, 사인펜, 색연필, 풀

성취 기준: (6미02-01)표현 주제를 잘 나타낼 수 있는 다양한 소재를 탐색할 수 있어요.

미술 용어 정리

색종이_ 여러 가지 색깔로 물들인 종이로 대개 어린이들의 공작용 접기나 오려 붙이기 따위에 씀

함께 만들어 봐요

1 색종이를 반으로 접은 뒤, 오른쪽에서 왼쪽으로 한 번 더 접어요.

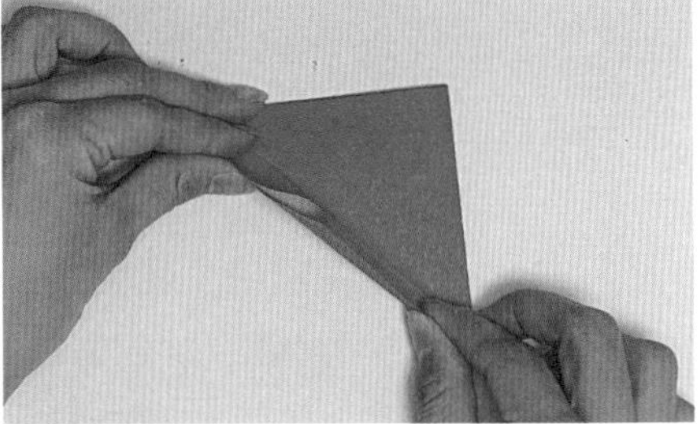

2 왼쪽 아래에서 오른쪽 위를 향해 색종이를 접어 올려요. 색종이를 뒤집어 같은 방식으로 접어 올려요.

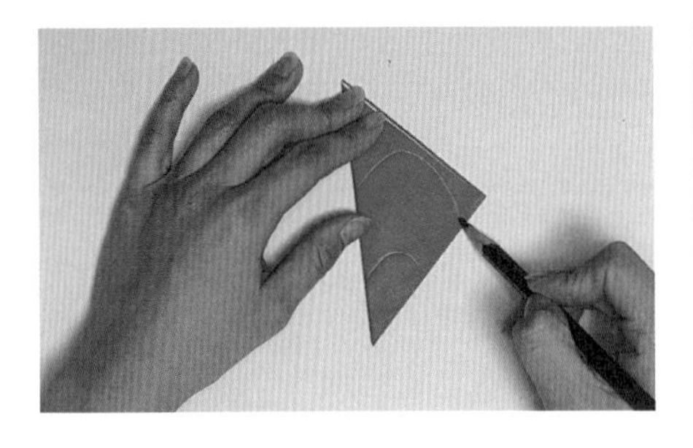

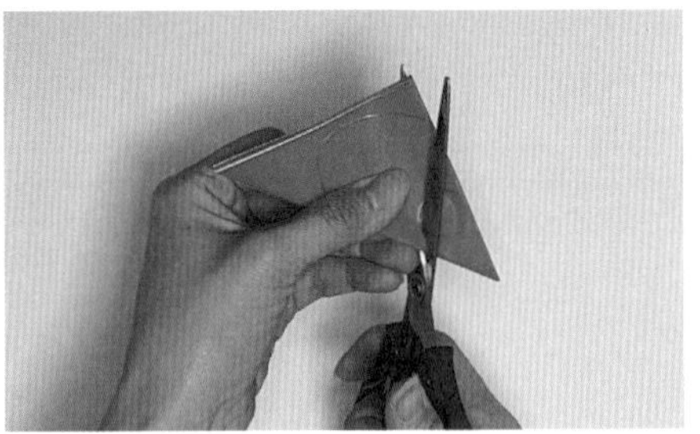

3 접힌 색종이 위에 꽃 모양을 그리고, 불필요한 부분을 가위로 오려 내요.

4 접힌 색종이를 펼쳐 꽃 모양을 확인해 봐요.

5 색종이를 4등분하여 같은 과정을 반복해요.

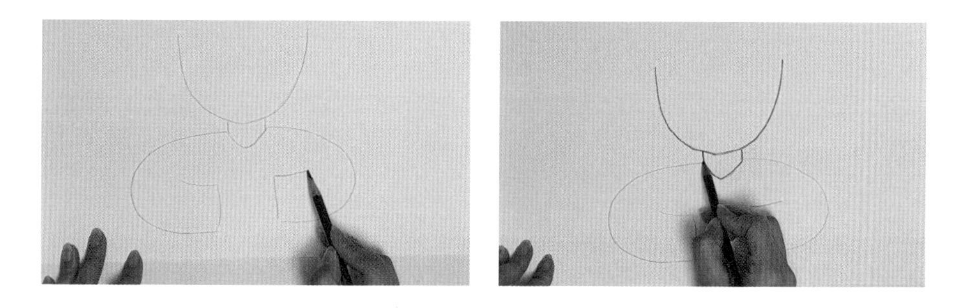

6 8절지에 사람을 스케치하고, 사인펜으로 따라 그려요.

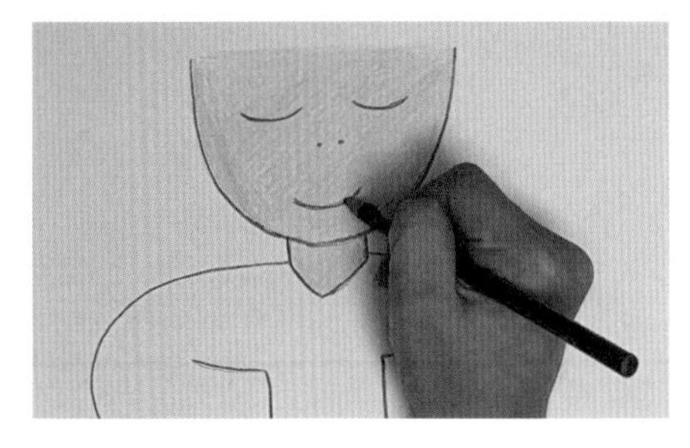

7 자유롭게 눈, 코, 입을 그리고 색연필로 색칠해요.

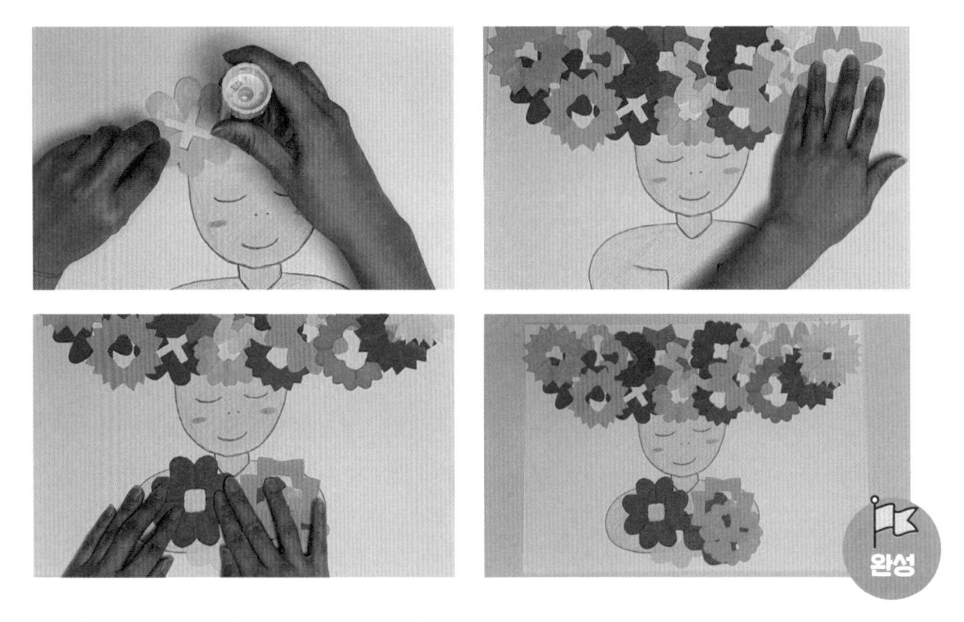

8 접은 색종이 꽃에 풀칠을 하여 머리와 손 부분을 꾸며요.

생각을 더 해요

- 표현할 수 있는 다른 재료는 무엇이 있을까요?
- 활용할 수 있는 유명한 명화는 무엇이 있을까요?

생각을 넓혀요
행복을 그리는 화가, 에바 알머슨

에바 알머슨(Eva Armisén)은 '행복을 그리는 화가'로 유명해요. 스페인에서 태어난 이 화가는 2016년 제주도를 방문하여 해녀를 소재로 그림을 그리기도 했지요. 따뜻한 미소를 짓고 있는 사람들을 주로 그려서 작품 전체에 행복한 분위기가 물씬 나지요.

에바 알머슨의 가장 유명한 작품은 수줍게 웃고 있는 여자의 머리 위로 꽃들이 활짝 펴 있는 작품이랍니다. 아마 여러분도 본 적이 있을 거예요! 이 작품을 응용하여 다양한 미술작품을 만들 수 있으니 시도해 보는 건 어떨까요?

5. 서예

궁체

궁체를 활용하여 책갈피를 만들어 보아요.

준비물: 다양한 색의 한지, 크라프트지, 사인펜, 붓펜, 펀치, 가위, 풀, 끈

성취 기준: (6미02-05)다양한 표현 방법의 특징과 과정을 탐색하여 활용할 수 있어요.

미술 용어 정리

궁체_ 조선 후기 궁궐에서 쓰기 시작하여 발전한 서체로 글자의 중심이 오른쪽 세로획에 있고 모음에 따라 자음의 모양이 변하는 것이 특징

함께 만들어 봐요

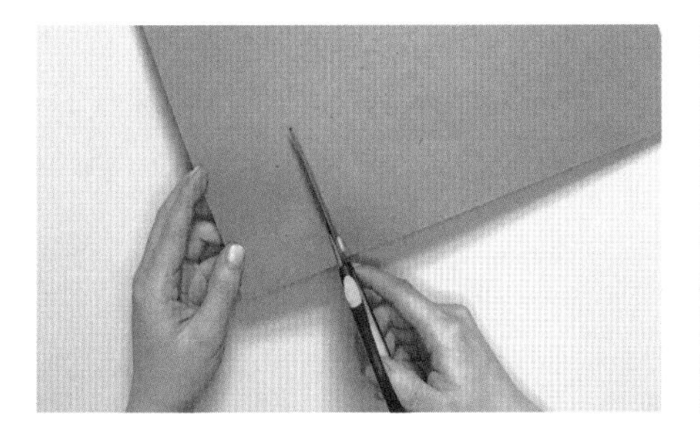

1 두꺼운 크라프트지를 준비해서 책갈피로 사용하고 싶은 크기로 잘라요.

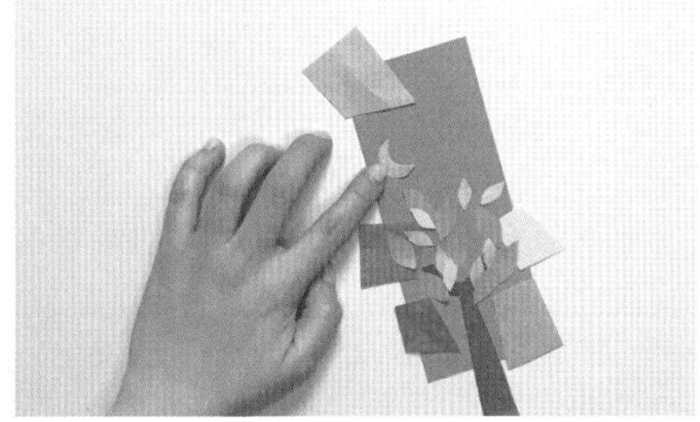

2 색한지를 원하는 모양으로 잘라서 결이 보이는 쪽이 앞면이 되게 배치해 봐요. 이때, 궁체로 글씨를 쓸 부분은 남겨 두도록 해요.

3 배치한 색한지를 풀로 붙이고, 붓펜을 이용해서 궁체로 글씨를 써요.

활동 돋보기 책갈피 밖으로 튀어나온 한지는 가위로 잘라 정리해요. 책갈피 글은 좋아하는 책 제목이나 짧은 명언도 좋고, 책을 읽을 때 보면 기분이 좋아질 밝고 따뜻한 말을 써 봐요.

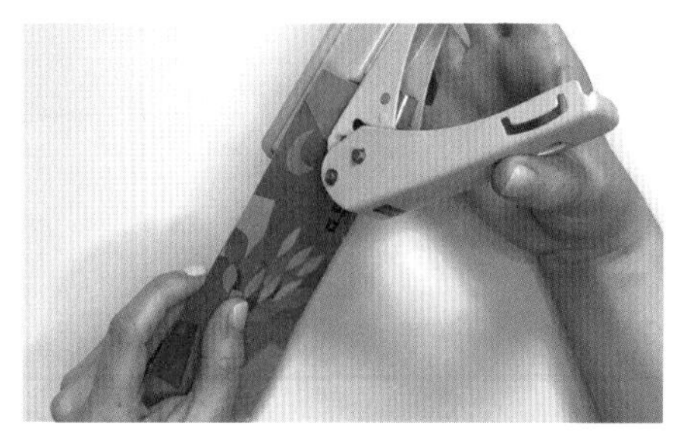

4 펀치로 책갈피 끈을 끼울 구멍을 뚫어요.

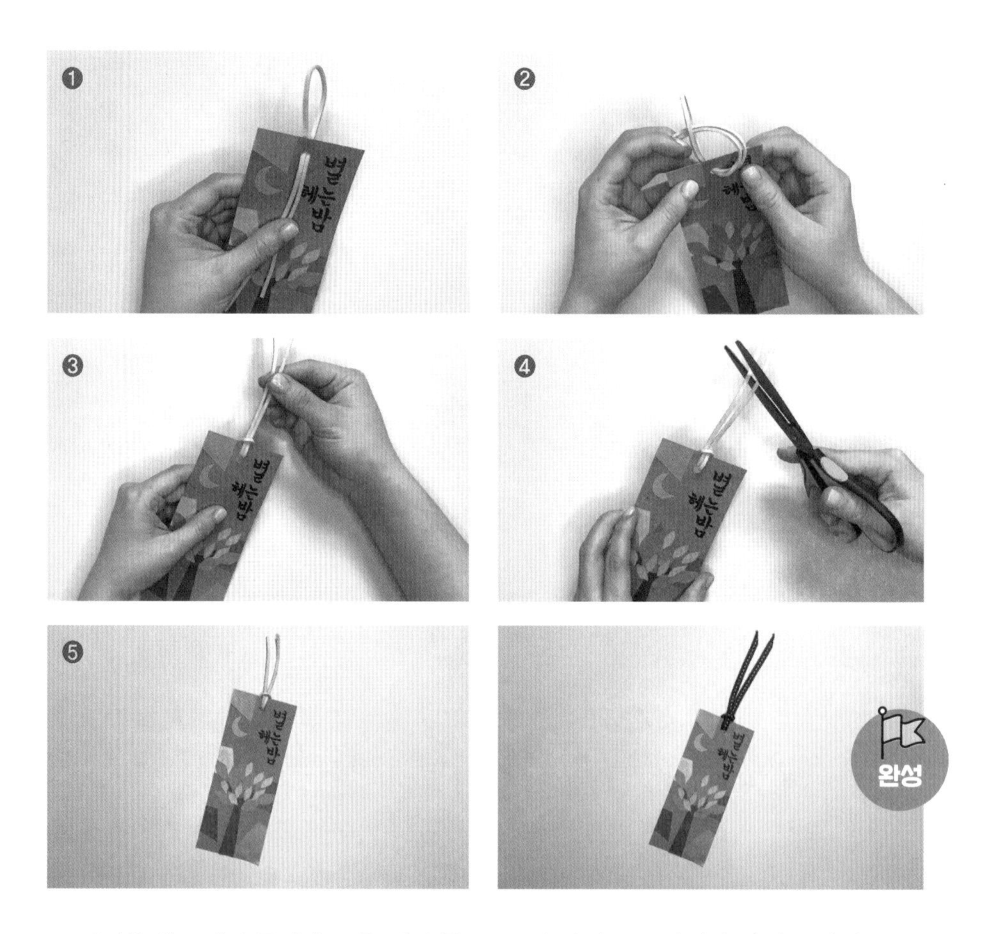

5 사진을 참고해서 구멍에 끈을 넣어 묶고, 끈의 길이를 조절해서 가위로 잘라요.

활동 돋보기 끈은 원하는 소재와 색으로 선택해요.

생각을 더 해요.

판본체와 비교하였을 때 여러분이 생각하는 궁체의 매력은 무엇인가요?

생각을 넓혀요.

흘림 글씨의 매력이 있는 궁체에 대해 더 알아볼까요?

궁체라는 이름이 만들어진 것은 궁체가 조선 후기 궁중에서 쓰기 시작해서 발전해 왔기 때문이에요. 여러분도 잘 알고 있다시피 세종대왕님이 한글을 창제하셨고, 그 이후 한글에 맞는 서체가 생겨났어요. 가장 일반적인 것이 바로 여러분이 배웠던 판본체지요. 반듯한 매력이 있는 판본체는 읽기는 쉽지만, 쓰기 어렵고 시간이 많이 걸린다는 단점이 있어요. 그래서 좀 더 쓰기 편한 필체가 생겼고 그것이 바로 궁체랍니다. 비유를 하자면 영어의 필기체와 같은 역할로 만들어졌지만 하나의 서체로 발전해 온 것이지요. 흘림 글씨의 매력이 있는 궁체를 한번 정성껏 써 볼까요?

6. 감상

전통 미술과 현대 미술

전통 미술작품과 현대 미술작품을 비교해서 감상하고, 감상한 내용을 팝업북으로 정리해요!

준비물: 머메이드지 22cm×15.5cm 1장, 머메이드지 5cm×4cm 4장, 머메이드지 15cm×7.5cm 2장, 30cm 자, 5학년 미술책, 가위, 목공용 풀, 풀, 사인펜, 색종이, 연필

성취 기준: (6미03-01)우리나라 전통 미술의 특징을 현대 미술과 비교할 수 있어요.

미술 용어 정리

팝업북_ 책을 펼쳤을 때 그림 혹은 책 페이지가 입체적으로 튀어나오는 책

함께 만들어 봐요

1 팝업북의 표지가 될 머메이드지 22cm×15.5cm 1장을 반으로 접었다 펴요.

활동 돋보기 팝업북을 만들기 전, 교과서에 나온 작품 중 비교하고 싶은 전통 미술작품과 현대 미술작품을 각각 1개씩 선택해요. 선택한 작품은 작품 정보와 함께 가위로 잘라서 준비해요.

2 머메이드지 5cm×4cm의 왼쪽 끝에서 2cm, 3cm 간격으로 세로선을 그어요.

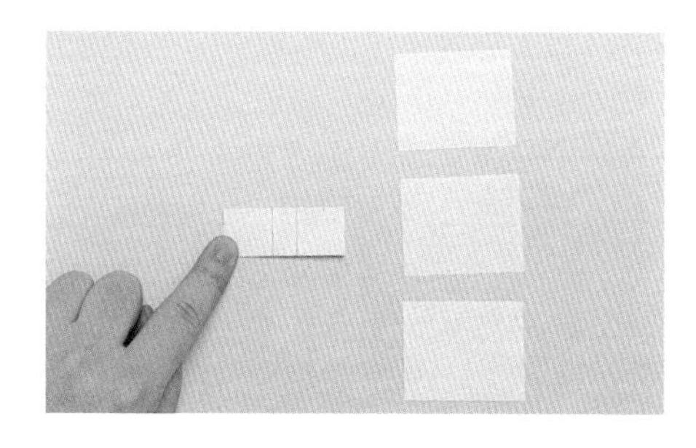

3 머메이드지에 선을 그은 면이 바깥쪽이 되게 놓고 가로로 반으로 접었다 펴요.

4 머메이드지 5cm×4cm에 사진처럼 〈 모양을 2개 그려요.

5 오른쪽 〈 모양을 따라 안쪽으로 접어요.

6 왼쪽 〈 선에 맞춰 오른쪽 위로 접어 올려요. 뒷면도 동일하게 접어 올려요.

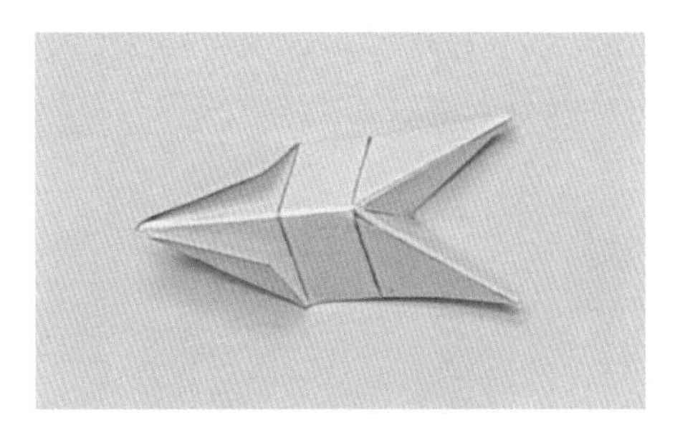

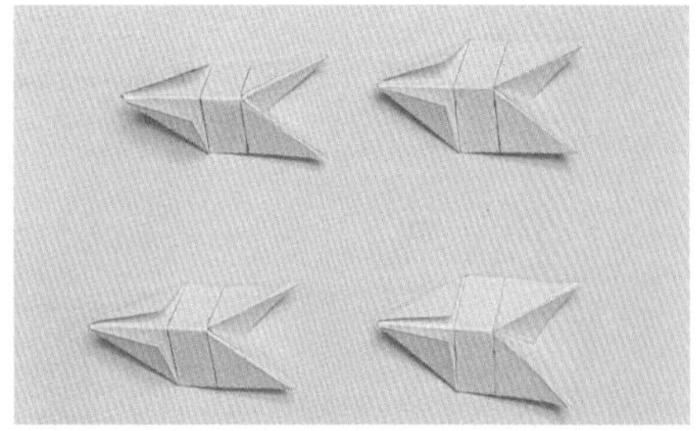

7 오른쪽 안쪽으로 접은 부분과 왼쪽 위로 접어 올린 부분을 살짝 펴면 입체적인 모양이 만들어져요. 같은 방식으로 3개 더 만들어요.

활동 돋보기 완성된 팝업북에서 튀어나오는 페이지의 연결 부분, 즉 연결고리가 될 거예요.

8 머메이드지 15cm×7.5cm 2장을 모두 짧은 면끼리 맞닿도록 반을 접었다 펴요.

활동 돋보기 완성된 팝업북에서 튀어나오는 페이지가 될 거예요.

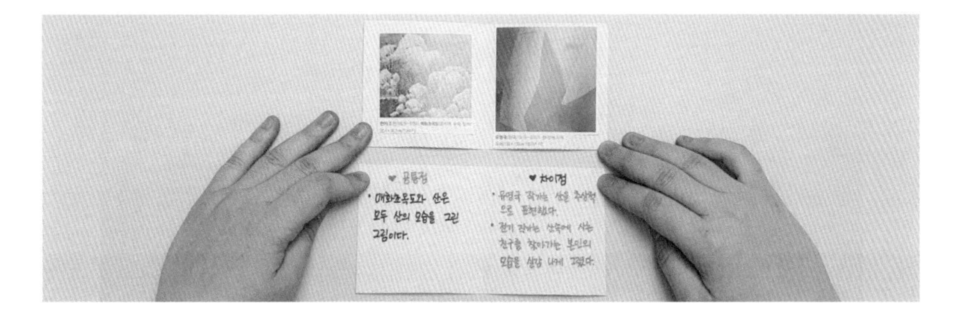

9 머메이드지 한 장에는 미술작품을 붙이고, 다른 한 장에는 감상한 내용을 적어요.

활동 돋보기 감상한 내용에는 전통 미술작품과 현대 미술작품의 공통점과 차이점을 적어요.

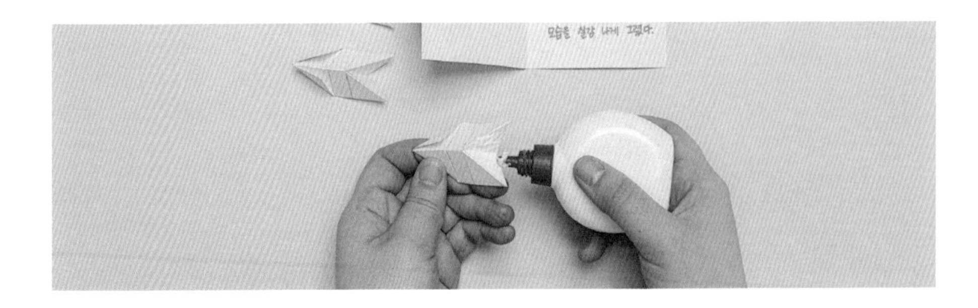

10 활동 2-7에서 만든 연결고리의 안쪽으로 접혀 들어간 〈 부분에 목공용 풀을 발라요.

11 감상 내용을 적은 머메이드지를 반으로 접은 후, 목공용 풀을 바른 연결고리의 〈 부분을 머메이드지의 접힌 부분 하단에 끼워 붙여요.

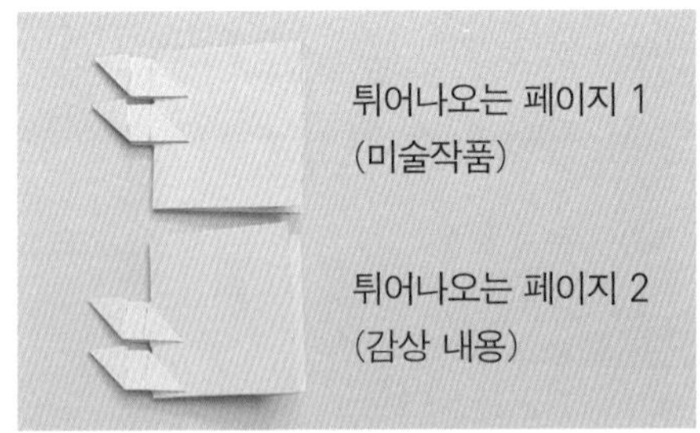

12 활동 11과 같은 방식으로, 미술작품을 붙인 머메이드지를 반으로 접고, 접힌 부분의 상단에 목공용 풀을 바른 연결고리의 〈 부분을 끼워 붙여요.

활동 돋보기 미술작품을 붙인 머메이드지는 완성된 팝업북을 펼쳤을 때 위쪽에서, 감상한 내용을 적은 머메이드지는 아래쪽에서 튀어나오는 페이지예요. 각 위치에 맞게 붙이도록 주의해요!

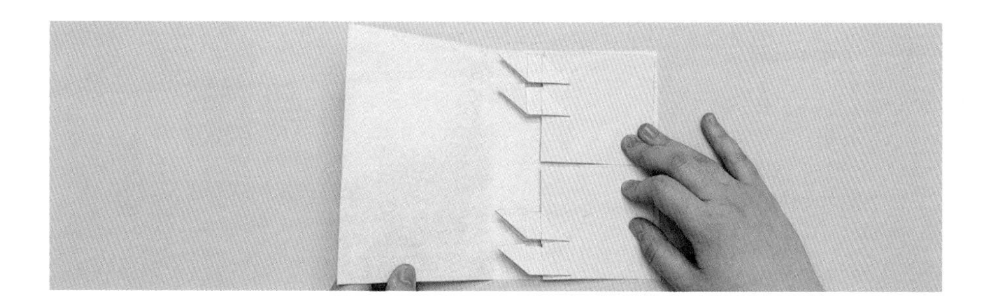

13 튀어나오는 페이지 1, 2를 활동 1에서 접었다 펴 둔 머메이드지 표지의 안쪽 중심 선에 맞춰 올려놔요. 이때, 연결고리가 중심선 쪽을 향하도록 해요.

활동 돋보기 팝업북을 만들기 위해서는 튀어나오는 페이지 1, 2를 적절한 위치에 붙여야 해요. 붙이기 전에 위치를 꼭 확인하세요!

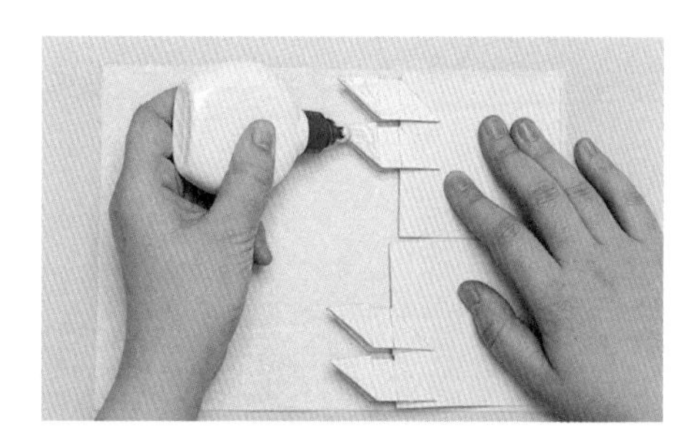

14 연결고리에서 바깥쪽으로 접어 올린 〈 부분에 목공용 풀을 골고루 발라요. 표지를 덮고 연결고리가 표지에 잘 고정되도록 손으로 꾹 눌러요.

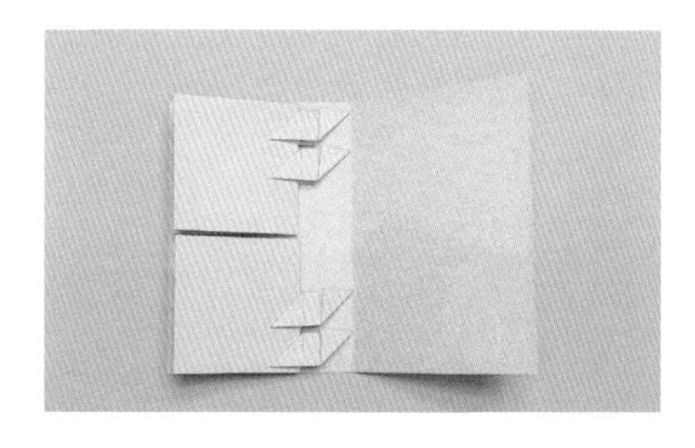

15 반대쪽 표지를 펼쳐요. 활동 14처럼 연결고리의 〉 부분에 목공용 풀을 발라요. 표지를 덮고 연결고리가 표지에 잘 고정되도록 손으로 꾹 눌러요.

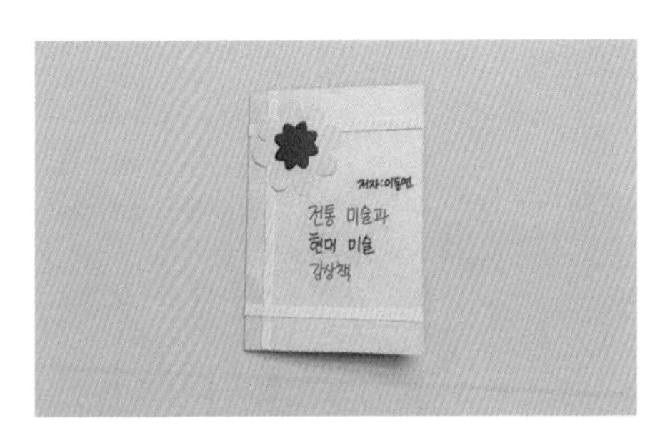

16 사인펜, 색연필, 색종이, 가위, 풀을 활용해 팝업북의 표지를 꾸며요.

활동 돋보기 표지를 펼치면 튀어나오는 페이지를 확인할 수 있어요.

생각을 더 해요

전통 미술작품과 현대 미술작품의 공통점과 차이점을 찾아서 이야기해 볼까요?

생각을 넓혀요

전기의 〈매화초옥도〉와 유영국의 〈산〉

중국 송나라 시인 임포는 20년 동안 산속의 초옥(짚이나 갈대 따위로 지붕을 인 집)에서 혼자 은거하였어요. 임포는 초옥 주변에 매화를 심어 감상하고, 시를 지으며 세월을 보냈다고 해요. 이러한 임포의 이야기를 바탕으로 그려진 그림들에 보통 '매화서옥' 또는 '매화초옥'이라는 제목이 붙었어요. 전기의 〈매화초옥도〉는 매화가 활짝 핀 산속의 서재에서 책을 읽고 있는 선비와, 친구를 찾아가는 붉은 옷을 입은 선비의 모습을 담고 있어요.

유영국 화백은 〈매화와 항아리〉, 〈어디서 무엇이 되어 다시 만나랴〉와 같은 작품을 남긴 김환기 화백과 함께 한국 추상 미술의 선구자로 손꼽히는 분이에요. 유영국 화백은 '산'을 모티브로 한 작품을 많이 남겼어요. 예시 작품 속의 작품도 점·선·면·형·색 등으로만 구성된 추상적인 형태의 산이에요. 작품을 자세히 살펴보면 단순한 형태, 조화로운 색채, 그리고 대비되는 표면의 재질감이 눈에 띄는 것을 알 수 있어요.

두 그림 모두 주제가 '산'이지만 작품의 재료, 표현 방법은 매우 다르지요? 미술에는 회화 말고도 여러 분야가 있어요. 다양한 미술 분야에서 서로 관련이 있는 전통 미술작품과 현대 미술작품을 찾아보고 비교해 보는 것은 어떨까요?

7. 애니메이션

만화와 스톱모션

나의 일상을 스톱모션으로 공유해요!

준비물: 흰 도화지 여러 장, 가위, 테이프, 배경이 될 색지, 카메라, 스톱모션 어플

성취 기준: (6미02-03)다양한 재료를 활용하여 아이디어를 구체적으로 표현할 수 있어요.
(6미01-05)미술 활동에 타 교과의 내용, 방법을 활용해 봐요.

미술 용어 정리

스톱모션_ 촬영 시 특정 장면에서 카메라를 멈추고(stop) 물체의 위치나 모양에 변화를 준 후 다시 촬영해 인상적인 움직임(motion)을 만들어 내는 기법

함께 만들어 봐요

1 스톱모션을 만들 이미지를 생각해 보고, 도화지에 필요한 그림 요소들을 그려요.

활동 돋보기 움직일 만한 요소들은 모두 따로따로 그려야 해요. 예를 들어 입의 크기가 달라진다면 오른쪽 사진처럼 입을 크기별로 만들어요. 팔이 움직인다면 팔을 모양별로 그려요.

2 그림을 예쁘게 색칠한 후, 색칠한 그림을 가위로 잘라요.

3 배경 색지를 준비해서 색지 위에 그림을 올리고, 스톱모션 어플을 실행해요.

활동 돋보기 배경은 색지를 사용할 수도 있고, 배경이 되는 그림을 그릴 수도 있어요.

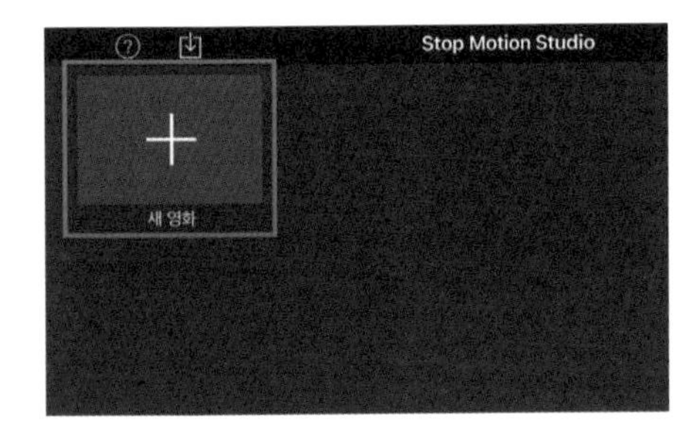

4 어플에서 + 버튼을 누른 다음, 카메라 모양을 눌러요.

5 그림을 화면에 가득 차게 배치하고, 빨간색 버튼을 눌러 사진을 찍어요.

활동 돋보기 왼쪽에 있는 막대 모양을 스크롤하면 이전 화면의 그림이 불투명하게 나와, 참고해서 더 자연스럽게 이어지는 모션을 만들 수 있어요.

6 활동 5와 같은 방식으로 입 모양별로 찍어요. 모두 찍은 후에는 오른쪽 상단에 있는 〈 버튼을 눌러요.

활동 돋보기 입의 크기와 모양을 바꿔 가면서 찍으면 입의 크기와 모양이 계속 변화하는 것을 볼 수 있어요.

활동 돋보기 나의 목소리를 넣어서 스톱모션을 설명할 수 있어요.

활동 돋보기 속도를 조절하면 움직임의 속도가 달라져요.

활동 돋보기 원하는 화면 비율을 설정하거나 다양한 효과를 연출할 수 있어요.

7 왼쪽에 있는 녹음 버튼으로 음성을 넣을 수도 있고, 설정 버튼으로 움직임의 속도 조절과 화면 비율 설정 및 화면 효과를 넣을 수 있어요.

8 설정을 마치면 오른쪽 하단의 재생 버튼(▶)을 눌러 작품을 미리 볼 수 있어요.

활동 돋보기 작품을 미리 보고, 바꾸고 싶은 부분은 다시 수정해요.

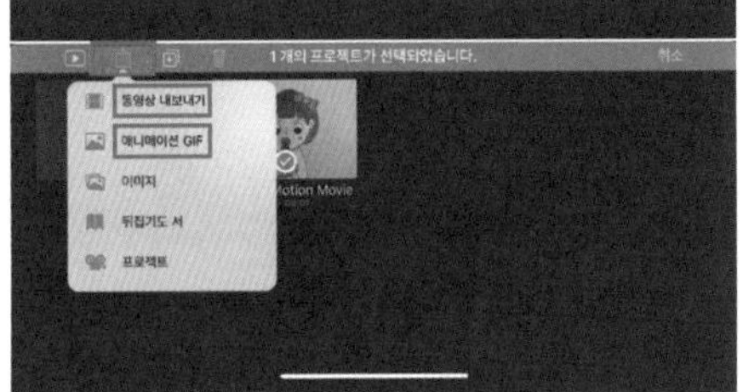

9 오른쪽 상단의 선택 버튼을 누르고 내가 만든 작품을 선택한 후, '동영상 내보내기' 또는 '애니메이션 GIF' 중 원하는 것으로 저장해요.

10 학급 누리집에 올려서 친구들의 작품을 서로 감상해요.

생각을 더 해요

나의 꿈을 스톱모션으로 나타낸다면 어떤 스톱모션을 만들고 싶나요? 구상하여 그 내용을 적어 봅시다.

생각을 넓혀요

단순하지만 재미있는 효과를 주는 스톱모션 작품 파헤치기!

스톱모션은 실제 상업용 영화나 작품에서도 사용되는 기법이랍니다. 사실 CG(Computer Graphics)라고 불리는 컴퓨터 그래픽이 생기기 이전에는 시간이 오래 걸리기는 하지만 많이 사용했던 기법이었어요. 그렇다면 스톱모션을 활용하여 만든 작품은 어떤 것들이 있을까요?
우선 1976년 체코슬로바키아에서 제작되었던 TV 시리즈 〈패트와 매트〉가 있어요. 우리나라에는 2000년대에 수입되어 TV에서 방영했는데요. 음성이 나오지 않고 투박한 느낌의 스톱모션이 이어지지만 큰 인기를 끌었던 시리즈 중 하나랍니다. 그리고 두 번째는 〈꼬마 펭귄 핑구〉입니다. 남극을 배경으로 펭귄 핑구와 그 가족들의 일상을 담은 작품으로, 어린이들이 아주 좋아했던 시리즈지요. 마지막으로 지금까지도 스톱모션 애니메이션계를 이끌고 있는 아드만 스튜디오의 명작 〈월레스와 그로밋〉이 있어요. 이 외에도 〈치킨런〉과 같은 장편영화가 탄생하기도 했지요. 우리가 미술 활동으로 한 작품들이 발전하면 이렇게 TV에 나오는 작품이 될 수도 있다는 점, 잊지 말고 오늘 활동 즐겁게 해 보아요!

8. 미술+과학 원리

신기한 오토마타

과학의 원리를 활용하여 오토마타 작품을 만들어 봐요!

준비물: 오토마타 도안(A4 크기 도화지에 인쇄), 갈색 머메이드지, 빨대 2개, 칼, 가위, 송곳, 공예용철사(1.5mm), 투명테이프, 목공용 풀, 500ml 우유팩 2개, 사인펜

성취 기준: (6미01-05)미술 활동을 하면서 다른 교과의 내용과 방법 등을 활용할 수 있어요.

미술 용어 정리

오토마타_ 여러 가지 기계 장치에 의해 스스로 움직이는 조형물

함께 만들어 봐요

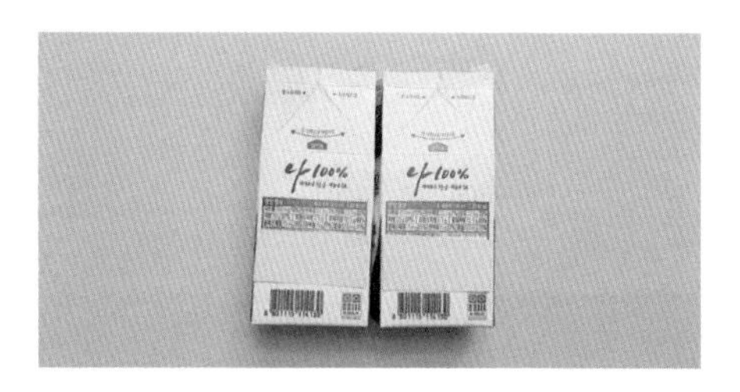

1 가위로 우유팩 2개의 윗부분을 잘라요.

2 우유팩의 네 벽면 중 한 면을 가위와 칼을 사용해서 잘라요. 나머지 우유팩도 똑같이 잘라요.

활동 돋보기 칼을 사용할 때는 손을 다치지 않도록 조심해요.

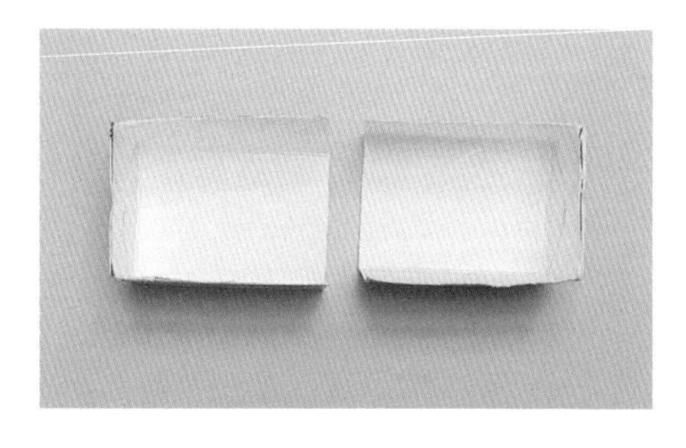

3 우유팩 2개를 ㄷ자 모양으로 서로 겹쳐지도록 끼우고 목공용 풀로 고정시켜요.

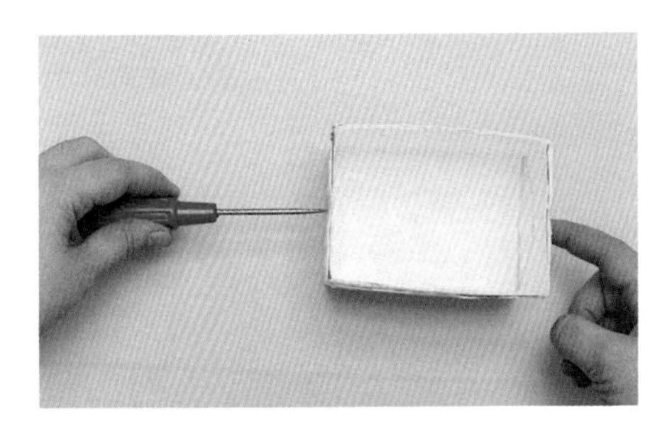
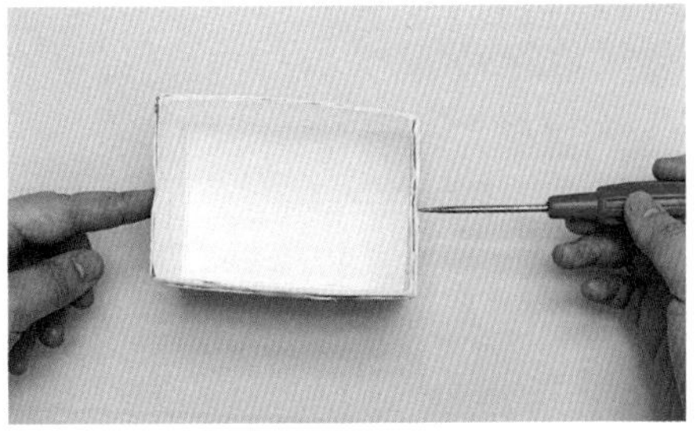

4 우유팩 양쪽 옆면의 중앙에 송곳으로 구멍을 뚫어요.

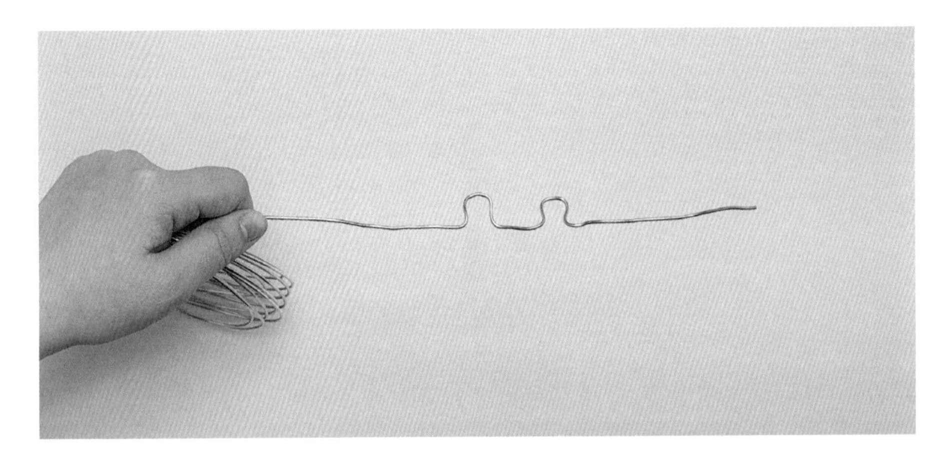

5 철사의 가운데 부분을 ㄇ자 모양이 되도록 구부려요. 한 번 더 구부려요.

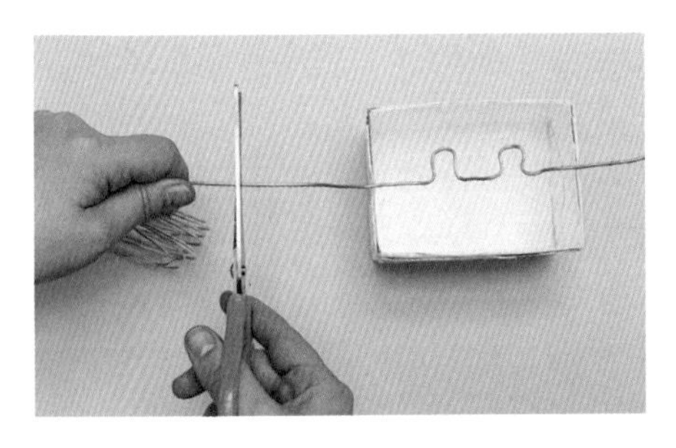
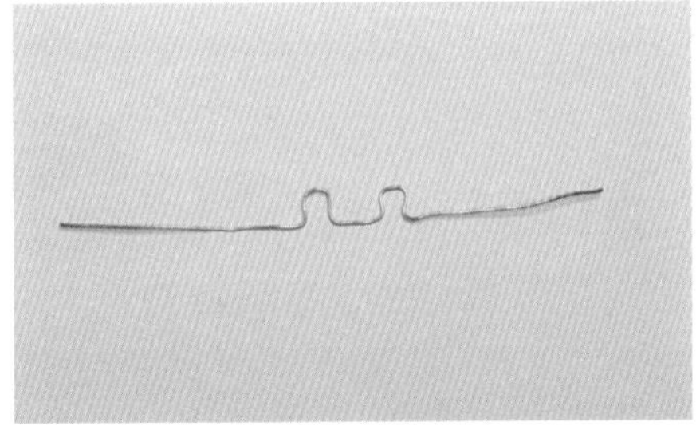

6 우유팩 위에 철사를 올려 보고, 적당한 길이가 되도록 가위로 잘라요.

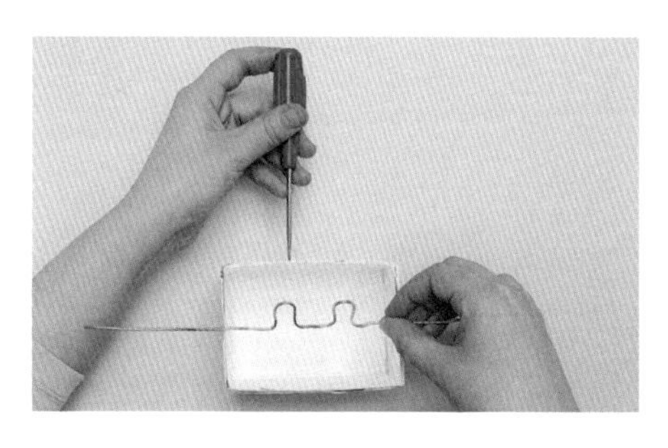

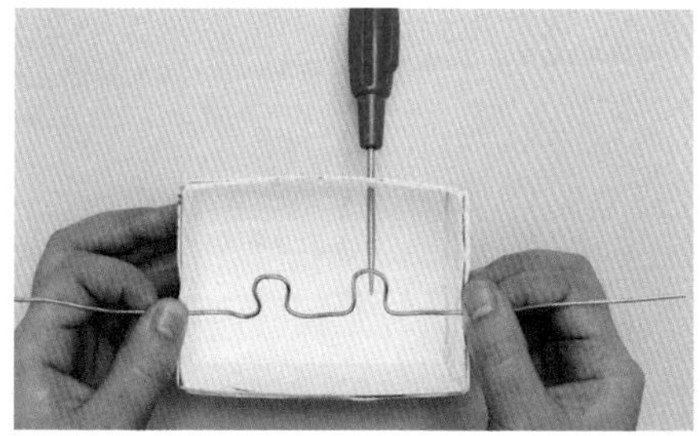

7 우유팩 위에 철사를 올려요. 철사를 끼웠을 때 ㄇ 모양이 자리하는 우유팩 위쪽 면에 송곳으로 구멍을 2개 뚫어요.

활동 돋보기 우유팩 윗면의 구멍 2개에 빨대를 끼울 거예요. 빨대의 크기에 맞춰 구멍을 적당한 크기로 뚫어야 해요.

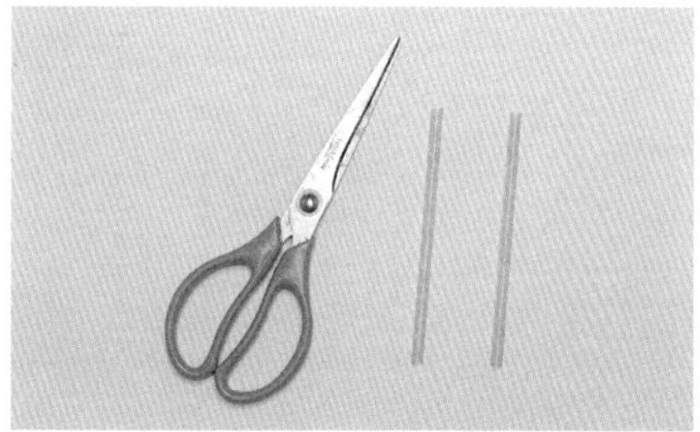

8 우유팩의 길이에 맞춰 빨대 2개를 적당한 길이로 잘라요.

활동 돋보기 자른 빨대 2개는 길이가 같아야 해요.

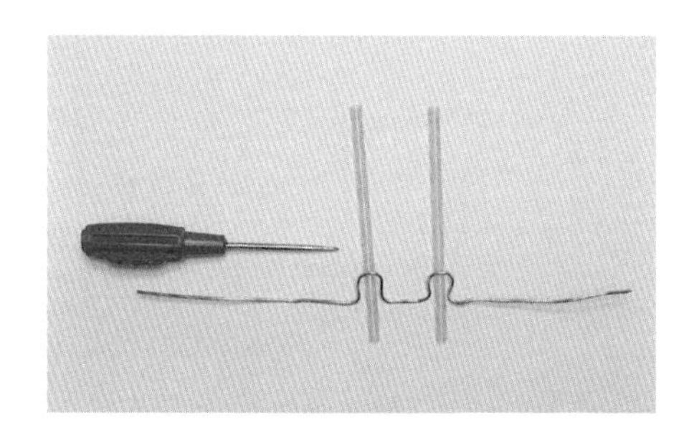

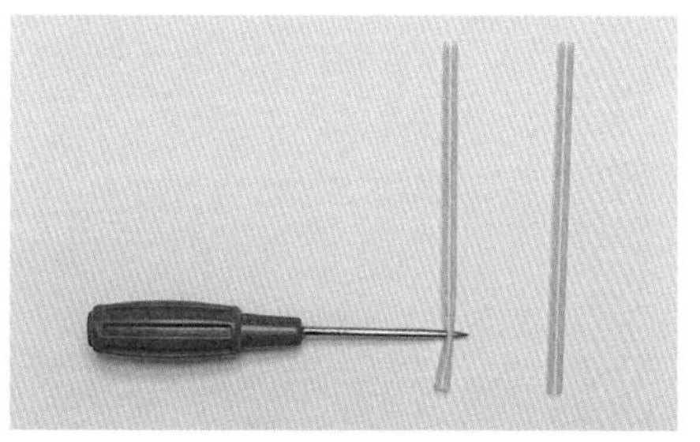

9 빨대 위에 철사를 올려요. 철사가 지나갈 위치에 송곳으로 빨대에 구멍을 뚫어요.

활동 돋보기 빨대의 구멍은 2개 모두 같은 높이에 뚫어요.

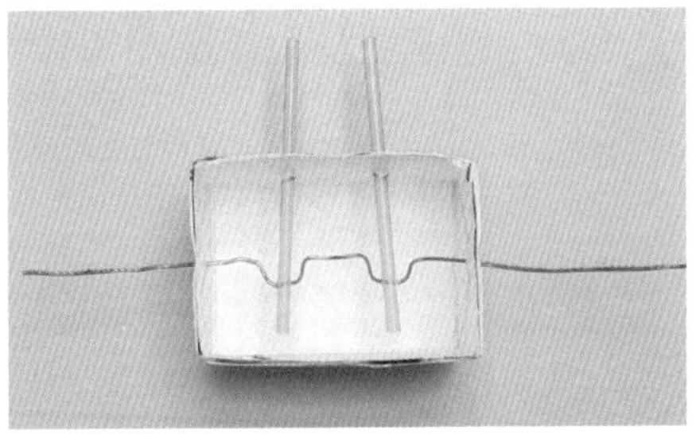

10 빨대를 우유팩 구멍에 끼워요. 이때, 빨대에 뚫은 구멍이 우유팩 안으로 들어가도록 해요. 그리고 철사가 우유팩을 가로지르도록 끼우되, 철사의 ㄇ 부분이 빨대 구멍을 통과하도록 해요.

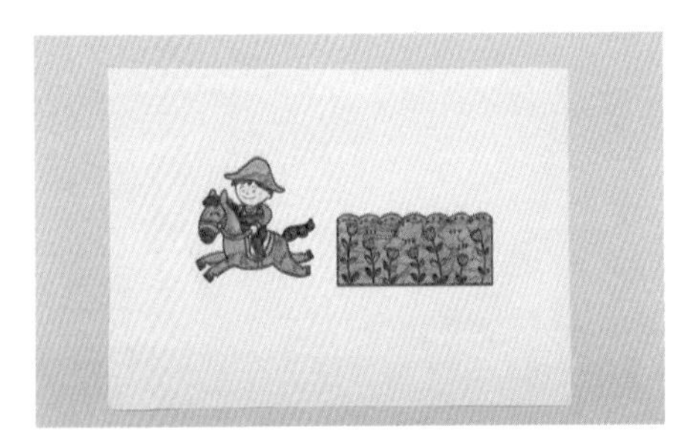

11 오토마타 도안을 사인펜으로 색칠하고 가위로 잘라요.

활동 돋보기 도안은 A4도화지에 인쇄해야 500ml 우유팩 크기에 알맞게 붙일 수 있어요.

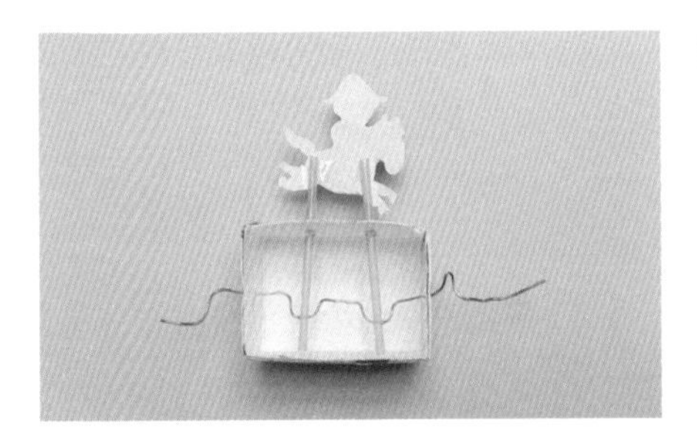
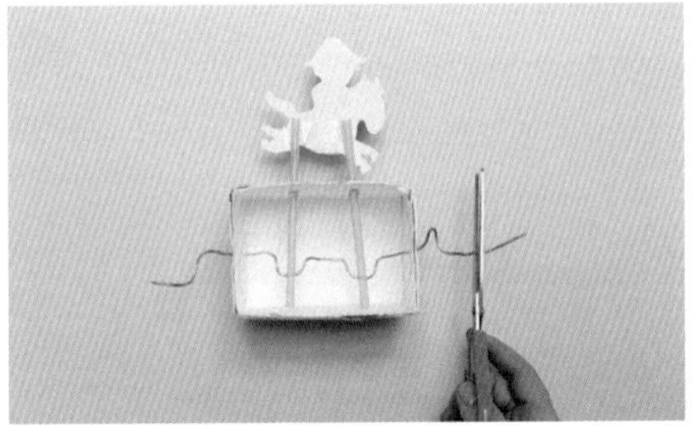

12 오토마타 도안 중 말을 탄 소년은 뒤집어서 투명테이프로 빨대에 붙여요.

활동 돋보기 우유팩 양쪽에 튀어나와 있는 철사는 오토마타를 움직이는 손잡이가 될 거예요. 철사를 돌려 보며 나의 손에 알맞게 구부려요. 철사가 너무 길면 가위로 잘라도 돼요. 공예용 철사는 적은 힘을 가해도 잘 구부러져서 초등학생도 쉽게 다룰 수 있어요. 또 가위로 쉽게 자를 수 있어요.(화훼용 철사의 경우 니퍼를 사용해서 잘라야 해요.) 하지만 힘을 너무 많이 주게 되면 쉽게 변형이 되므로, 오토마타를 만들 때 공예용 철사에 너무 큰 힘을 주지 않도록 해요!

13 우유팩 바깥쪽에 갈색 머메이드지를 붙인 후, 그 위에 꽃밭 도안을 붙여요.

활동 돋보기 손잡이를 잡고 돌리면 위아래로 움직이면서 말을 타는 소년의 모습을 볼 수 있어요.

생각을 더 해요

말을 타고 있는 소년이 위아래로 움직이는 원리는 무엇일까요?

생각을 넓혀요

21세기의 레오나르도 다빈치, 테오 얀센

생물학, 공학, 예술, 물리학 등 여러 분야의 학문을 모두 융합하여 작품을 만드는 예술가 테오 얀센(Theo Jansen)은 1948년 네덜란드에서 태어났어요. 대학에서 물리학을 공부하기도 했던 테오 얀센은 컴퓨터로 벌레를 모티브로 한 가상 생명체를 만들던 중, 실제로 움직일 수 있는 기계에 대한 아이디어를 떠올렸어요. 이 아이디어를 구체화한 것이 바로 〈해변의 괴물(Strandbeest)〉이예요. 해변의 괴물은 엔진, 모터와 같은 인공 동력 없이 오직 바람이 불 때만 움직여요. 노란색 플라스틱 관에 깃털, 종이, 비닐 등을 붙인 돛이 바람에 의해 반응하면 여기에 연결된 플라스틱 관절이 움직이면서 이동하게 돼요.

이렇게 작품이 움직이거나 작품에 움직이는 부분을 넣은 예술품을 '키네틱 아트'라고 해요. 키네틱 아트 작품은 대부분 입체 형태라서 '움직이는 조각'이라고도 하지요. 미술에 과학 원리를 융합하면 놀라운 작품을 만들 수 있어요. 여러분이 작가라면 어떤 작품을 만들어 보고 싶은가요?

Part 4

6학년

미술 돋보기

1. 조형 원리

라인 아트

선과 면, 색을 이용한 테이프 아트를 만들어요!

준비물: 8절 도화지, 종이테이프(또는 일반 테이프), 물감 등 채색 도구

성취 기준: (6미02-04)조형 원리의 특징을 탐색하고, 표현 의도에 맞게 활용할 수 있어요.
(6미02-05)다양한 표현 방법의 특징과 과정을 탐색해 활용해요.

미술 용어 정리

테이프 아트_ 테이프를 종이에 붙여 모양을 만들고 그 위에 채색한 뒤, 붙였던 테이프를 떼어 작품을 완성하는 활동

함께 만들어 봐요

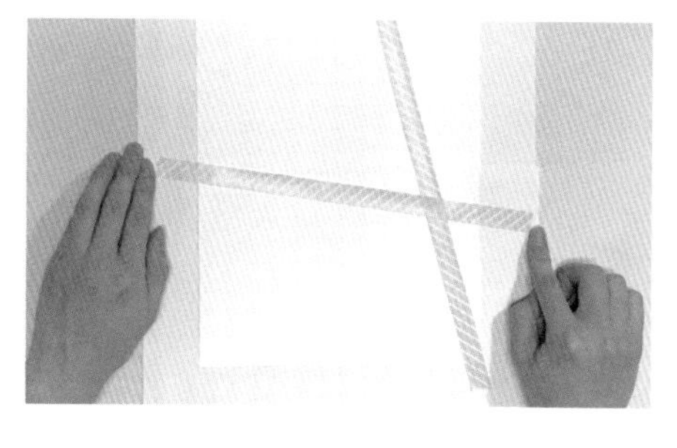

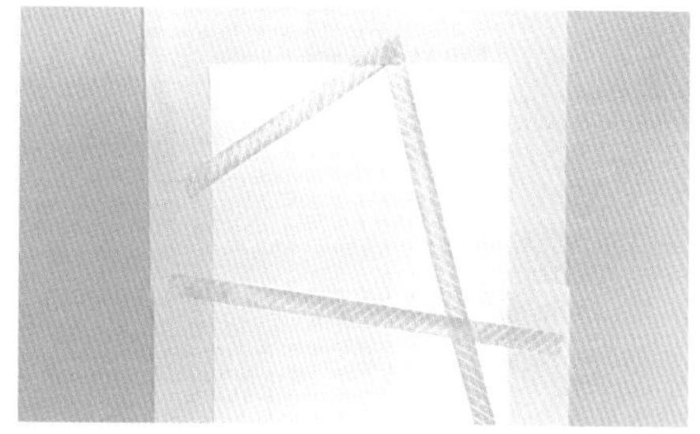

1 8절 도화지에 종이테이프를 붙여요.

활동 돋보기 활동 1에서 붙인 테이프는 나중에 자기 이름과 다짐의 글을 쓸 공간이기 때문에 조금 넓게 붙여야 해요. 테이프의 너비가 좁다면 두 겹으로 이어 붙이면 좋아요.

2 색칠할 수 있는 공간이 생기도록 여러 곳에 테이프를 덧붙여요.

3 테이프를 붙여 사이사이 생긴 빈 공간에 물감 등을 이용하여 모두 색칠해요.

활동 돋보기 색깔을 정할 때 10색상환을 고려하거나, 여러 가지 기법(흘리기, 번지기 등)을 이용하여 색칠하면 좋아요.

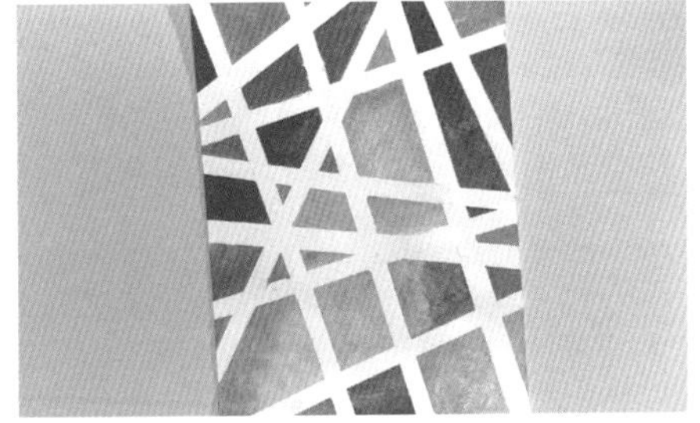

4 처음 테이프를 붙인 순서와 반대로, 마지막에 붙였던 테이프부터 모두 도화지에서 떼어 주세요. 종이가 찢어지지 않도록 조심히 떼어 내요.

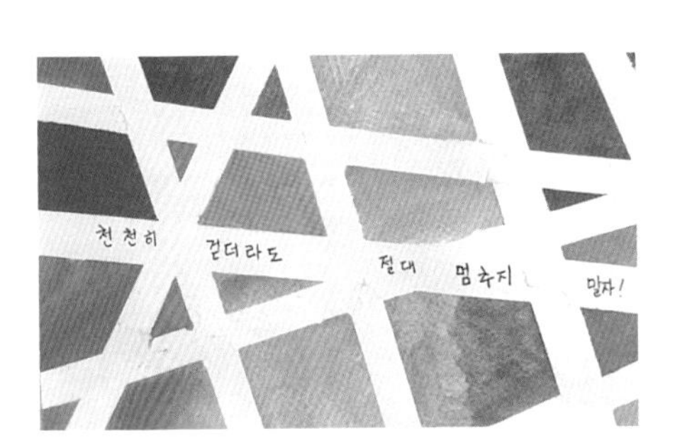

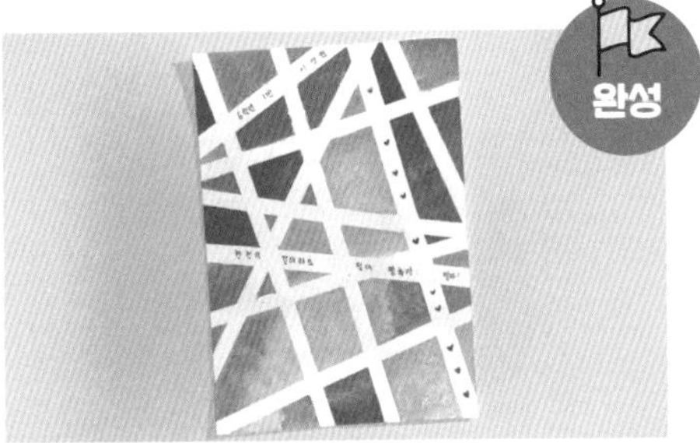

완성

5 테이프를 뗀 공간에 자신의 이름과 다짐 등을 써서 완성해요.

생각을 더 해요

다른 모양으로 테이핑 아트를 하고 싶다면 어떤 모양이 떠오르나요?

생각을 넓혀요

테이프 아트에 대해 자세히 살펴봐요

테이프를 활용해 작품을 만드는 '테이프 아트'는 신문이나 사진 등을 찢어 붙이는 '콜라주' 기법과 비슷해요. 이 기법을 사용할 때 주의할 점은 시간이 지나면 테이프의 접착성이 떨어질 수 있기에 코팅 처리를 하고 액자에 보관하는 것이 좋아요.

2. 디자인

아이스크림 보관함 만들기

물건을 담을 수 있는 아이스크림 모양 보관함을 만들어요!

준비물: 색종이, 풀, 가위, 색칠 도구

성취 기준: (6미02-03) 다양한 재료를 활용하여 아이디어를 구체적으로 표현할 수 있어요.

미술 용어 정리

디자인_ 쓸모 있으면서 독특하고 아름답게 만드는 것으로 문제를 재미있고 창의적으로 해결해 주며 우리 생활을 좀 더 편리하게 해 주는 것

함께 만들어 봐요

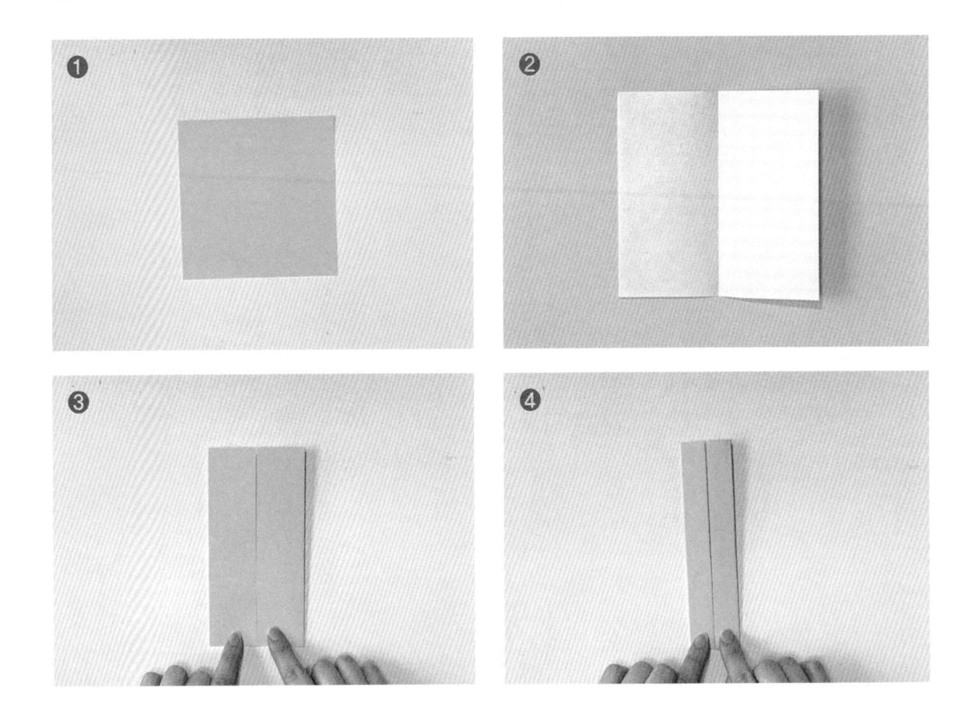

1 색종이를 반으로 접고, 중심선을 따라 양쪽을 두 번 접어요.

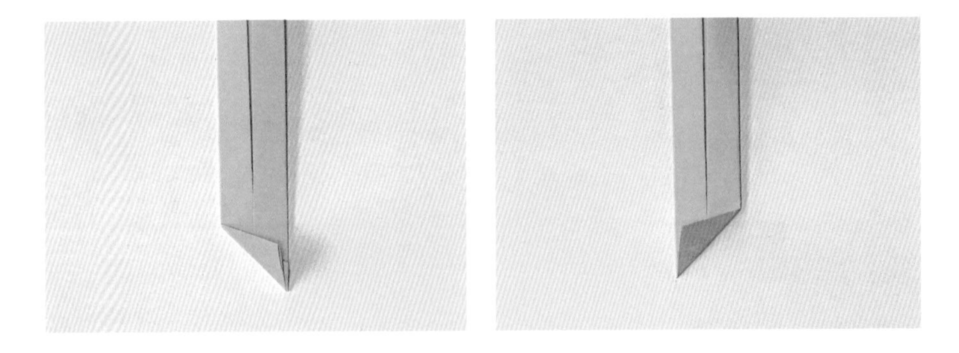

2 색종이의 밑부분을 삼각형 모양으로 왼쪽과 오른쪽을 모두 접었다 펴요.

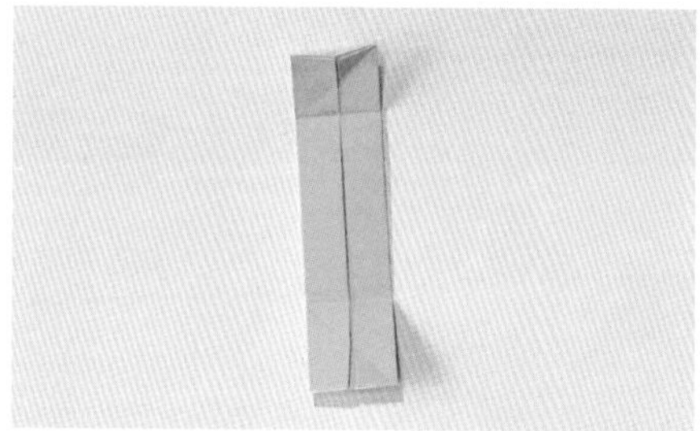

3 삼각형으로 접은 부분까지 위쪽으로 올려 접었다 펴요. 반대쪽도 활동 2와 같이 접었다 편 뒤 삼각형으로 접은 부분까지 아래쪽으로 내려 접었다 펴요.

4 접은 색종이의 양쪽을 한 번만 편 뒤, X자로 접혀진 부분을 양손으로 잡고 안쪽으로 밀어 상자의 끝부분을 만들어요.

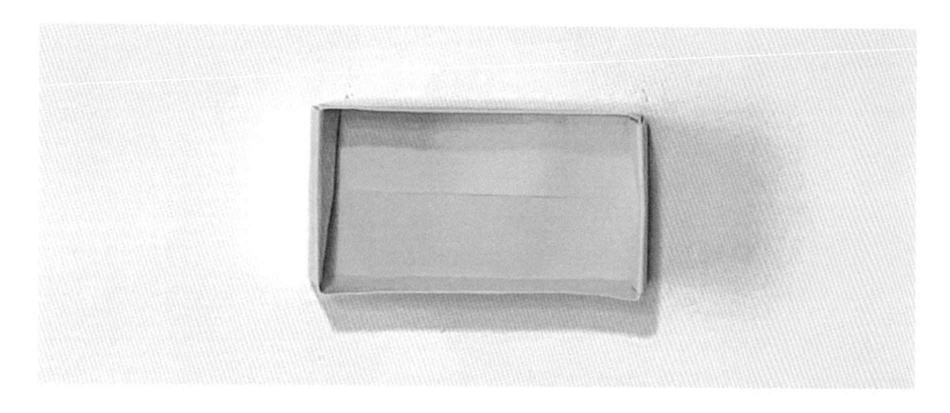

5 활동 4와 같이 반대쪽도 똑같이 접어 상자를 만들어요.

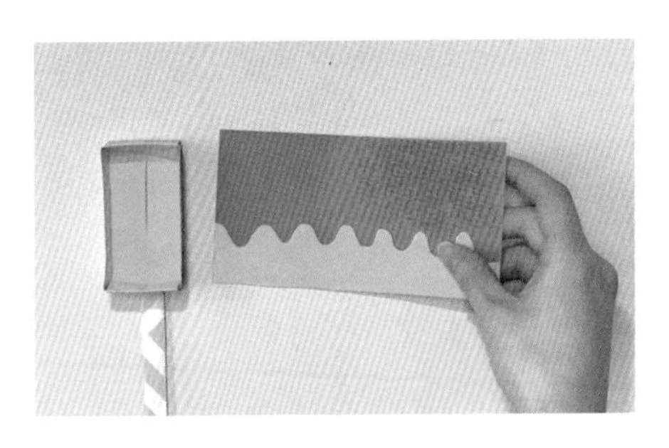

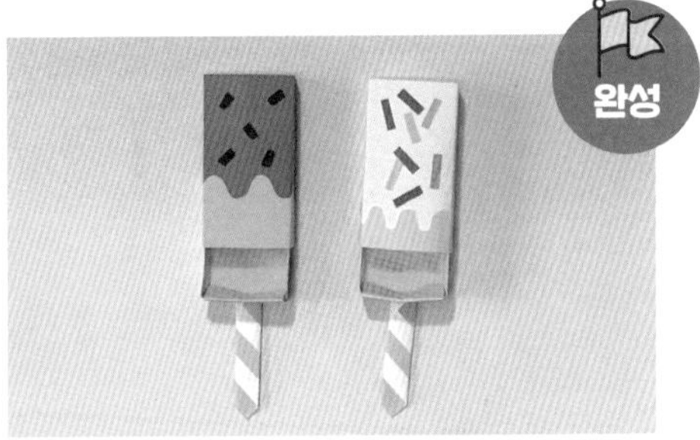

6 상자를 덮을 뚜껑과 손잡이를 색종이로 만들어요. 손잡이는 상자의 밑부분에 붙이고, 뚜껑은 상자의 크기에 맞춰 각을 잡아 접은 뒤, 상자의 뒷부분까지 돌려 덮어서 풀로 붙여 완성해요.

활동 돋보기 손잡이는 원하는 모양대로 만들어 붙여요. 손잡이를 잡고 뚜껑을 열면 물건을 넣을 때 편리해요.

생각을 더 해요

보관함 이외에 디자인해 보고 싶은 다른 소품들은 무엇이 있나요?

생각을 넓혀요
미술품은 어떻게 보관할까요?

미술품을 오랫동안 보관하기 위해 고려해야 하는 것은 빛과 온도, 그리고 습도입니다. 강렬한 자외선은 미술품의 온도를 오르게 해서 작품을 변형시키기 때문에 햇빛이 직접 닿지 않는 곳에 보관해야 해요. 높은 온도는 미술품의 부피를 팽창시키고 낮은 온도는 수축시키기 때문에 적정한 온도 유지가 필수예요. 습도 또한 캔버스 직물이나 금속 재료를 부식시킬 수 있기 때문에 적정한 습도를 유지해야 해요.

3. 서예

나만의 색이 담긴 글씨

캘리그라피를 이용한 카드 만들기로 나의 마음을 전해 봐요!

나만의 글씨체, 캘리그라피로 만들기

주제

준비물: 두꺼운 크라프트지, A4 크기 도화지, 붓펜, 물감, 물통, 팔레트, 붓, 사인펜, 끈, 가위, 풀

성취 기준: **(6미01-04)**이미지를 활용해 자신의 느낌과 생각을 전달해요. **(6미02-01)**표현 주제를 잘 나타낼 수 있는 다양한 소재를 탐색해요. **(6미02-05)**다양한 표현 방법의 특징과 과정을 탐색해요.

미술 용어 정리

캘리그라피_ 글자를 활용한 예술 영역으로, 기본 서체 이상의 무늬와 디자인 요소를 가미한 서체

함께 만들어 봐요

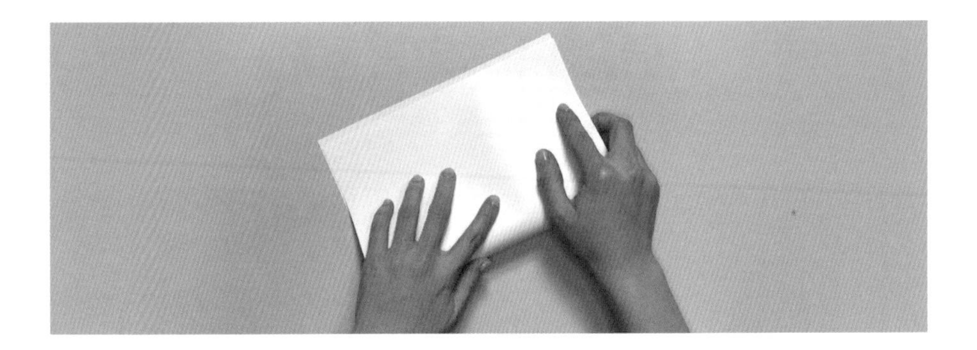

1 A4 사이즈의 도화지를 반으로 접어요.

활동 돋보기 도화지 크기는 크라프트지를 반으로 접은 크기와 비슷한 것을 준비하면 돼요.

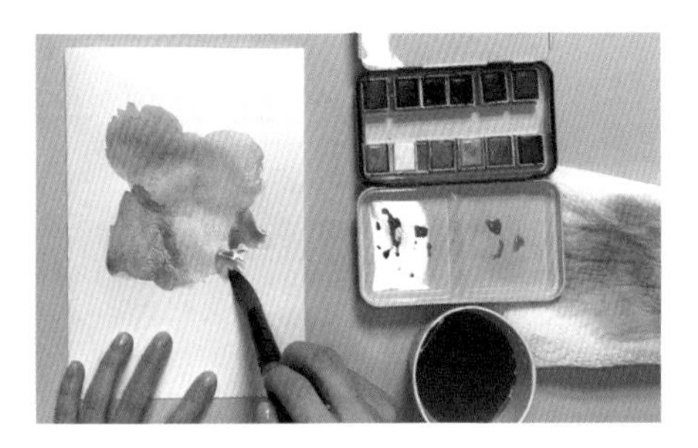

2 다양한 색의 물감을 서로 번지도록 채색하고, 완전히 마를 때까지 기다려요.

활동 돋보기 물감에 물을 적당량 섞어 채색해야 자연스럽게 색이 어우러져요.

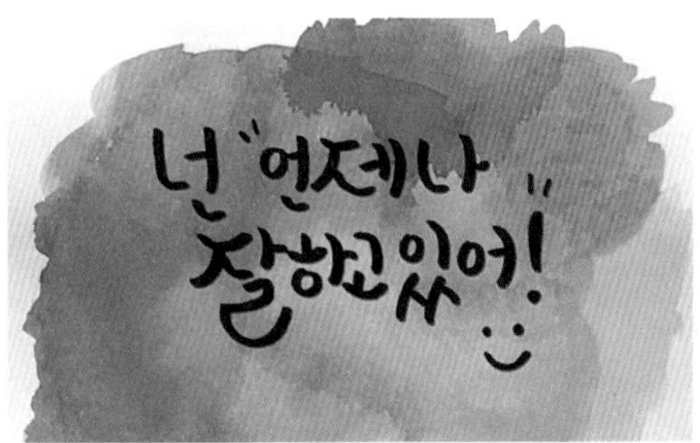

3 붓펜을 사용해서 나만의 글씨체로 쓰고 싶은 문구를 적어요.

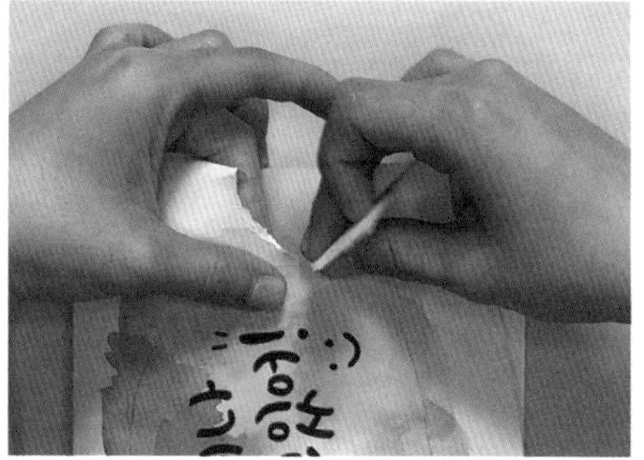

4 문구를 중심으로 카드에 붙이고 싶은 부분만 연필로 표시한 후, 연필 선을 따라 천천히 손으로 찢어 자연스러운 느낌을 만들어요.

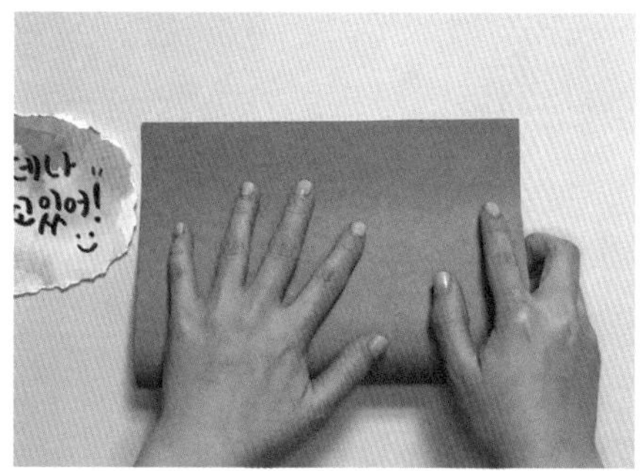

5 캘리그라피 문구와 크라프트지를 준비하고 크라프트지를 반으로 접어요.

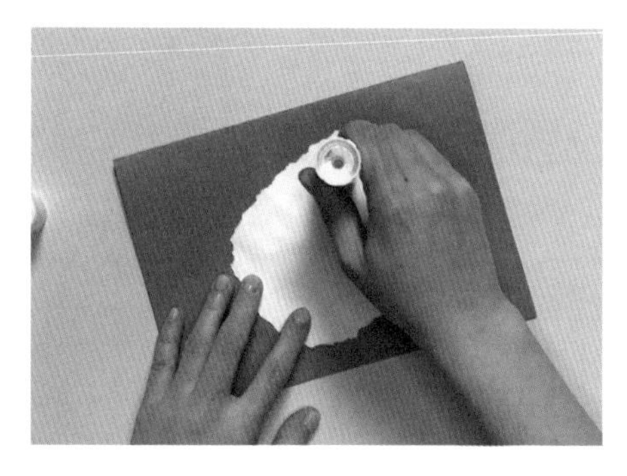

6 반으로 접은 크라프트지 바깥쪽에 캘리그라피 문구를 붙여요.

활동 돋보기 크라프트지 카드가 열리는 방향을 생각해서 문구를 붙여 줘요.

7 크라프트지 카드를 열어 마음을 전하고 싶은 사람에게 편지를 써요. 다 쓴 후, 카드 앞면에 리본이나 스티커 등을 붙여서 카드를 완성해요.

생각을 더 해요

캘리그라피를 활용한 카드를 만들 때 사용하면 좋을 문구를 더 생각해 볼까요? 예를 들면, 새해에는 "새해 복 많이 받으세요", 생일에는 "생일 축하해" 등을 쓰면 더 멋진 카드가 될 거예요. 여러분은 언제, 어떤 문구를 활용하여 카드를 만들고 싶은가요?

생각을 넓혀요
캘리그라피, 하나의 디자인 요소가 되다

여러분은 캘리그라피에 대해 들어 본 적이 있나요? 캘리그라피는 글자를 활용해서 글자의 모양인 서체를 뛰어넘어 예술과 디자인 요소가 가미된 것을 말합니다. 요즘은 캘리그라피가 하나의 디자인 요소가 되어 많은 곳에서 사용되고 있어요. 캘리그라피를 이용한 카드나 장식품 등 다양한 디자인 제품이 출시되고 있고, 캘리그라피를 전문으로 쓰는 작가들도 있답니다. 캘리그라피의 매력 중 하나는 글씨에 이미지를 담을 수 있다는 거예요. 표현하고 싶은 이미지를 담아 글씨를 쓴다는 것이 참 흥미롭지요? 여러분도 여러분만의 글씨로 한번 표현해 볼까요?

4. 감상

패러디 미술관

몬드리안의 작품을 감상하고 패러디해서 그림을 그려요!

준비물: 30cm 자, 고양이 도안 3장(A4 크기 도화지에 인쇄), 사인펜, 가위, 풀, A4색지(노랑, 빨강, 파랑)

성취 기준: (6미03-04)다양한 감상 방법(비교 또는 단독 감상, 내용 또는 형식 감상 등)을 알고 활용할 수 있어요.

미술 용어 정리

패러디_ 특정 작품의 소재나 내용 등을 흉내내어 익살스럽게 표현하는 수법 또는 그런 작품

함께 만들어 봐요

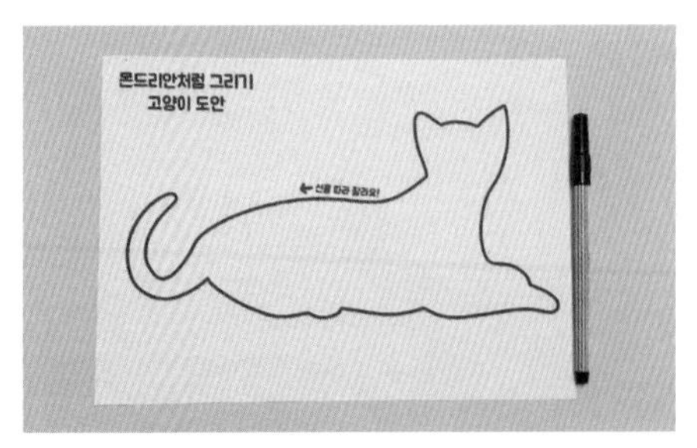

1 고양이 도안에 검정색 사인펜으로 고양이의 눈과 코를 그려요.

활동 돋보기 만들기 전, 몬드리안의 작품을 살펴보고 작품의 특징을 찾아봐요. 몬드리안 작품은 직선과 식각, 삼원색과 무채색만으로 이루어졌다는 특징이 있어요.

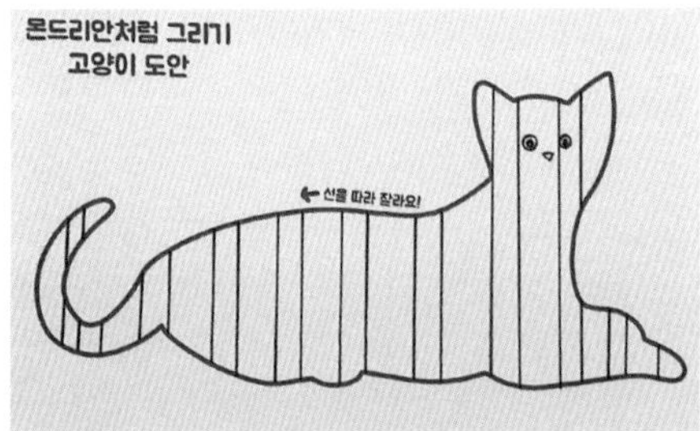

2 도안에 자를 대고 검정색 사인펜으로 세로 방향의 직선을 그려요.

활동 돋보기 직선의 간격이 일정하지 않도록 그려요. 간격을 넓게 그린 후에는 좁게 그리고 다시 넓게 그리는 것을 반복해요!

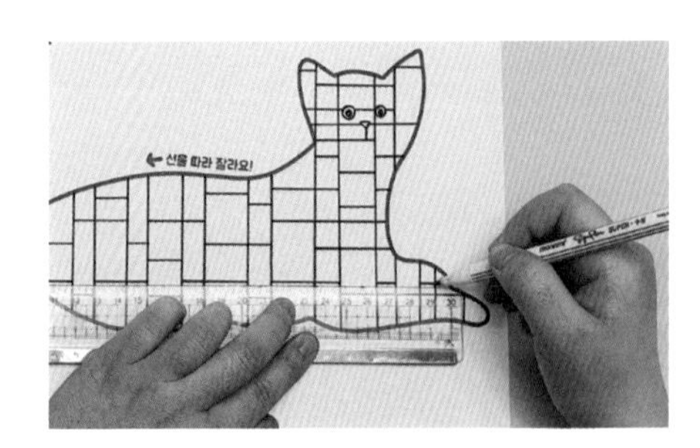

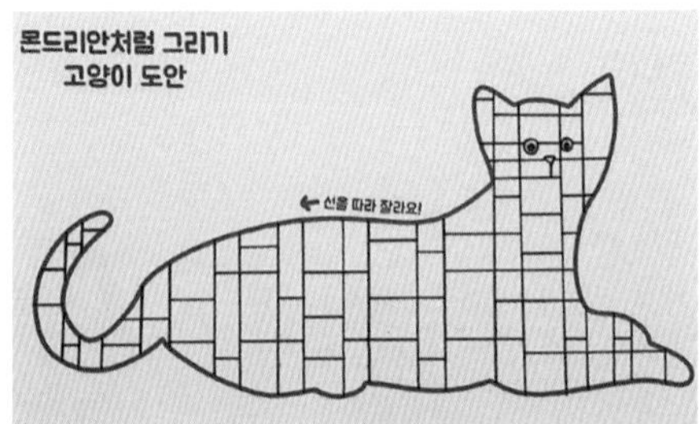

3 도안에 자를 대고 검정색 사인펜으로 가로 방향의 직선을 그려요.

활동 돋보기 가로선은 처음부터 끝까지 다 그리기보다는 중간 중간 빈 칸이 생기도록 그려요.

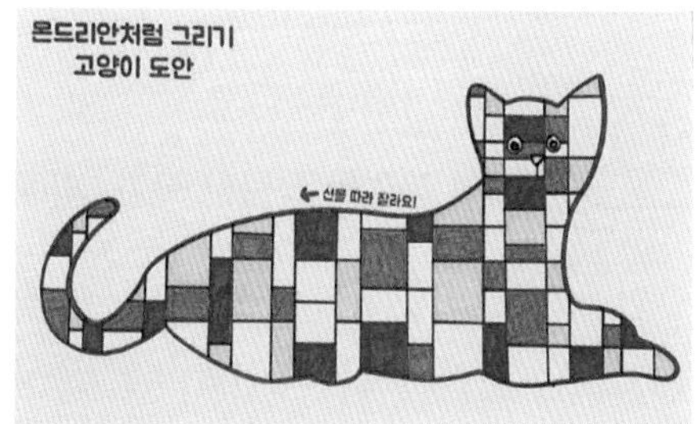

4 노란색, 빨간색, 파란색 사인펜으로 색칠해요.

활동 돋보기 1) 검은색 가장자리를 색칠할 때, 노란색은 번질 수 있으니 조심히 색칠해요. 2) 흰색 부분도 작품의 한 부분이에요. 모든 칸을 다 색칠하지 않도록 주의해요!

완성

5 색칠한 고양이 도안을 가위로 잘라 A4색지 위에 붙여요.

활동 돋보기 작품을 완성한 후 교실에 전시하고 친구들과 함께 감상을 나눠요!

몬드리안은 사선이 긴장감과 불안감을 준다고 생각했기 때문에 작품에 사용하지 않았어요. 학생들과 몬드리안 작품 패러디를 하게 되면 예시 작품처럼 사선을 활용한 작품이 나올 수 있어요. 이런 경우에는 수평, 수직을 활용한 작품과 비교 감상하면서 작품이 주는 느낌을 같이 이야기 나누면 좋아요.

예시

생각을 더 해요

미술작품을 감상하는 방법에는 어떤 것들이 있나요?

생각을 넓혀요

질서와 균형을 사랑한 화가, 피에트 몬드리안

칸딘스키와 함께 추상회화의 선구자로 일컫는 피에트 몬드리안(Piet Mondrian)은 1872년 네덜란드에서 태어났어요. 초등학교 교장 선생님이었던 몬드리안의 아버지는 엄격한 분이었어요. 몬드리안도 집안 분위기에 따라 어릴 때부터 규칙적인 생활을 해야 했죠. 이러한 가정 분위기는 몬드리안의 작품에 많은 영향을 끼쳤어요.

몬드리안이 처음 그림을 그렸을 때부터 추상화를 그린 건 아니었어요. 암스테르담의 미술 아카데미에서 그림을 공부했을 때는 차분한 색조의 정물화나 풍경화를 즐겨 그렸어요. 그러다 몬드리안은 피카소, 브라크의 입체주의 회화를 접하게 되었고, 이후 파리로 작업실을 옮긴 다음부터는 그림을 점차 단순하게 그리려는 노력을 해요. 그리고 마침내 수평선과 수직선, 삼원색(노랑 · 빨강 · 파랑)과 무채색만을 사용해서 그림을 그리는 자신만의 원칙을 세우게 되었어요. 이러한 표현 방식을 '신조형주의'라고 해요. 질서, 규칙, 단순함, 완벽한 균형 등이 특징적인 몬드리안의 작품은 많은 사람들에게 큰 사랑을 받고 있어요.

5. 미술+과학 원리

재미있는 소마트로프

돌리면 어떤 모양이 될까요? 소마트로프를 만들어 봐요!

준비물: 가위, 송곳, 펀치, 풀, 고무줄 4개, 색연필, 사인펜, 도안

성취 기준: (6미01-05) 미술 활동에 타 교과의 내용, 방법 등을 활용할 수 있어요.

미술 용어 정리

소마트로프_ 그림이 그려진 판의 양쪽 가장자리에 실을 묶고 돌리면 앞뒤 이미지가 회전하면서 하나로 합쳐져 보이는 장치

함께 만들어 봐요

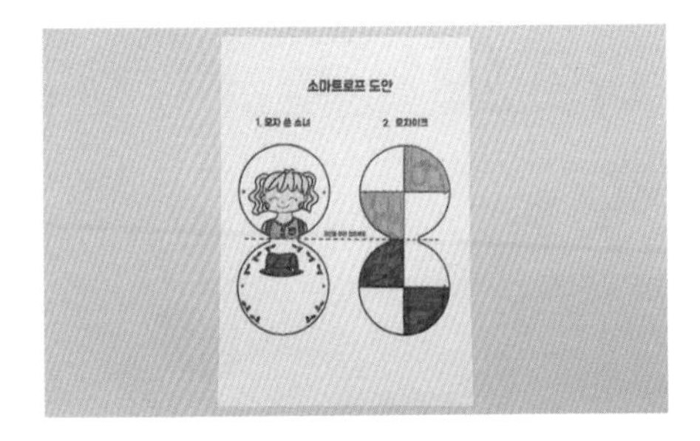

1 도안을 색칠한 후, 윤곽선을 따라 가위로 잘라요.

활동 돋보기 도안을 이용하지 않고 직접 그려서 만드는 방법도 있는데, 소마트로프는 그림이 회전하면서 합쳐지므로 위, 아래 그림의 방향을 주의해 그려야 해요. 예시 도안의 2번처럼 그리면 나중에 회전할 때 다이아몬드 위로 반짝거리는 잔상효과를 볼 수 있어요.

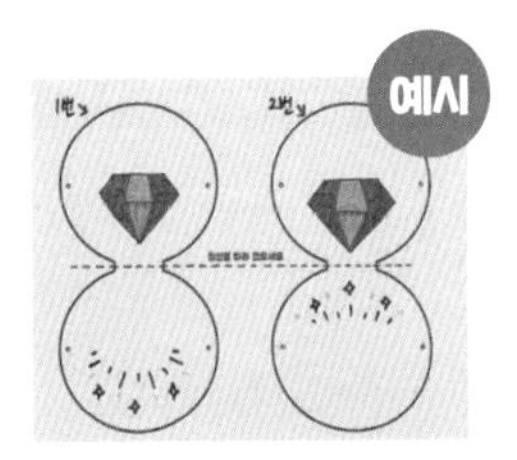

2 접는 선(점선)을 따라 도안을 반으로 접어요.

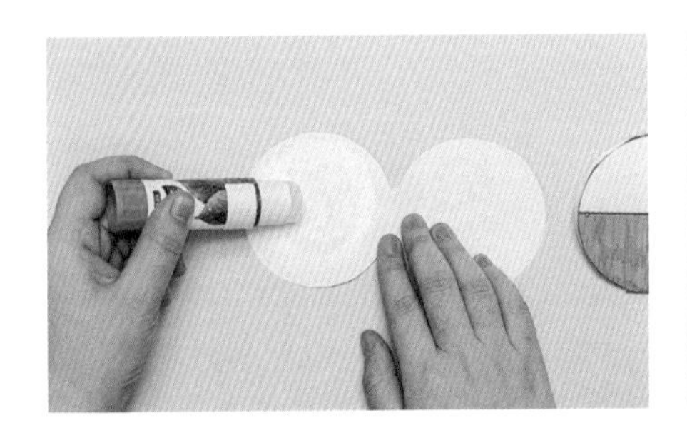

3 접은 도안의 한쪽 면에 풀을 발라 두 면을 붙여요.

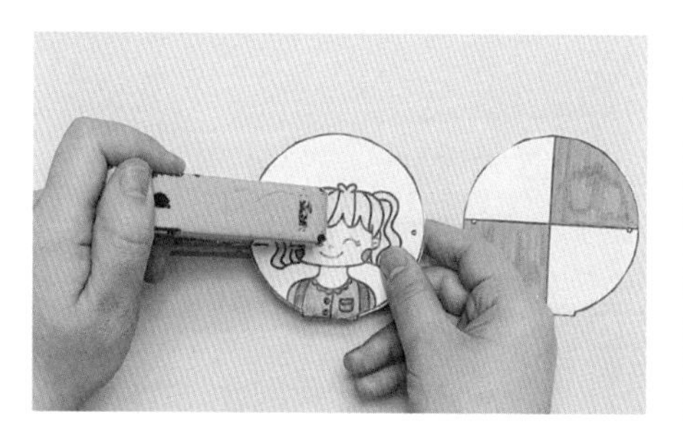

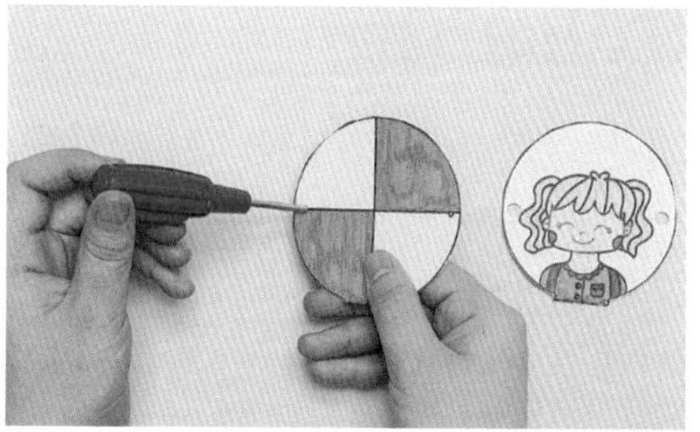

4 송곳이나 펀치로 도안의 양쪽 가장자리 ○ 부분을 뚫어요.

활동 돋보기 송곳은 정확한 위치에 뚫을 수 있지만, 구멍의 크기를 충분히 넓히지 않으면 고무줄 끼우기가 어렵고, 힘을 많이 주면 도안이 찢어질 수 있어요. 펀치는 구멍이 커서 고무줄을 끼우기가 쉬운 반면에 정확한 위치에 뚫기 어려워요. 학생들의 특성이나 학교의 준비물 상황에 따라 적당한 도구를 사용해요.

5 도안의 양쪽 구멍에 고무줄을 끼워요.

6 양손에 고무줄을 끼우고 충분히 꼬은 후 도안을 놓으면, 도안이 빠르게 회전하면서 앞뒤 이미지가 합쳐진 모습을 볼 수 있어요.

활동 돋보기 양쪽 고무줄을 충분히 꼬아 주지 않으면 잔상 효과가 잘 보이지 않아요.

생각을 더 해요

소마트로프는 2개의 이미지가 회전하면서 새로운 이미지로 보이게 돼요. 소마트로프로 표현하고 싶은 이미지를 떠올려 볼까요?

생각을 넓혀요

영화의 시작, 토머스 에디슨과 뤼미에르 형제

1891년 토머스 에디슨은 동료인 윌리엄 딕슨과 함께 '키네토스코프'라는 영사기를 발명했어요. 사람들은 키네토스코프 앞에 서서 확대경으로 장치 속의 영화를 들여다보기 위해 줄을 섰어요. 키네토스코프는 큰 흥행을 했지만, 한 번에 한 사람밖에 영화를 볼 수 없는 기계였어요.

비슷한 시기인 1895년에 프랑스의 뤼미에르 형제는 '시네마토그라프'라는 기계를 만들어요. 에디슨과 딕슨의 발명품이었던 키네토스코프를 개량해서 만든 시네마토그라프는 사진을 촬영하는 카메라였을 뿐만 아니라 스크린에 영상을 띄우는 영사기이기도 했어요. 뤼미에르 형제는 시네마토그라프로 영상을 촬영한 후, 1895년 12월 28일 파리의 한 카페에서 10편의 영화를 상영해요. 상영된 영화 중에 하나인 〈기차의 도착〉은 상영 시간이 1분 정도였지만, 관객들의 반응은 대단했어요. '그림이 움직인다'는 것을 상상하기 어려웠던 시대, 영상은 그 자체로 감동이었겠지요?

6. 환경

친환경 미술 업사이클링

업사이클링 아트 활동을 통해 계란판으로 꽃을 만들어 장식해 봐요.

준비물: 종이 계란판, 잡지, 꽃병, 사인펜, 물감, 물통, 팔레트, 붓, 끈, 가위, 풀, 테이프

성취 기준: (6미02-01)표현 주제를 잘 나타낼 수 있는 다양한 소재를 탐색할 수 있어요.
(6미02-05)다양한 표현 방법의 특징과 과정을 탐색해요.

미술 용어 정리

업사이클링 아트_ 버려진 제품을 재활용하는 것을 넘어 디자인 요소를 가미해 새로운 가치를 가진 예술작품을 만들어 내는 것(우리말로 '새활용')

함께 만들어 봐요

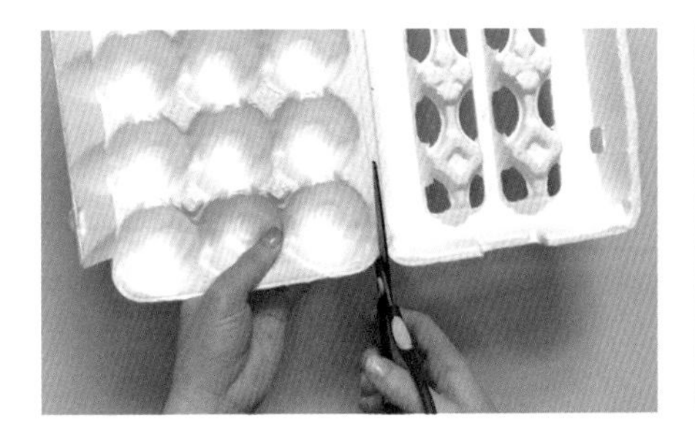

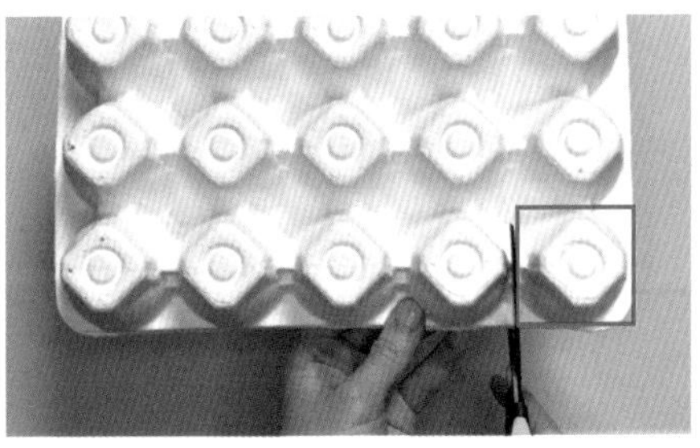

1 종이 계란판의 뚜껑은 잘라 내고, 계란이 들어 있던 오목한 부분만 사용해요. 계란판을 사진에 표시된 네모 모양으로 잘라요.

활동 돋보기 가위를 사용해서 잘라요. 자를 때 계란판이 소금 두꺼우므로 디치지 않게 조심해요.

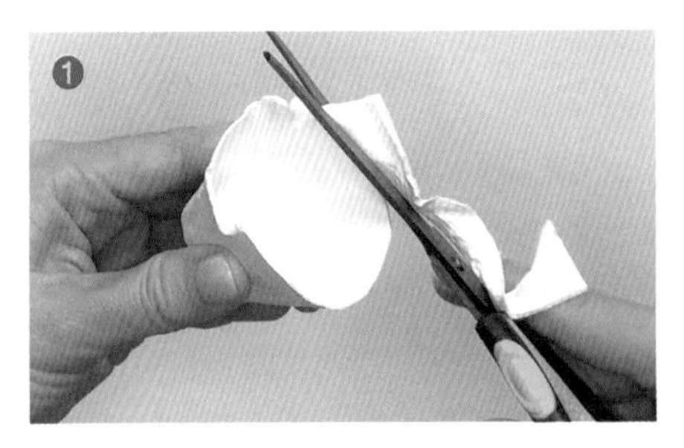

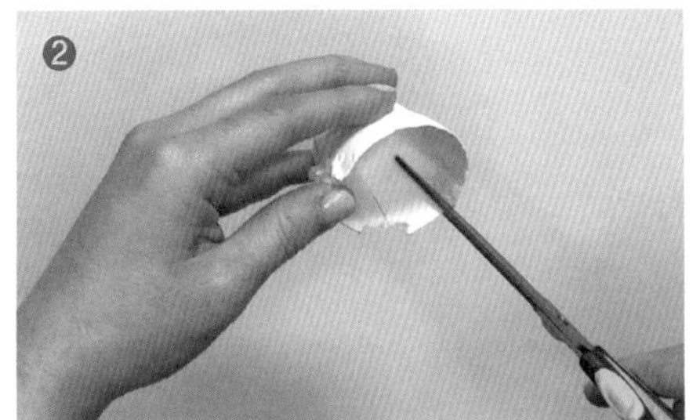

2 자른 계란판을 동그랗게 다듬은 후 가위로 홈을 만들어, 펼쳤을 때 꽃 모양이 나오도록 해요.

활동 돋보기 가위로 홈을 만들 때 꽃잎의 개수도 다양하게 할 수 있고, 꽃잎의 모양도 한 번 더 다듬어 다양하게 표현해 봐요.

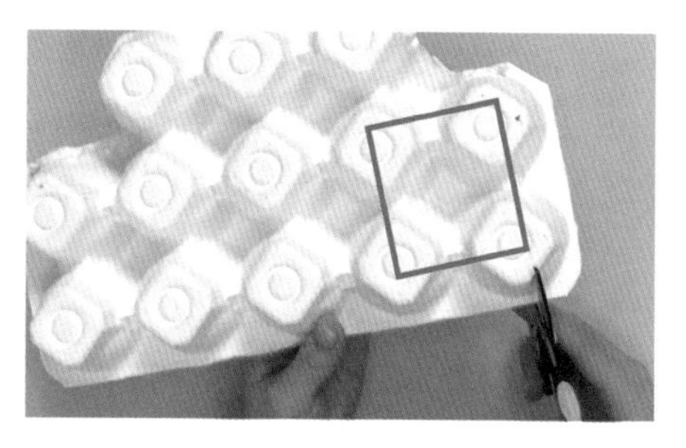

3 계란판을 사진과 같은 모양으로 자를 수도 있어요. 자른 후 같은 방법으로 다듬어서 꽃 모양을 만들어요.

활동 돋보기 활동 2에서 만들었던 꽃송이보다 조금 큰 꽃송이가 만들어져요.

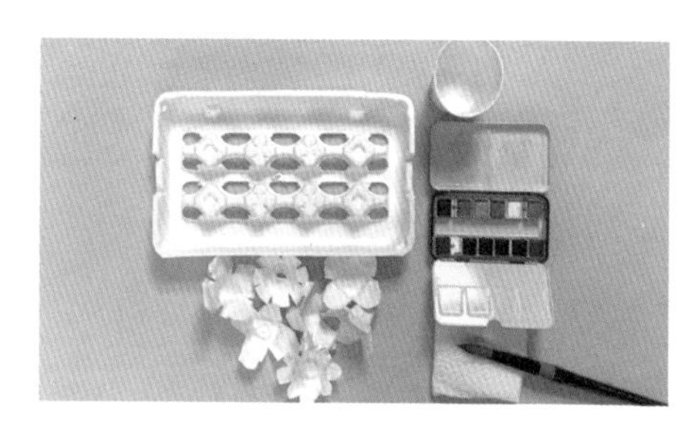

4 다 만든 꽃송이들과 계란판 뚜껑, 채색 도구를 준비한 후, 꽃을 원하는 색으로 안쪽부터 채색해요. 다 채색한 꽃은 계란판 뚜껑 부분에 세워서 말려요.

5 꽃송이의 안쪽이 다 마르면 뒤집어서 바깥쪽도 같은 색으로 채색해요.

6 다양한 색의 잡지와 가위, 테이프, 풀 등을 준비해요.

활동 돋보기 잡지의 종이는 말아서 꽃의 줄기로 사용할 거예요.

7 잡지 한 장을 줄기 굵기만큼 얇게 접어요.

활동 돋보기 너무 두껍게 접으면 줄기의 느낌을 내기 어려워요. 얇은 너비로 접어 줘요.

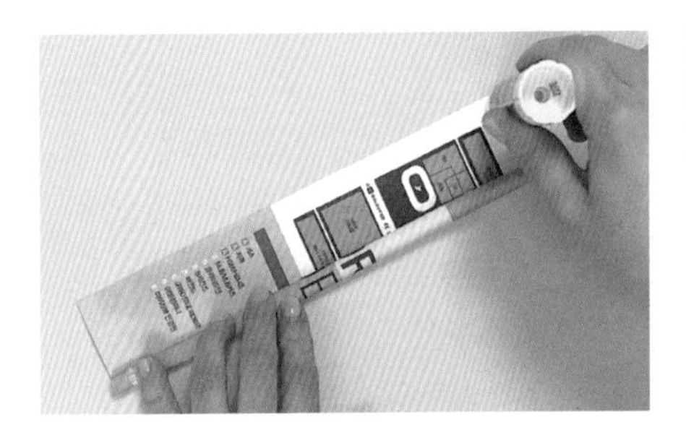

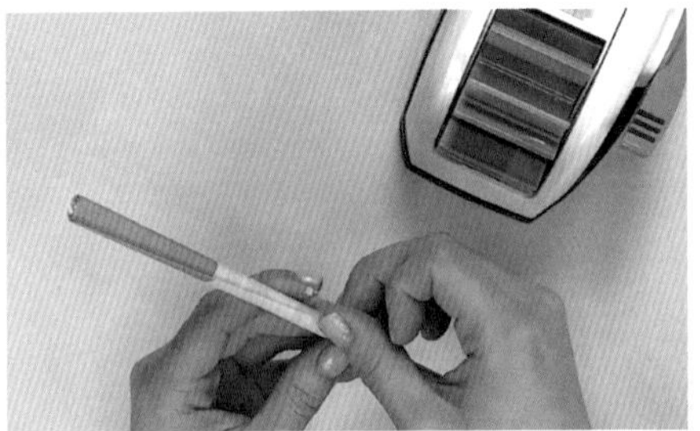

8 접은 종이를 기준으로 돌돌 말아서 풀과 테이프를 이용해서 고정해요.

활동 돋보기 마지막에 테이프를 이용해서 고정해야 쉽게 풀리지 않아요.

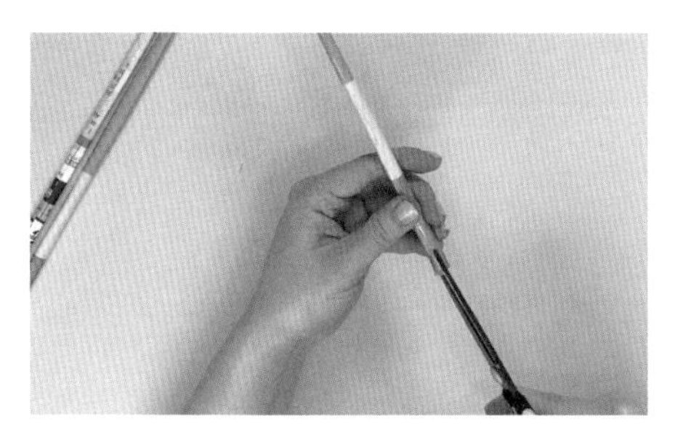

9 줄기 안쪽으로 가위를 넣어서 홈을 만들고 펼쳐 줘요.

활동 돋보기 홈을 촘촘하게 내면 촘촘한 꽃 수술이 되고, 듬성듬성 내면 듬성듬성한 꽃 수술이 만들어져요.

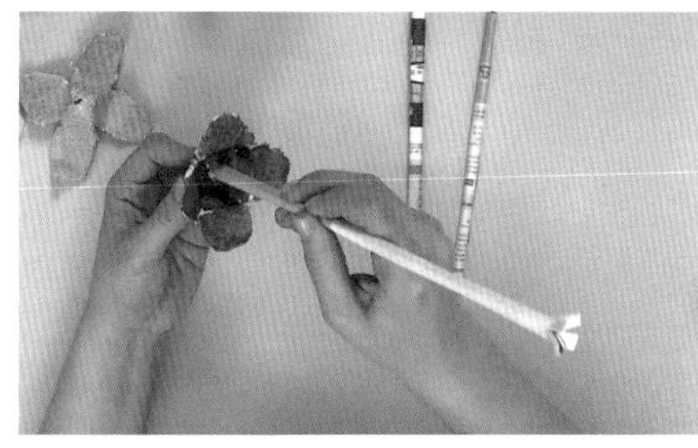

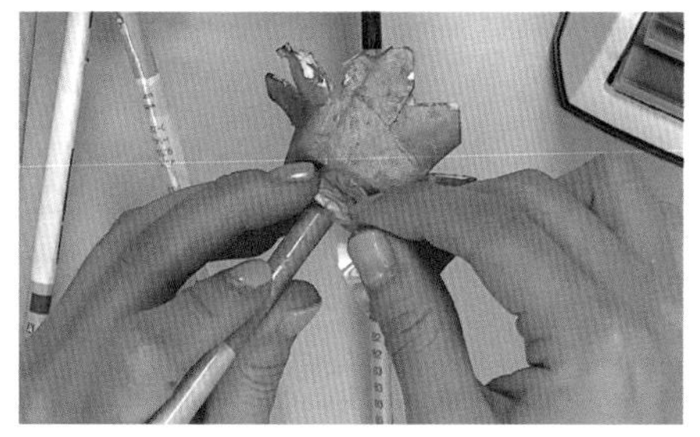

10 꽃송이에 가위를 이용해서 줄기가 들어갈 구멍을 만들어 줘요. 그런 다음 줄기를 구멍에 넣어서 꽃 수술을 펼쳐 고정하고, 테이프로 한 번 더 고정해요.

활동 돋보기 종이 계란판은 두꺼우므로 구멍을 낼 때 다치지 않게 조심해요.

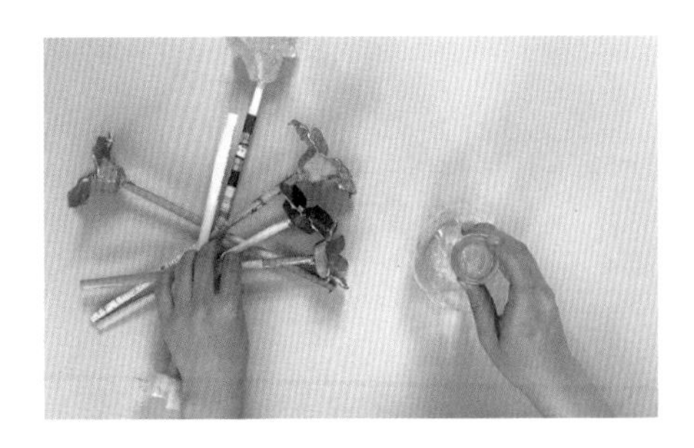

11 꽃병에 조화롭게 꽃을 꽂고, 꽃병을 장식해요.

생각을 더 해요

업사이클링 아트가 등장한 이유가 무엇일까요?

생각을 넓혀요
세계적인 업사이클링 브랜드, 프라이탁

업사이클링 제품을 만들어 파는 브랜드가 있다는 것을 알고 있나요? 바로 스위스의 프라이탁 형제가 만든 '프라이탁(FREITAG)'입니다. 전 세계적으로 환경보호의 물결이 커지고 있다는 것, 여러분들도 잘 알고 있지요? 특히 가방이나 옷을 만드는 과정에서 동물의 가죽과 털을 사용하는 것이 많은 비난을 받기도 했지요.
프라이탁 형제는 비가 많이 오는 스위스 취리히에서 비에도 젖지 않는 가방을 만들고 싶었고, 일반적으로 쓰이는 패션 소재들보다 트럭의 방수 덮개가 방수 효과가 크다는 것을 알게 됩니다. 그들은 트럭의 방수 덮개를 활용해서 가방을 만들기 시작해요. 업사이클링을 한 대표적인 사례이죠.
특히 프라이탁의 제품들은 어느 것 하나 같은 모양이 없답니다. 같은 모양이어도 모두 다른 패턴을 지니고 있어요. 폐품을 활용해 업사이클링했기 때문이지요. 그리고 그것이 자신만의 개성을 살리고 싶은 소비자들의 욕구를 충족시켜 주고 있어요. 업사이클링은 우리가 생각하는 것보다 더 멋진 일이랍니다. 우리 주변에서 업사이클링을 할 수 있는 소재를 찾아볼까요?

7. 판화

평판화, 모노타이프

모노타이프를 활용하여 명화를 쉽게 그려 봐요.

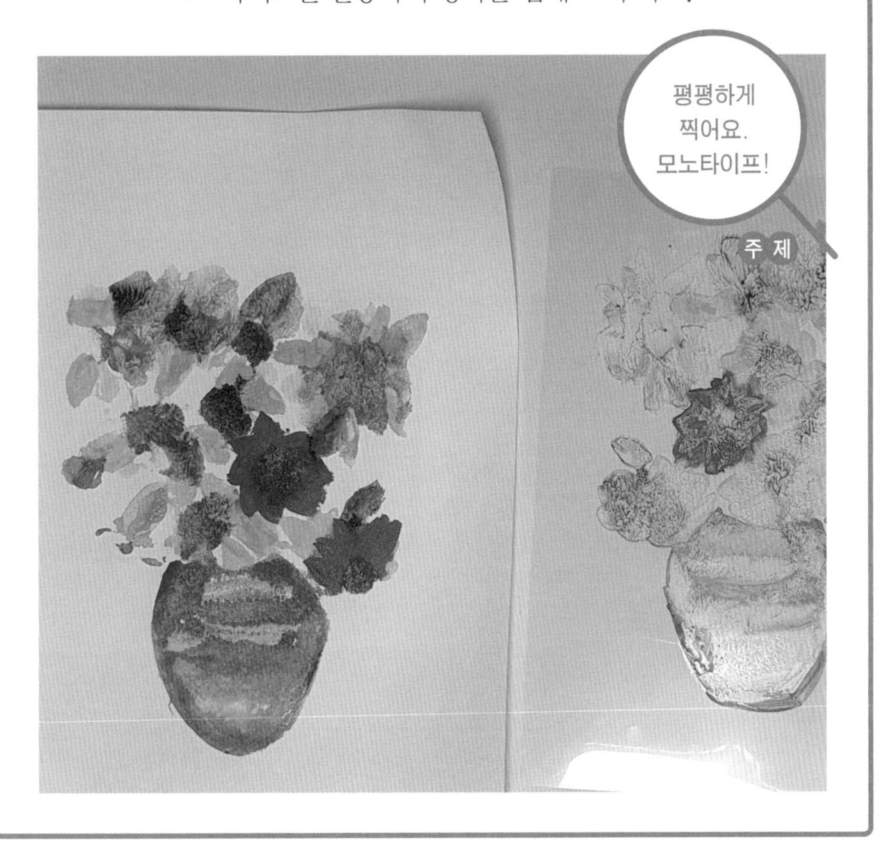

준비물: 8절지, OHP필름, 물감, 붓, 물통, 주방 세제, 팔레트, 명화 도안(고흐의 〈해바라기〉)

성취 기준: (6미02-03)다양한 재료를 활용하여 아이디어를 구체적으로 표현할 수 있어요.

미술 용어 정리

모노타이프_ 평평한 판면 위에 직접 이미지를 그린 후 찍어 내는 평판화의 일종으로, 판에 그린 이미지에 압력을 가한 후 판화지에 찍어 내는 표현 기법

함께 만들어 봐요

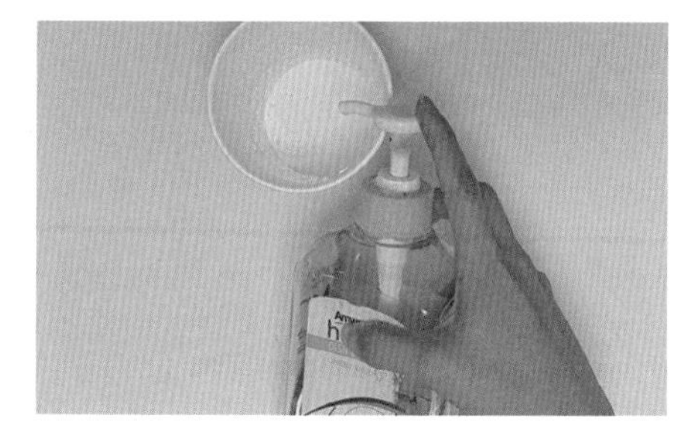

1 물이 든 물통에 주방 세제를 조금 넣어 섞어 두고, 도안 위에 OHP필름을 올려요.

활동 돋보기 주방 세제를 섞으면 색이 더 잘 묻어 나와요.

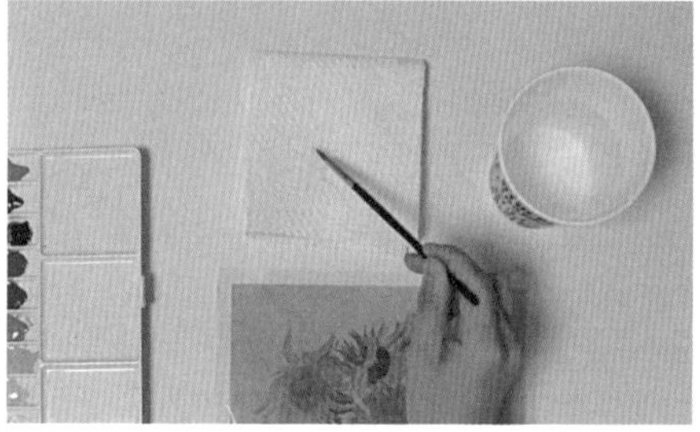

2 붓을 물에 적시고, 휴지나 마른 걸레로 붓의 물기를 조금 닦아 내요.

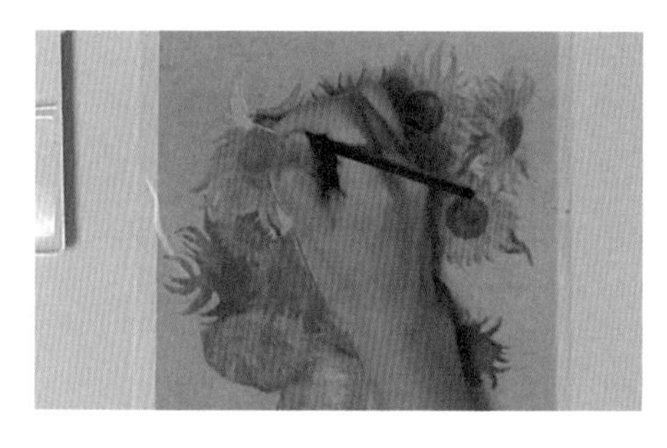

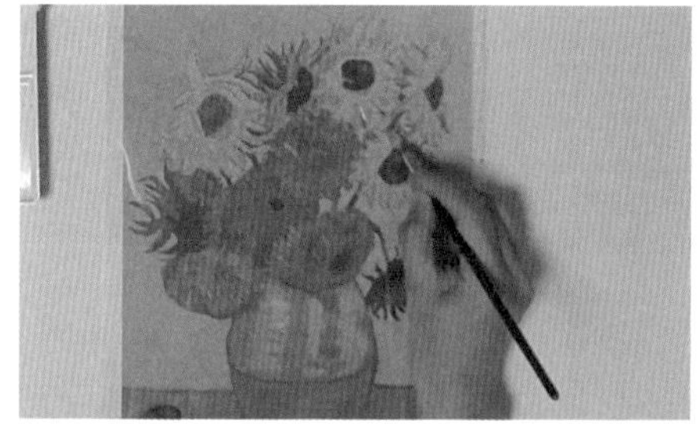

3 연한 색부터 빠르게 채색해요. 시간을 단축시키기 위해 한 색깔로 먼저 채색해요.

활동 돋보기 OHP필름 위의 물감이 마를 수 있기 때문에 빠르게 채색하는 것이 중요해요!

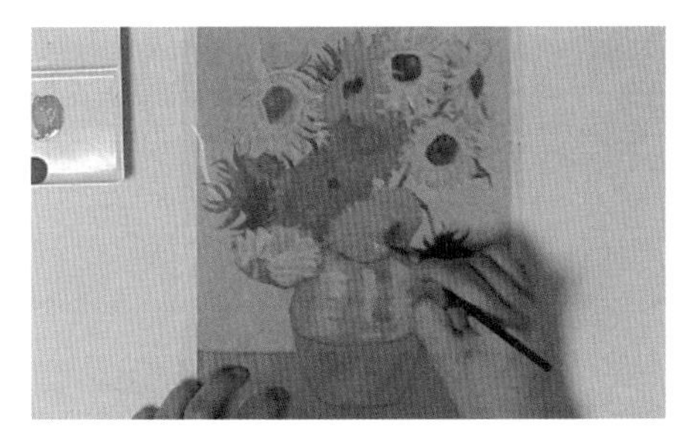
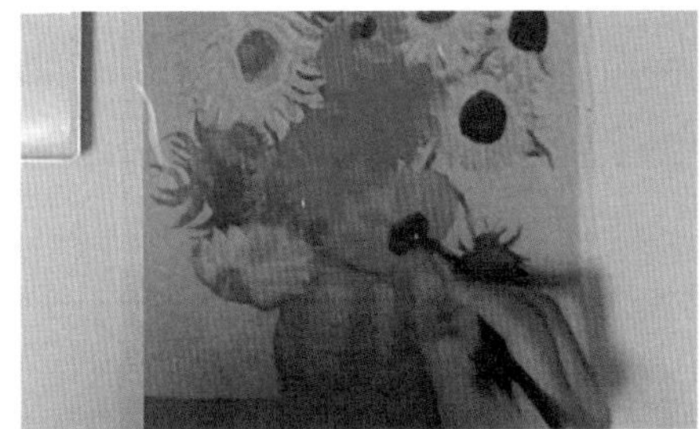

4 점차 진한 색 부분을 채색해요.

5 OHP필름을 떼어 내 채색 상태를 확인해요.

6 휴지에 물을 묻혀 도화지를 꾹꾹 누르듯 닦아요.

활동 돋보기 도화지에 물기가 있어야 물감이 잘 묻어 나와요.

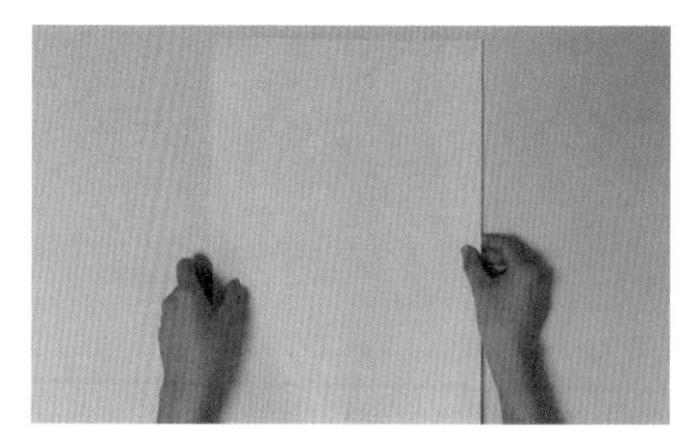
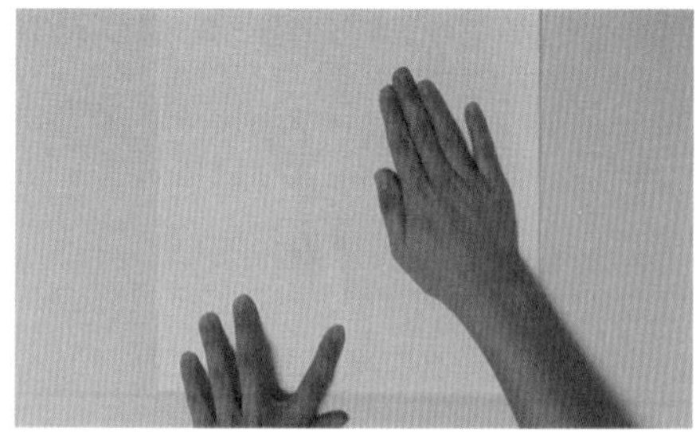

7 OHP필름 위에 물기를 흡수한 도화지를 덮고, 손으로 눌러 줘요.

활동 돋보기 손으로 누르는 대신 마른 수건으로 문질러 줘도 좋아요.

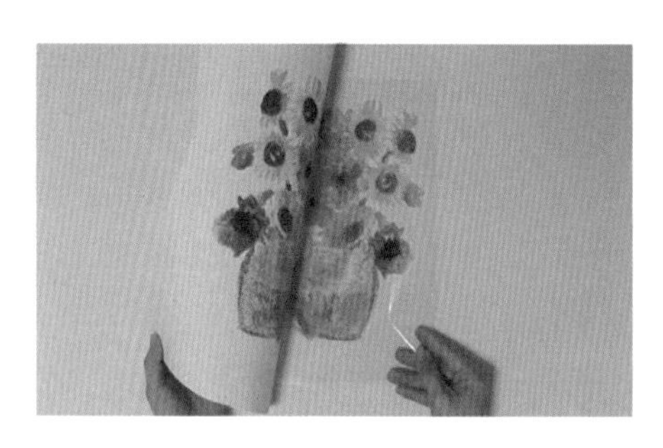
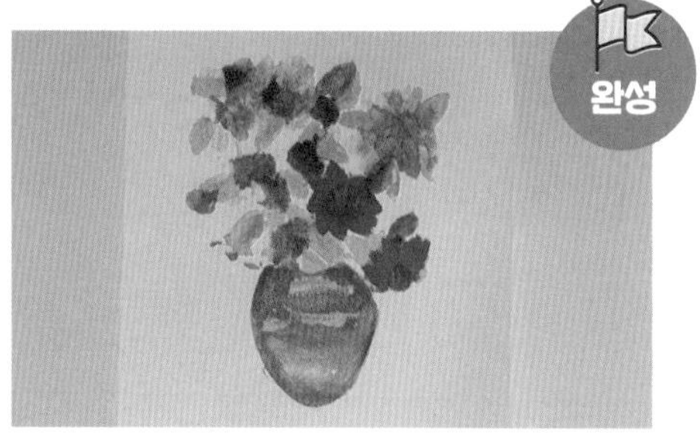

8 도화지를 조심스럽게 떼어 내요.

활동 돋보기 도안을 사용하지 않고 직접 스케치하여 색칠할 수도 있어요.

생각을 더 해요

- 평판화는 왜 빠르게 채색해야 할까요?
- 주방 세제를 물에 넣는 이유는 무엇일까요?

생각을 넓혀요

다양한 판화의 종류와 특징

판화는 일반적으로 종이나 나무, 돌 등의 평면에 이미지를 새긴 후 인쇄하는 복제 예술 기법을 말해요. 판화 기법과 재료의 소재에 따라 작품의 느낌이 달라지지요.

판화는 기법에 따라 볼록판화, 오목판화, 평판화가 있어요. 볼록판화는 볼록 튀어나온 부분에 잉크가 묻어 찍히는 판화를 말해요. 정교한 선의 아름다움이 돋보이는 오목판화는 판에서 파낸 부분에 잉크를 집어넣은 후 찍어 내는 판화로 동판화, 드라이포인트 등이 오목판화에 속해요. 평판화는 판 위에서 물과 기름이 반발하는 성질을 이용해서 찍어 내는 것으로 석판화, 모노타이프 등이 해당돼요. 보다 많은 사람들에게 다가가기 위해 판화의 기술은 다양하게 발전되고 있지요!

8. 현대 미술

생각한 대로 그려 봐

곡선과 여러 가지 색을 활용하여 올록볼록 기둥을 만들어요!

준비물: A4종이, 색연필, 검은색 유성매직

성취 기준: (6미02-02)다양한 발상 방법으로 아이디어를 발전시킬 수 있어요.

미술 용어 정리

옵티컬 아트_ 단순하고 반복적인 무늬나 색채에 의해 화면이 움직이는 듯한 착각을 불러일으키는 추상 미술

함께 만들어 봐요

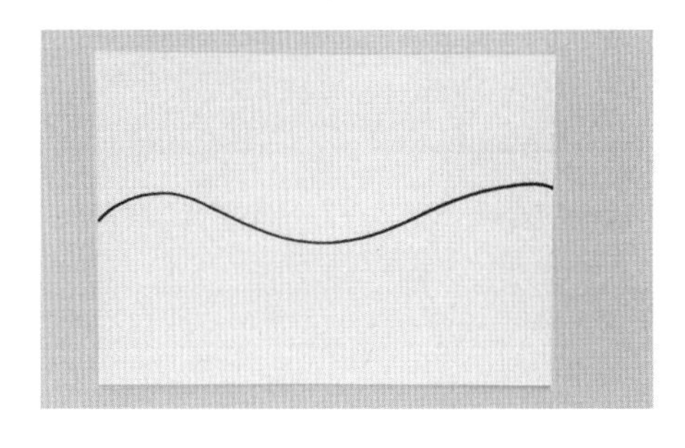
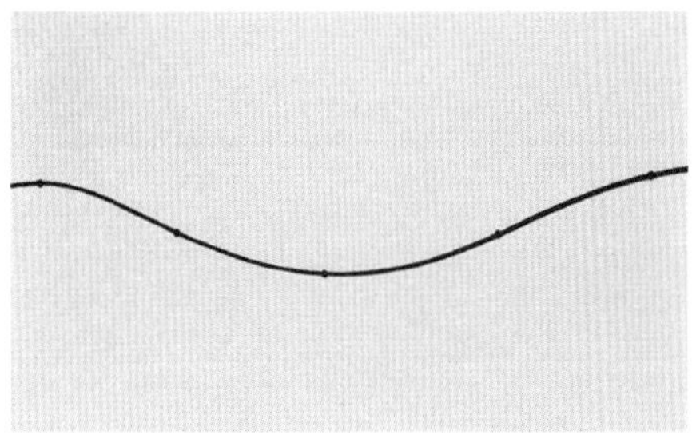

1 종이 한가운데에 검은색 유성매직으로 물결 모양을 그리고 선 위에 일정한 간격으로 점 5개를 작게 찍어요.

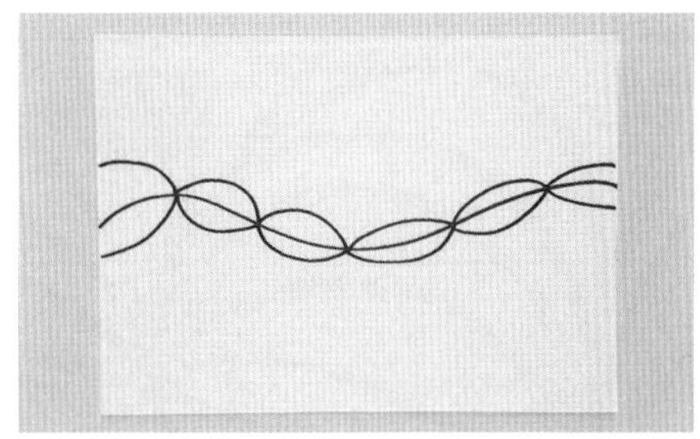

2 점과 점을 이어 주는 곡선을 그리고 마주 보는 곡선을 그려요.

활동 돋보기 곡선을 그릴 때에는 간격을 너무 넓거나 좁지 않게 그리도록 주의해요.

3 곡선 하나를 골라서 조금씩 커지는 곡선을 그려요. 옆의 곡선도 같은 방법으로 늘려 나가요.

4 활동 3을 반복해요.

활동 돋보기 선과 선이 이어진 부분을 강조하면(곡선의 끝부분이 모두 만나도록 그리는 것을 말함) 옵티컬 아트의 특징을 살릴 수 있어요.

5 가장자리는 가장 진하게, 안쪽 가운데로 갈수록 흰색에 가까울 정도로 연하게 색칠해요.

활동 돋보기 4단계 그라데이션을 활용해 색칠할수록 옵티컬 아트의 특징을 살릴 수 있어요.

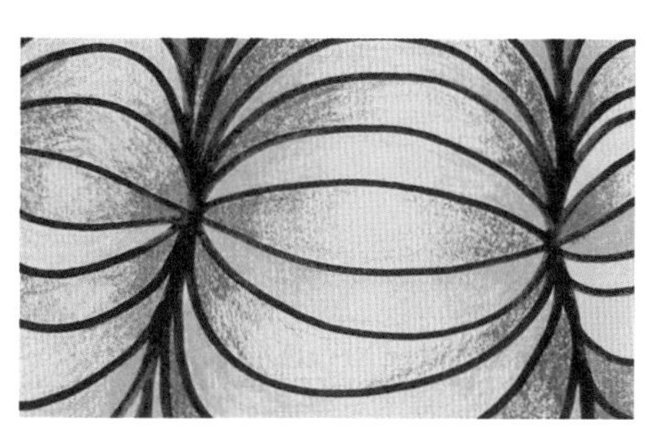

6 인접한 부분은 서로 다른 색을 색칠해요. 접하지 않으면 같은 색을 칠해도 돼요.

생각을 더 해요

옵티컬 아트 작품들의 특징을 찾아서 이야기해 볼까요?

생각을 넓혀요

프랑스의 옵티컬 아티스트, 빅토르 바자렐리

헝가리 출신의 프랑스 작가 빅토르 바자렐리(Victor Vasarely)는 옵티컬 아트를 현대적으로 발전시킨 대표적인 옵티컬 아티스트예요. 바자렐리는 수학적으로 치밀하게 계산된 선과 면의 미묘한 변화로 화면에 입체감을 부여했어요.

빅토르 바자렐리의 대표작 〈직녀성〉을 자세히 살펴보면 면밀하게 계산되어 그려진 사각형을 발견할 수 있어요. 〈직녀성〉을 구성하고 있는 사각형은 위치에 따라 크기가 조금씩 달라요. 가장 큰 사각형은 가장 작은 사각형의 10배가 넘는 크기를 가지고 있어요. 이렇게 크기가 다른 사각형을 그림 속에 정교하게 배치함으로써 관객은 그림이 마치 팽창되었다가 수축되는 것 같은 시각적 착각을 하게 되지요.

점, 선, 면을 어떻게 배치했는지에 따라 평면 그림도 입체처럼 보일 수 있다니 정말 신기하지 않나요? 이러한 옵티컬 아트의 특성 덕분에 옵티컬 아트는 미술뿐만 아니라 옷, 핸드백, 커튼, 쿠션 등과 같은 생활용품에 많이 응용되고 있어요.

Part 5

전 학년

돋보기 플러스

대나무 헬리콥터 만들기

도라에몽이 타고 다니는 대나무 헬리콥터를 만들어요!

준비물: 도안, 휴지심, 빨대, 가위, 풀, 색칠 도구, 양면테이프

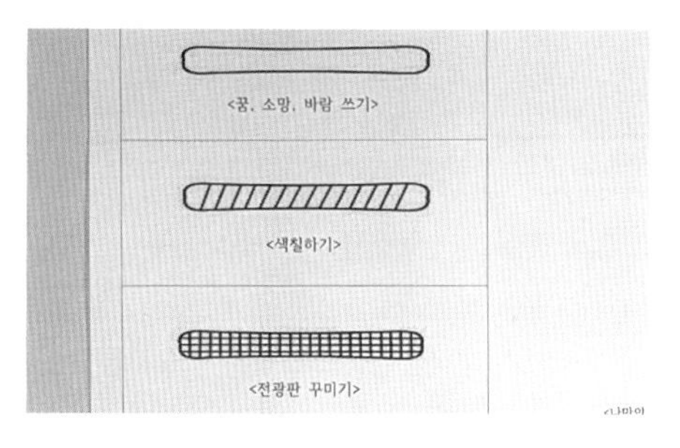

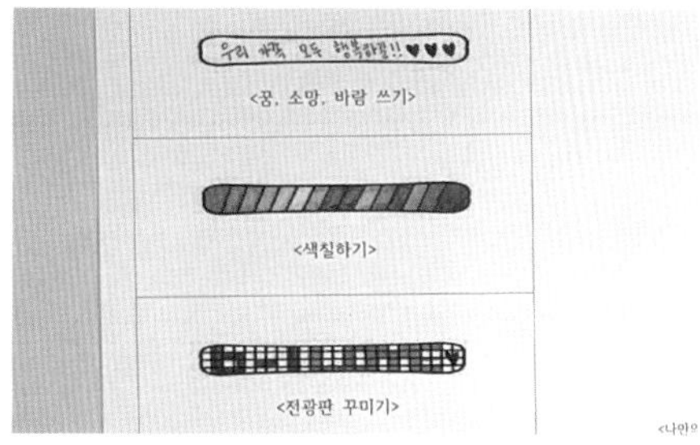

1 프로펠러 도안을 인쇄해서 주제에 맞게 색칠 도구로 꾸며요.
(① 꿈이나 소망 쓰기, ② 색칠하기, ③ 전광판 꾸미기)

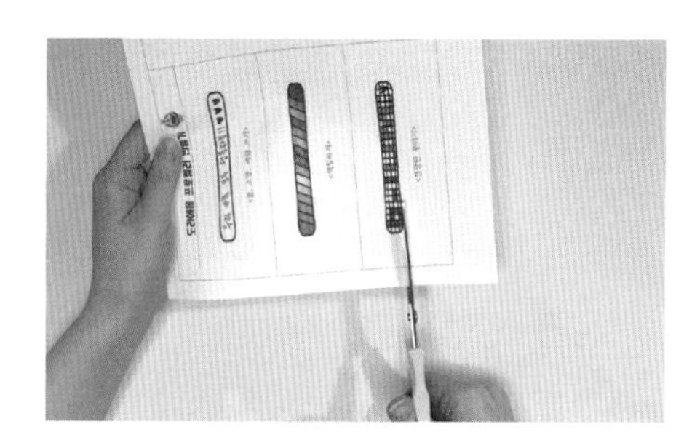

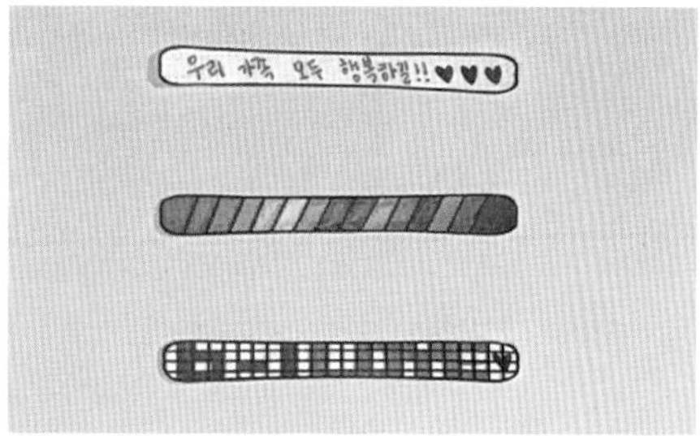

2 색칠 도구로 꾸민 프로펠러의 테두리를 따라 가위로 잘라요.

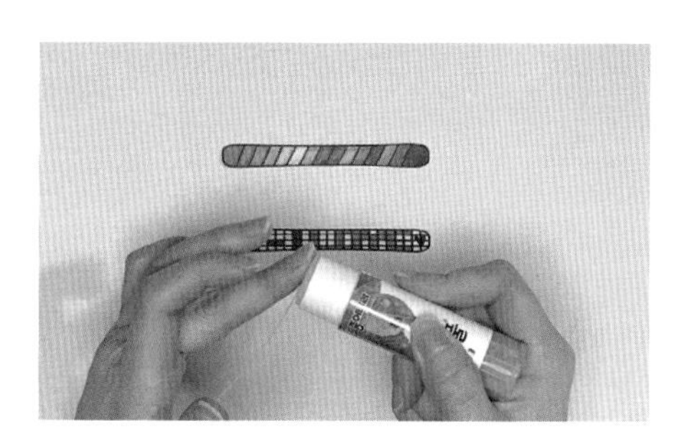

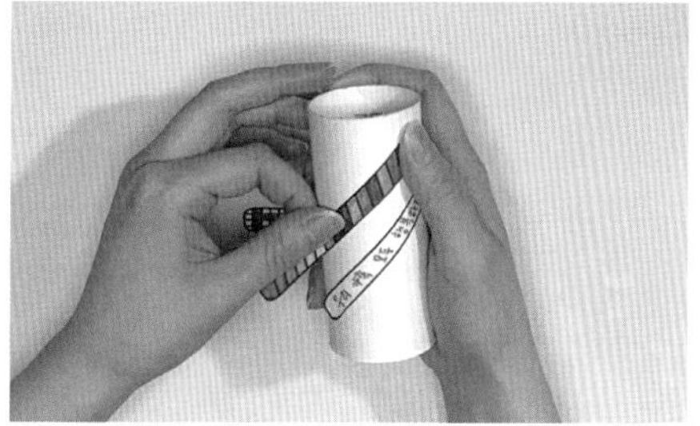

3 테두리를 따라 자른 프로펠러 뒷면에 풀을 바르고 휴지심에 붙여요.

활동 돋보기 프로펠러를 휴지심에 붙일 때 대각선으로 붙이면 프로펠러에 굴곡이 생겨 더 잘 날 수 있어요.

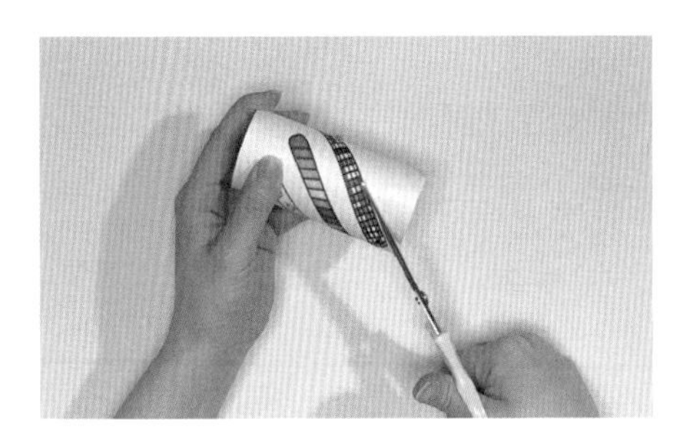

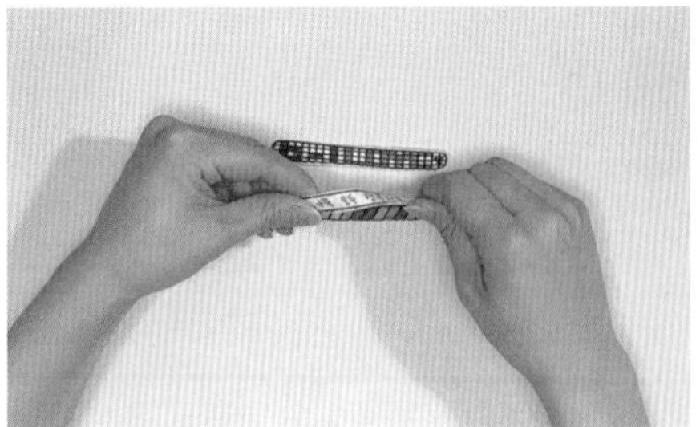

4 휴지심에 붙인 도안을 크기에 맞게 가위로 잘라요. 자른 도안의 끝부분을 양손으로 잡고 꽈배기처럼 꼬아요.

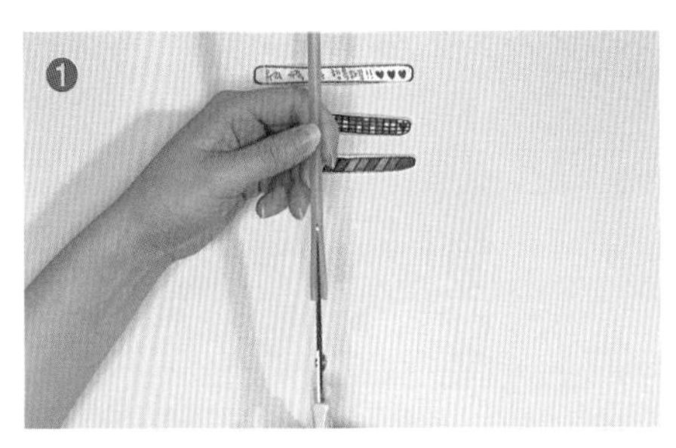

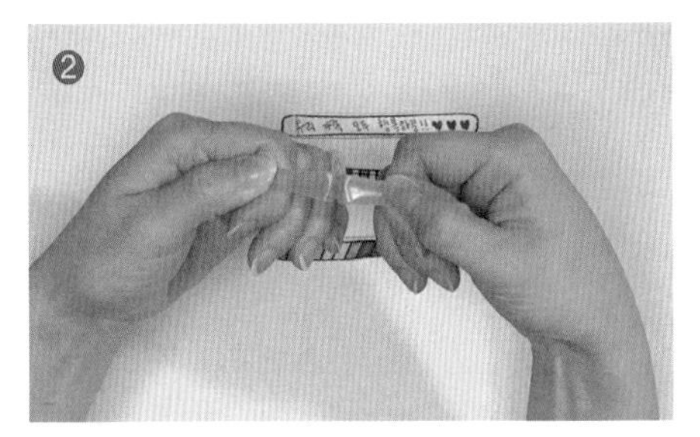

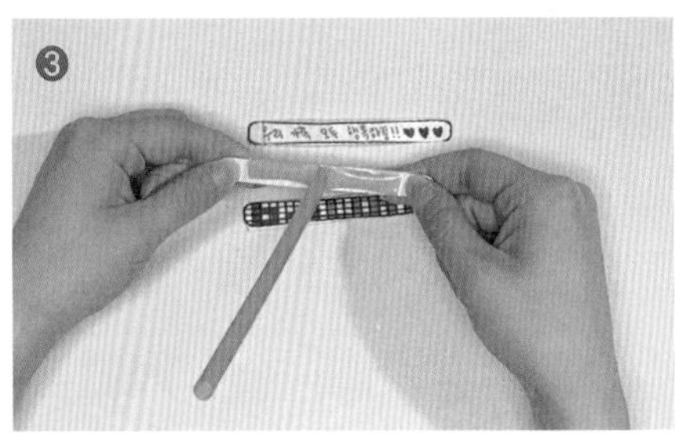

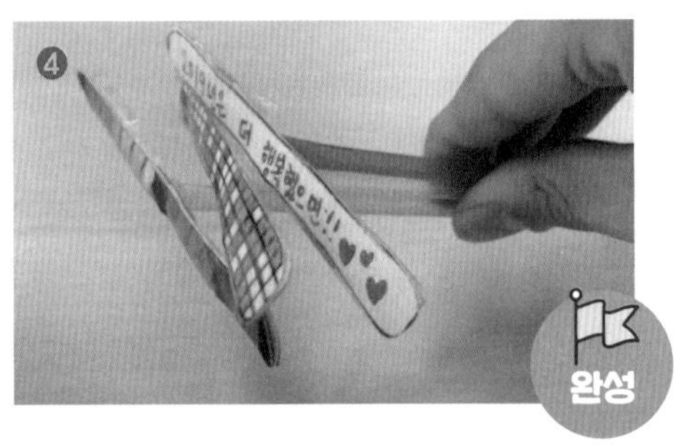

5 빨대의 끝부분을 반으로 잘라 양옆으로 벌린 뒤, 프로펠러 도안 뒷면에 테이프를 붙여 빨대에 고정해요.

날아다니는 종이새 연 만들기

하늘을 훨훨 날아다니는 종이새 연 만들기!

준비물: A4색지, 가위, 스테이플러, 펀치, 가위, 풀, 채색 도구

함께 만들어 봐요

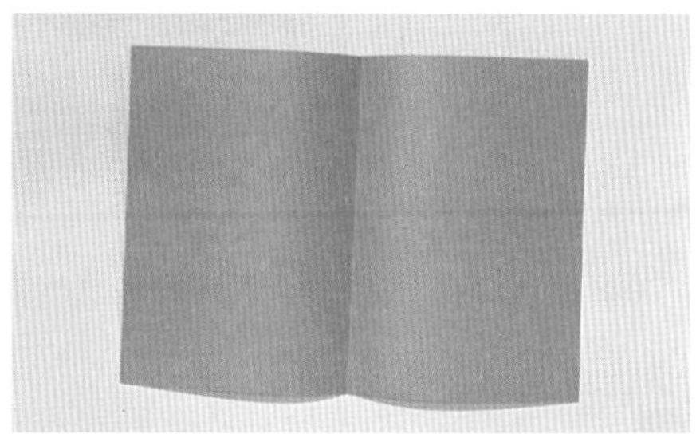

1 원하는 색의 색지를 골라 반으로 접어요.

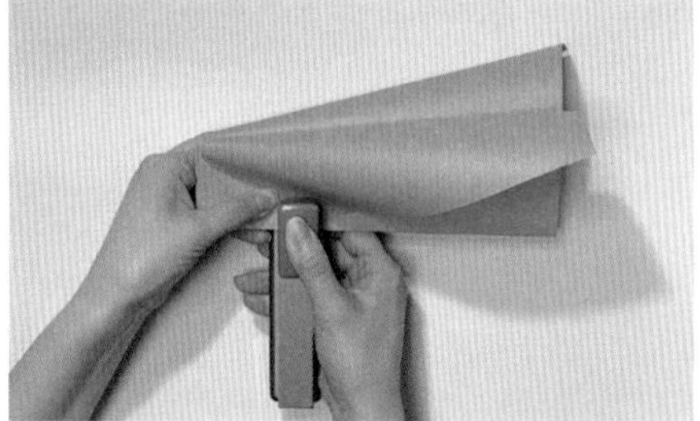

2 색지를 반으로 접은 상태에서 사진과 같이 한 쪽씩 아래로 둥글게 구부린 뒤, 스테이플러로 고정해요.

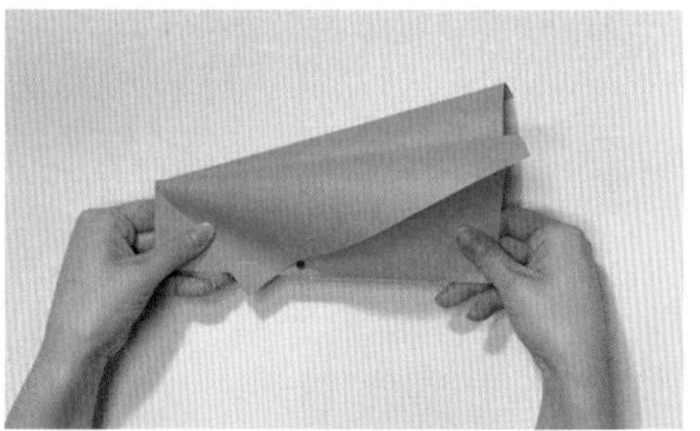

3 스테이플러로 고정한 부분의 오른쪽을 펀치를 이용하여 구멍을 뚫어요.

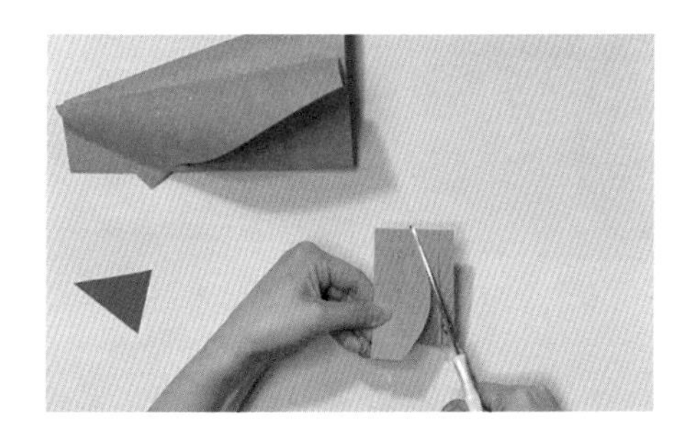
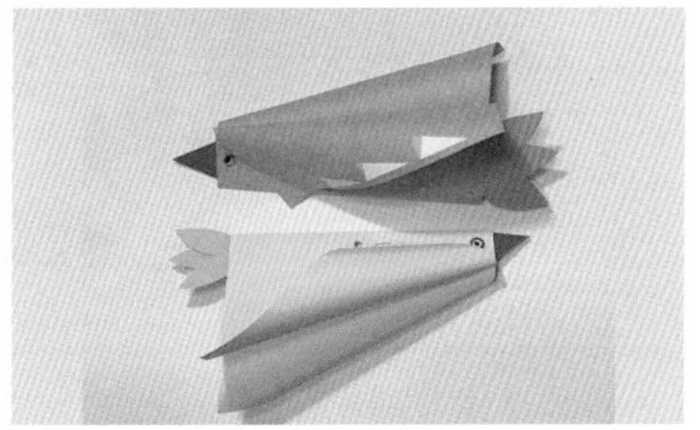

4 다양한 색깔의 색종이와 채색 도구를 이용하여 새 모양으로 꾸며요.

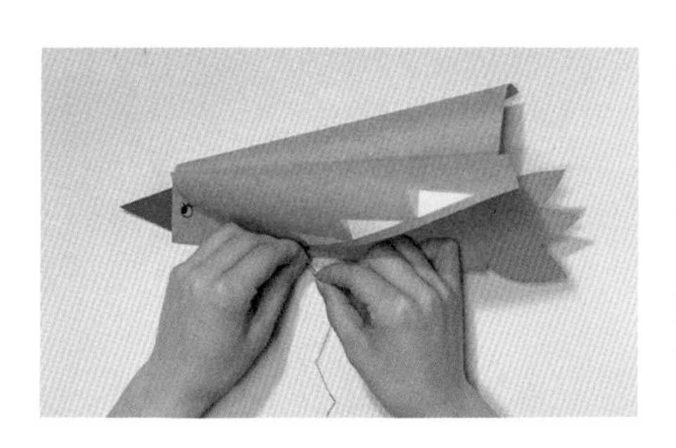
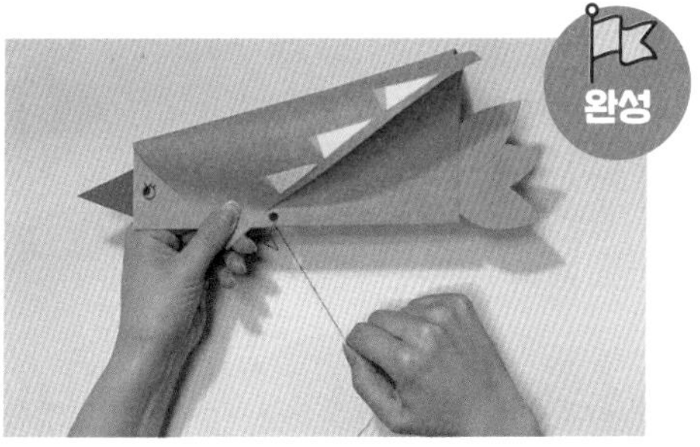

5 구멍을 뚫은 부분에 실을 연결한 후 고정하여 '종이새 연'을 완성해요.

활동 돋보기 실을 손으로 잡고 연을 날리는 것처럼 공중으로 흔들면 새가 날 듯 재미있게 날아다녀요.

빙글빙글 돌아가는 빙글이 만들기

빙글빙글 돌아가는 빙글이를 만들어요!

준비물: 색종이, 채색 도구

함께 만들어 봐요

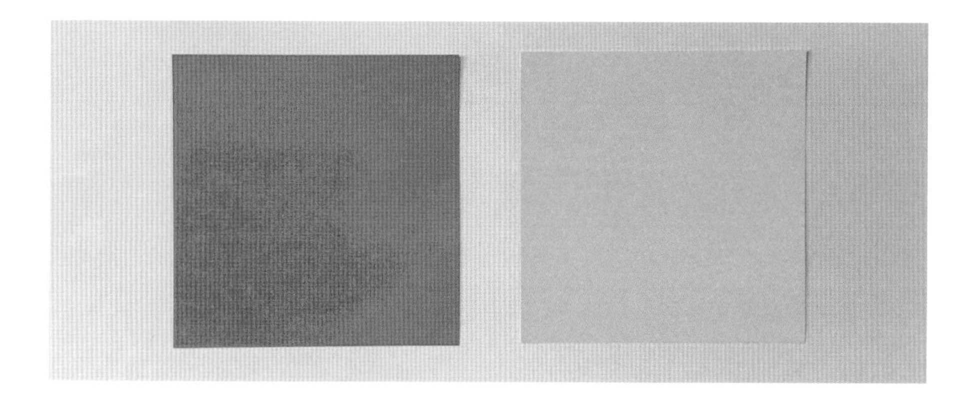

1 다른 색깔의 색종이를 2장 준비해요.

2 하나의 색종이를 큰 삼각형으로 접고, 다시 반으로 접어 작은 삼각형을 만들어요.

3 작은 삼각형으로 접힌 부분을 다시 펼쳐요. 큰 삼각형의 중심선에 맞춰 큰 삼각형의 왼쪽 끝부분을 위로 접어 올렸다가 다시 펼쳐요.

4 접힌 부분을 따라 종이를 안으로 접어 주머니 모양을 만들어요. 반대쪽도 활동 3을 따라 똑같이 만들어요.

5 가운데 접힌 선을 따라 반으로 접어 올리고, 반대쪽도 똑같이 접어 올려요. 종이를 뒤집어 뒷면도 똑같이 만들어요.

6 삼각형 모양의 종이 윗부분을 아래쪽으로 접어 내려요. 종이를 뒤집어 뒷면도 똑같이 접어 내려요.

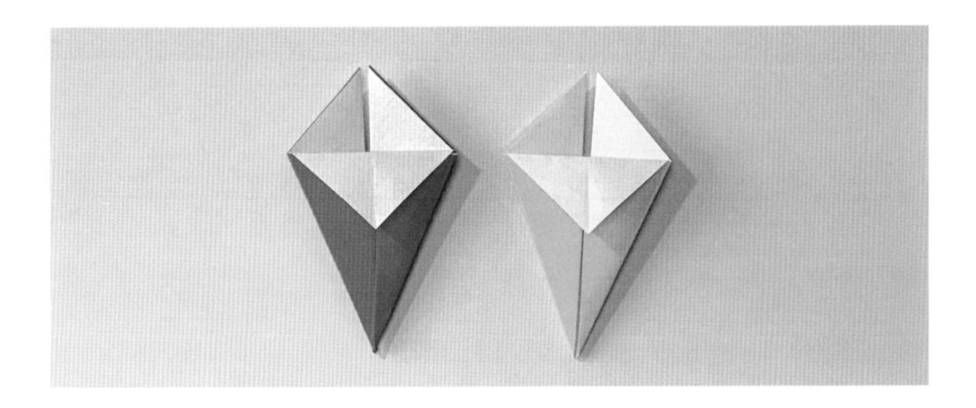

7 다른 색깔의 색종이를 활동 2~ 6과 같은 방법으로 접어요.

8 접은 색종이 중 하나를 옆으로 넘겨 접어요.

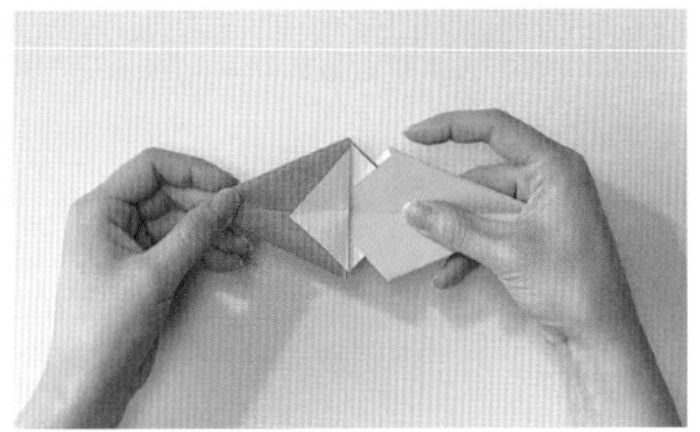

9 활동 8에서 접은 색종이를 사진과 같이 다른 색종이에 껴서 안으로 넣어 주세요.

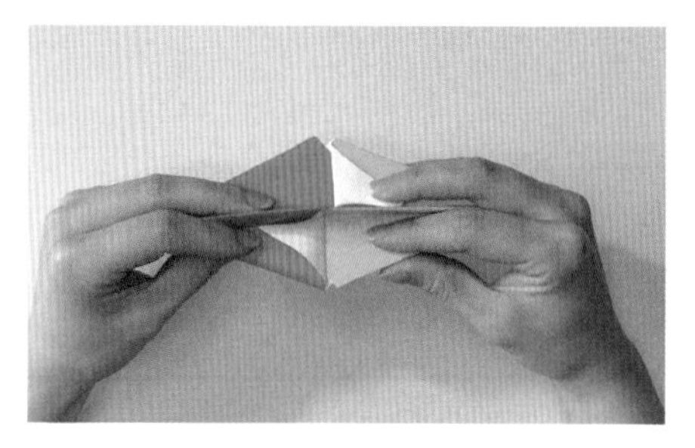
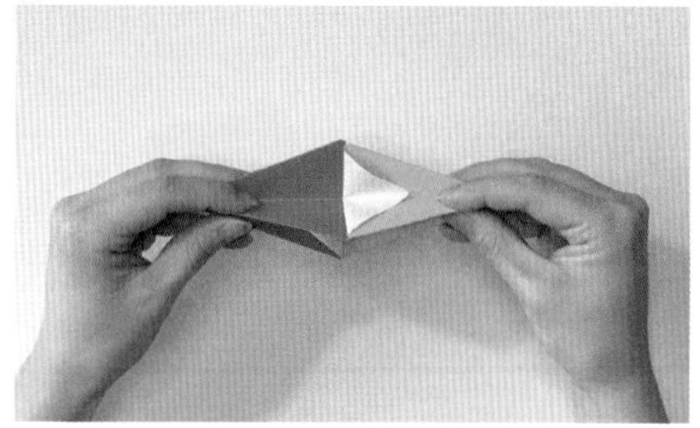

10 접힌 선을 따라 아래로 넘기며 활동 9처럼 모든 부분을 똑같이 끼워 넣어요. 양손으로 색종이를 잡고 '+' 모양을 만든 뒤 색종이를 끝까지 끼워요.

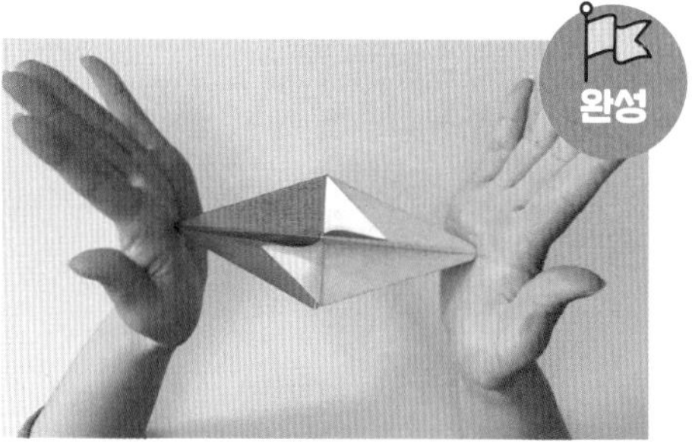

11 빙글이 완성! 양 손바닥으로 끝을 잡고 바람을 불면 빙글빙글 돌아가요.

활동 돋보기 바람을 세게 불지 않아도, 돌아가는 부분에 집중하여 바람을 불면 잘 돌아가요.

이름 만다라 만들기

내 이름의 자음으로 만다라 만들기

준비물: 8절 도화지, 자, 사인펜(또는 네임펜), 지우개, 연필

함께 만들어 봐요

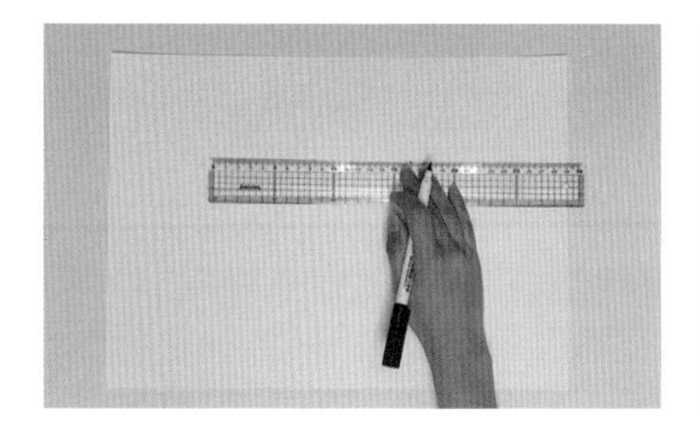

1 자로 종이의 중심을 확인한 후, 연필로 내 이름의 자음을 스케치해요.

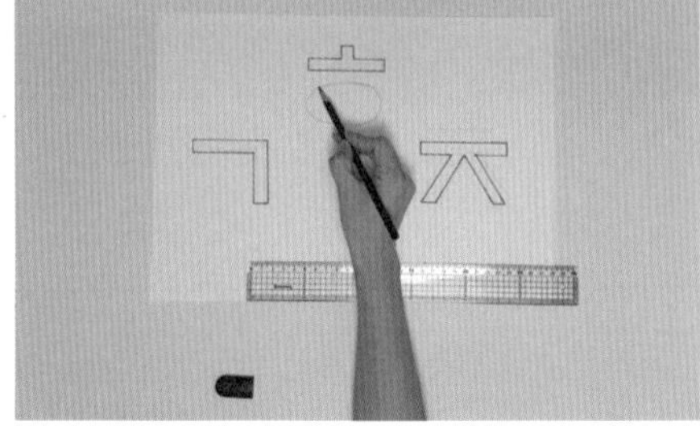

2 스케치를 따라 자를 대고 사인펜으로 반듯하게 그려요.

활동 돋보기 반듯하게 그리는 작업 중간에도 연필로 스케치한 부분은 수정할 수 있어요.

3 사인펜으로 자음을 모두 그렸다면 지우개로 스케치의 흔적을 지워요.

4 자음의 가장자리를 따라 만다라 문양을 그려요.

활동 돋보기 모두 그린 후 색칠을 해도 좋아요!

편지가 담긴 가랜드 만들기

1년 후 성장한 나에게 쓴 편지를 보관하는 가랜드를 만들어 교실을 꾸며 봐요!

준비물: 다양한 색의 A4색지, 노끈, 펜, 가위, 테이프

함께 만들어 봐요

1 색지를 고른 후, 모서리에 맞추어 삼각형으로 접어요.

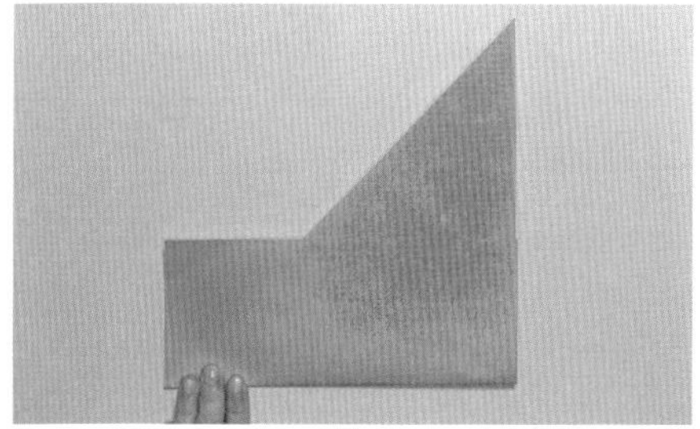

2 아랫부분에 남은 직사각형도 위로 올려서 접어요.

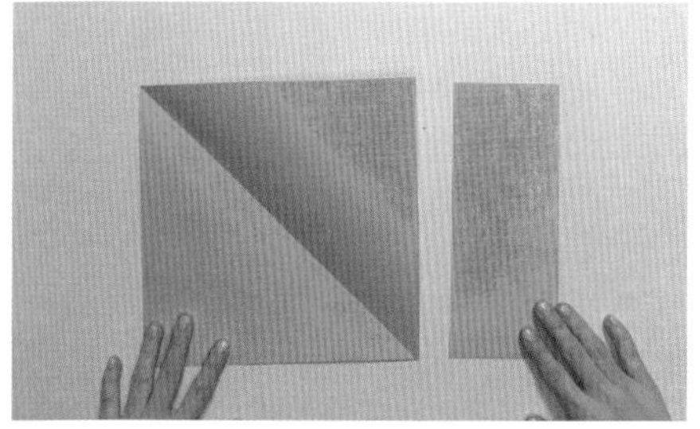

3 모두 펼친 후, 직사각형 부분을 잘라 각각 직사각형과 정사각형 종이로 만들어요.

활동 돋보기 잘라 낸 직사각형도 편지지로 사용할 예정이니 버리지 않아요.

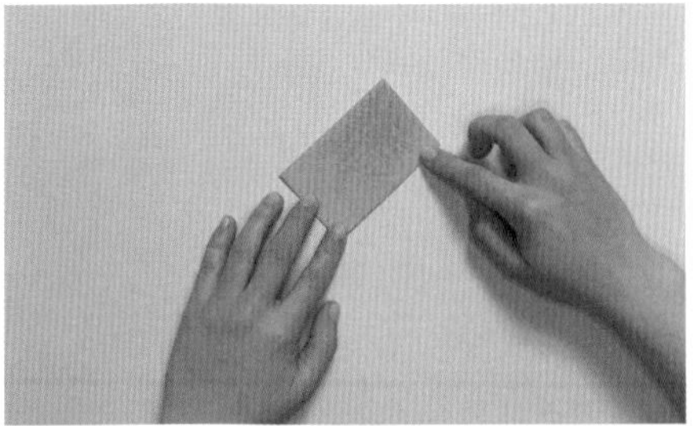

4 직사각형 종이에 '1년 뒤의 나에게 쓰는 편지'를 쓴 후, 두 번 접어요.

활동 돋보기 학년이 끝났을 때 나는 어떤 모습이 되어 있을지 생각해 보고, 1년 뒤의 나에게 편지를 써요.

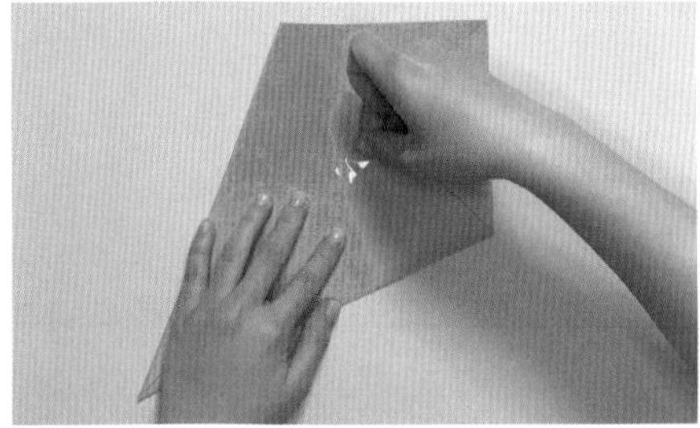

5 정사각형 종이를 사진과 같이 아이스크림 모양으로 접은 후 테이프로 고정해요.

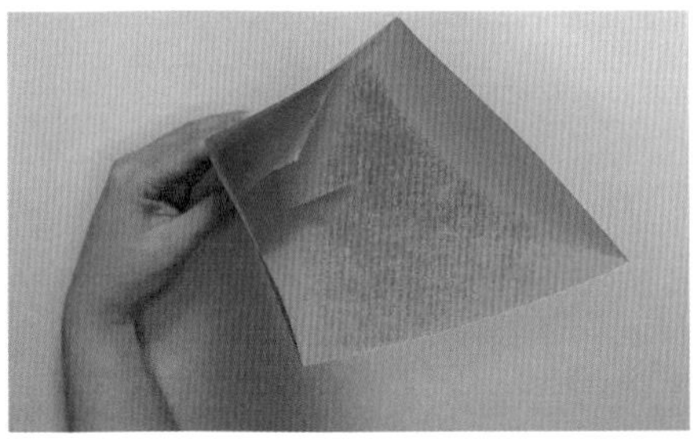

6 고정한 아이스크림 모양 사이로 활동 4에서 쓴 편지를 넣어요.

활동 돋보기 편지 이외의 다른 것을 넣어도 되지만, 너무 무거운 물건은 종이가 찢어지니 조심해요.

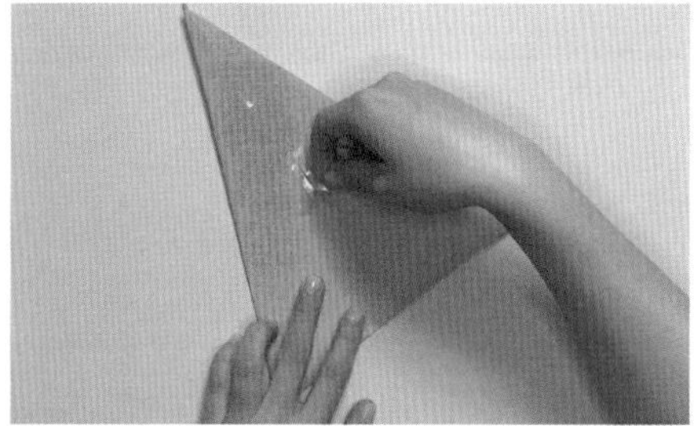

7 윗부분을 접어서 편지가 빠져나오지 않도록 테이프로 고정해요.

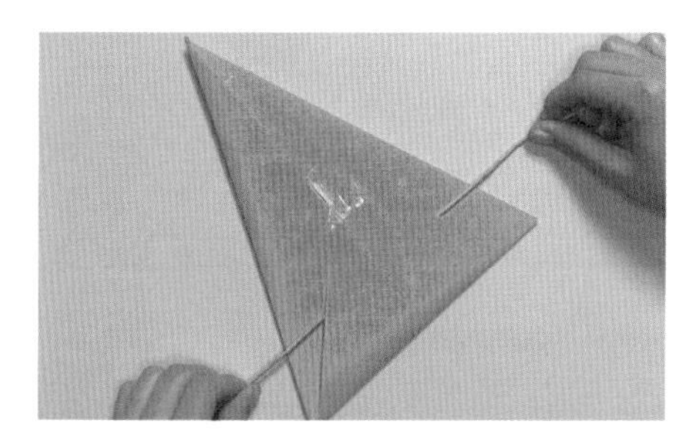

8 접은 윗부분 사이로 노끈을 통과시켜서 가랜드 모양을 완성해요.

활동 돋보기 노끈을 길게 잘라 학급 친구들의 가랜드를 모두 모아 환경 꾸미기에 사용할 수 있어요.

젠탱글 아트로 협동 시 만들기

젠탱글 아트로 글자를 꾸며 학급 협동 시 작품을 만들어요.

준비물: 젠탱글 아트 패턴 연습 도안, 작품 도안 또는 흰 도화지, 검정색 펜

함께 만들어 봐요

1 패턴 연습을 위해 패턴 연습장과 펜을 준비해요.

활동 돋보기 꼭 도안을 사용하지 않더라도 빈 종이에 칸을 나눠서 사용할 수 있어요.

2 빈칸에 원하는 모양의 패턴을 그려 보아요.

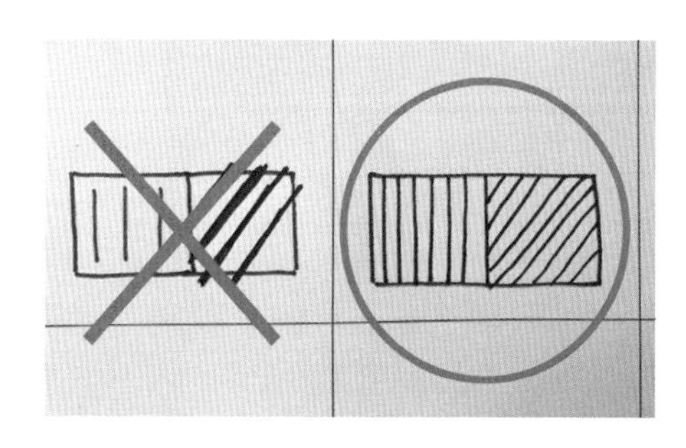

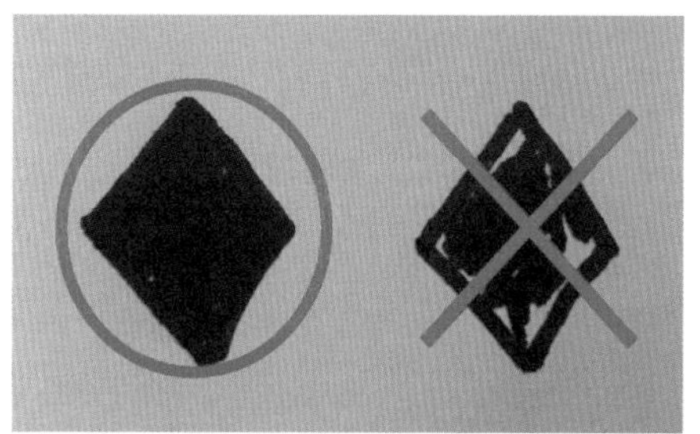

3 연습하면서 젠탱글 아트를 멋지게 만들기 위해 주의해야 할 점을 살펴보아요.

활동 돋보기 선은 한 번에 깔끔하게 그려요. 색을 칠할 때는 빈틈없이 깔끔하게 칠해요.

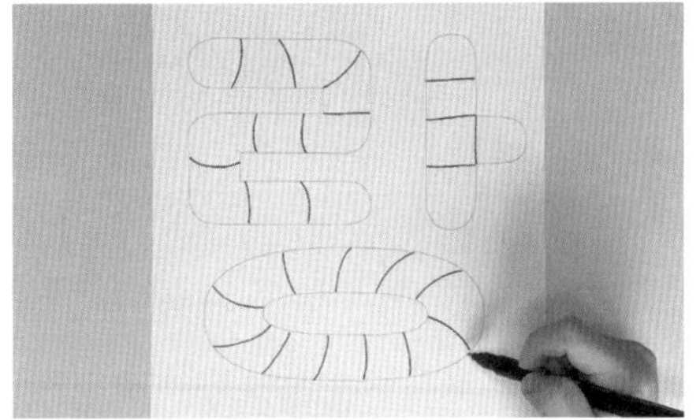

4 연습을 다 했다면 글자 도안에 젠탱글 아트 패턴을 그리기 위해 구역을 나눠요.

활동 돋보기 구역은 곡선으로 나눌 수도 있고, 직선으로 나눌 수도 있어요. 곡선인 자음과 모음에는 곡선을 사용하고, 직선인 자음이나 모음에는 직선을 사용하면 더 재미있는 표현을 할 수 있어요.

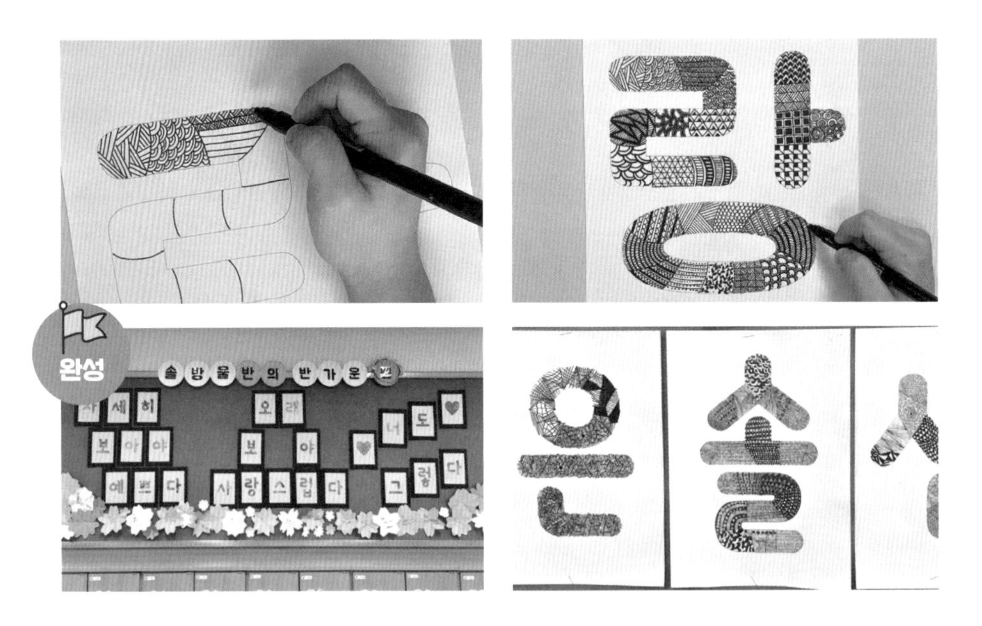

5 나눠진 구역 안에 원하는 패턴을 꼼꼼히 그려서 작품을 완성해요.

활동 돋보기 펜의 굵기가 가는 것을 선택하면 시간이 더 많이 걸리지만 촘촘한 작품을 만들 수 있어요. 도화지의 크기나 내가 원하는 크기에 따라서 펜을 선택하고 패턴을 자유롭게 그려 보아요.

버킷리스트 오너먼트 만들기

나의 소원을 담은 크리스마스 오너먼트

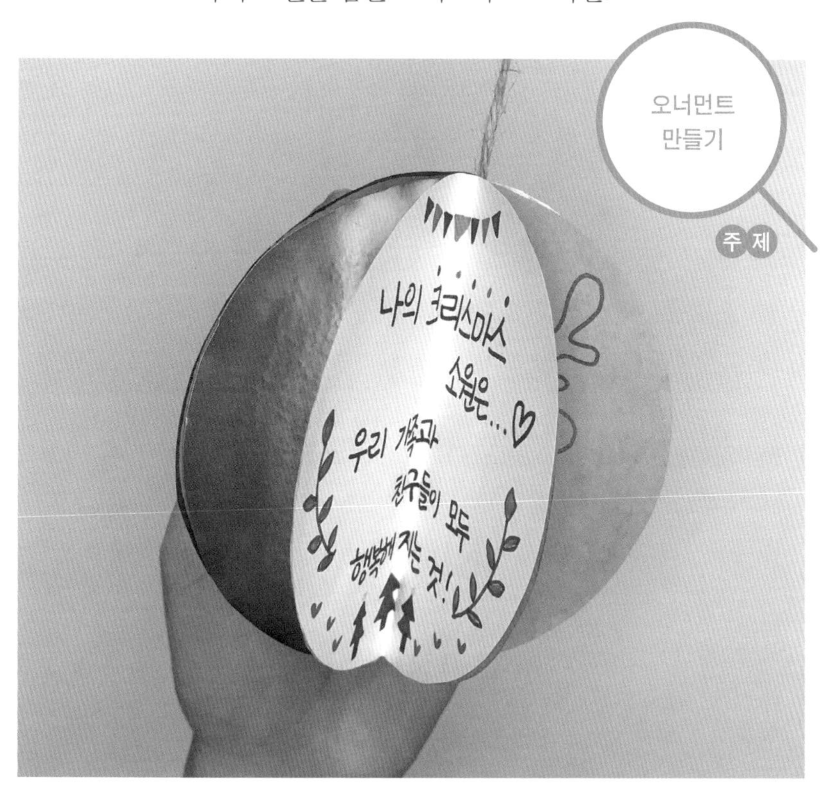

준비물: 크리스마스 느낌이 나는 색지, 색종이, 꾸밈 스티커, 원 모양 틀, 젤리롤펜, 가위, 풀, 테이프, 끈(지끈이나 낚시줄 등), 도안(필요 시)

함께 만들어 봐요

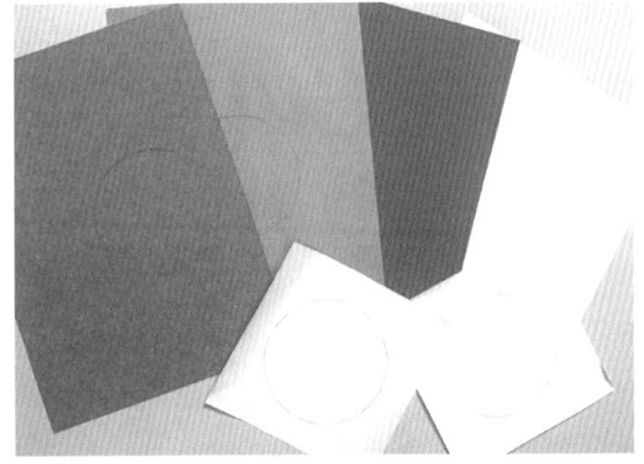

1 색지나 색종이에 원 모양 틀을 이용해서 같은 크기로 따라 그려요.

활동 돋보기 색지나 색종이의 뒷면에 도안을 그리면 완성한 후에 연필 선이 보이지 않아요.

2 원 모양 도안을 다 그렸다면 윤곽선을 따라 가위로 잘라 주세요.

3 원 모양 색지를 하나씩 꾸며 보아요. 젤리롤펜과 꾸밈 스티커를 사용하여 자유롭게 꾸며요.

활동 돋보기 크리스마스 소원을 써서 꾸미거나, 젤리롤펜으로 모양을 꾸며 보아요. 스티커를 이용해서 꾸밀 수도 있어요.

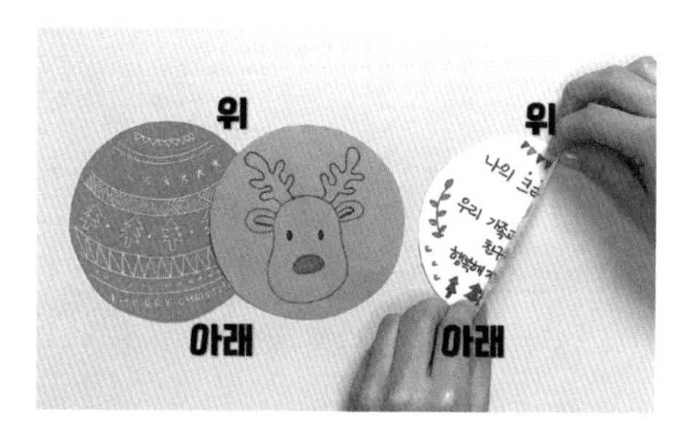

4 다 꾸민 원 모양 색지를 반으로 접어요.

활동 돋보기 위아래를 잘 생각해서 반으로 접고, 모두 같은 방향으로 겹쳐질 수 있도록 해요.

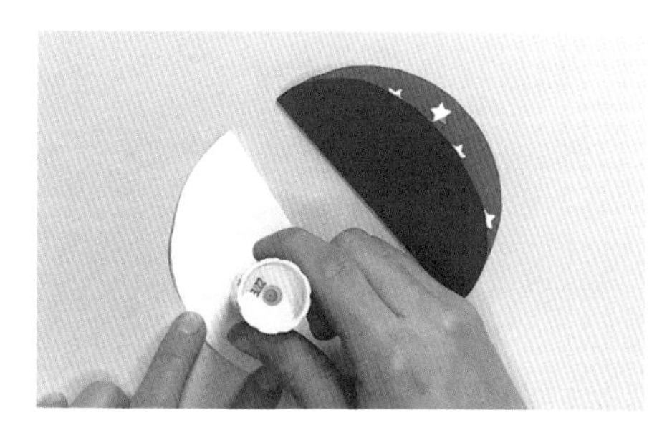

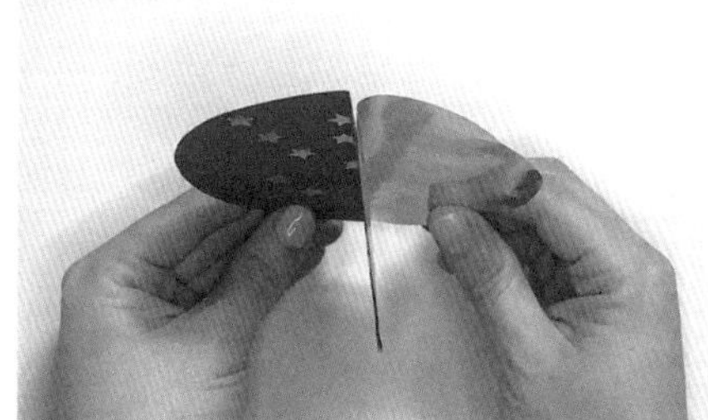

5 뒷면에 풀을 발라 한 장씩 이어 붙여요.

활동 돋보기 위아래가 어디인지 생각하며 붙여요.

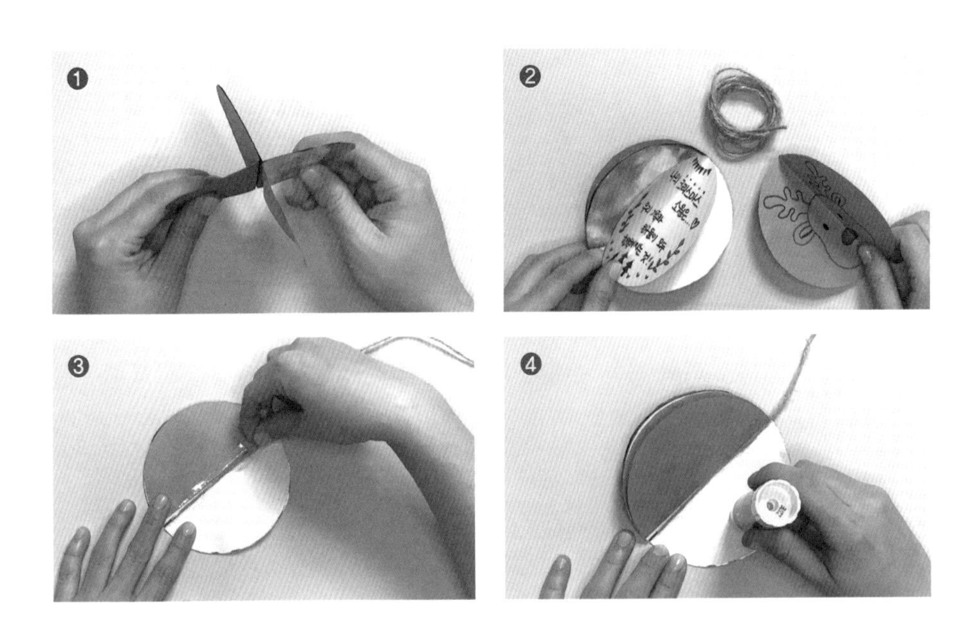

6 모두 이어 붙이고 마지막 한 장은 한 면을 다른 면과 이어 붙일 때 그 사이에 끈을 넣어 고정해요. 마지막 한 면을 붙여서 완성해요.

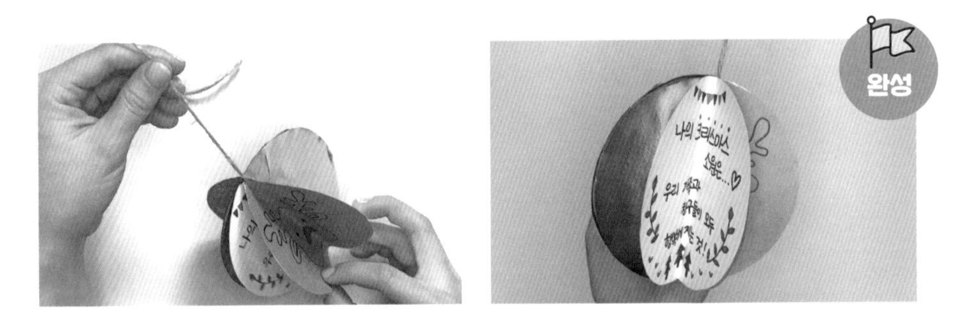

7 완성된 오너먼트를 교실 꾸미기에 활용해요.

바닷속 풍경 스테인드글라스

만들고 싶은 모양의 스테인드글라스를 만들어요.

준비물: 검은색 8절 도화지, 연필, 가위, 색종이

함께 만들어 봐요

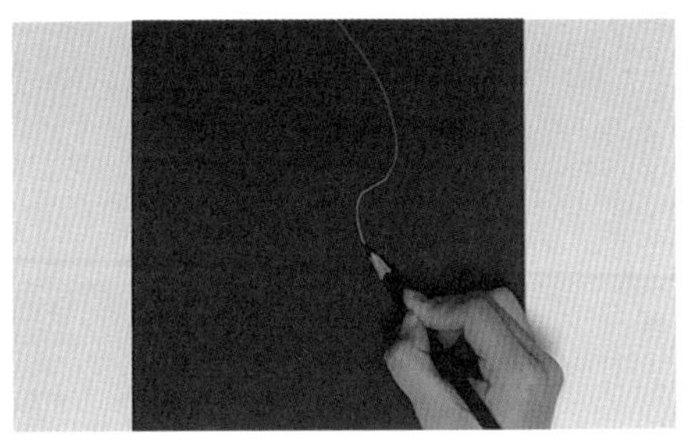

1 검은색 8절지를 반으로 접어 그릴 모양을 절반만 스케치해요.

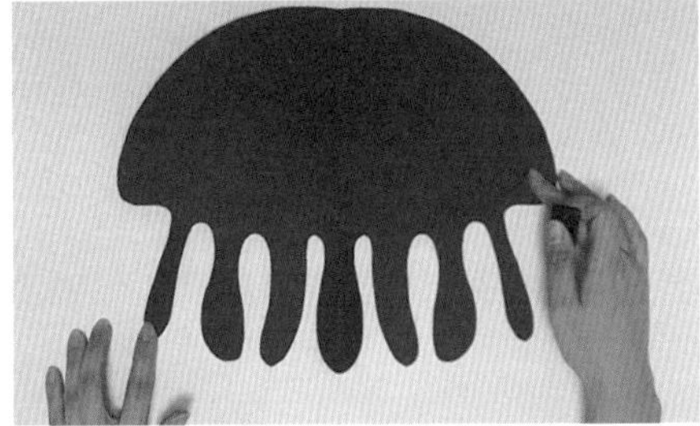

2 스케치 윤곽선을 따라 가위로 잘라요.

3 다시 반으로 접어 구멍을 뚫을 공간을 스케치해요.

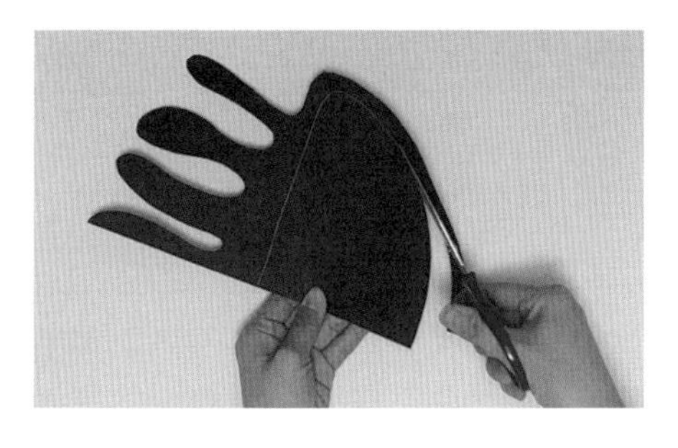
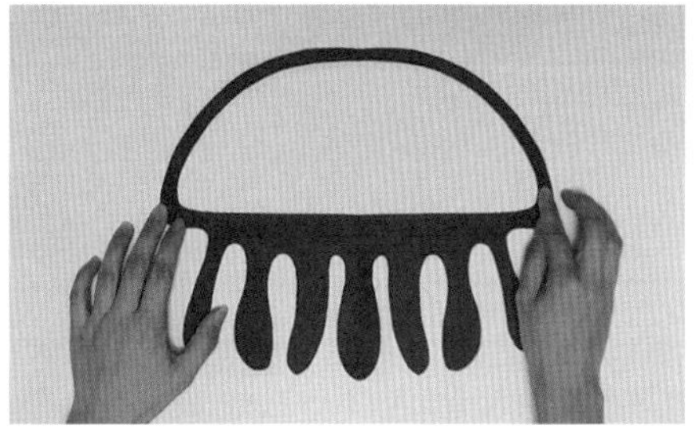

4 활동 3의 스케치 선을 따라 가위로 잘라요.

5 여러 가지 색의 색종이를 가위로 오린 뒤, 풀로 붙여서 뚫린 공간을 메워요.

활동 돋보기 예쁘게 붙이지 않아도 괜찮아요. 자유롭게 붙여 보아요!

꽃모자 꾸미기

봄꽃으로 장식된 꽃 모자를 만들고 봄을 환영하는 문장을 써 봐요!

준비물: 봄꽃 도안 2장, 모자를 쓴 소녀/소년 도안 각 1장, 색연필, 사인펜, 풀, 가위

※ 예시 작품에서는 A4종이에 인쇄한 봄꽃 도안과 A4도화지에 인쇄한 모자를 쓴 소녀/소년 도안을 사용했어요.

함께 만들어 봐요

1 봄꽃을 사인펜으로 색칠한 후, 가위로 외곽선을 따라 잘라요.

활동 돋보기 봄꽃을 가위로 섬세하게 자르기 힘들 때에는 꽃의 외곽선에서 약간의 간격을 두고 덩어리로 잘라서 사용해요.

2 모자를 쓴 소년/소녀 도안 중 원하는 것을 선택해요. 사인펜으로 봄에게 하고 싶은 말을 적고 소년의 표정을 그린 후, 색연필로 도안을 색칠해요.

활동 돋보기 모자의 색깔이 어두울수록 꽃의 색감과 대비돼서 봄꽃이 더 화사해 보여요.

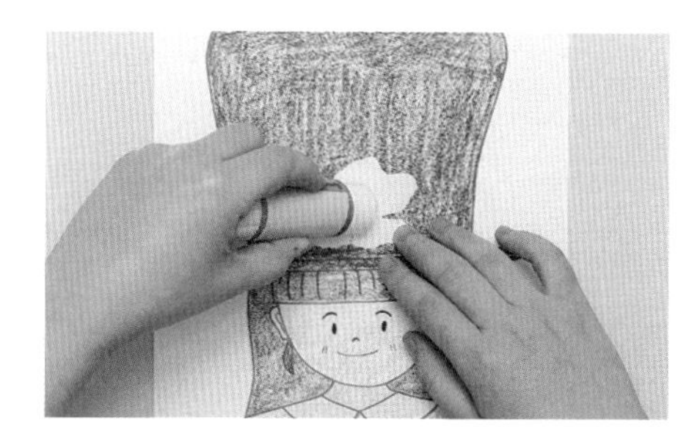

3 봄꽃을 모자에 붙여요.

4 가위로 잘라 낸 봄꽃 가장자리에 하얀 종이 면이 남아 있다면 모자와 동일한 색으로 색칠해서 자연스럽게 마무리해요.

5 꽃모자를 쓴 소년/소녀 작품과 함께 봄을 환영해 보아요.

장미 꽃다발 만들기

봄을 느낄 수 있는 나만의 장미 꽃다발을 만들어요!

준비물: 빨간색 양면 색종이 5장, 노란색 양면 색종이 1장, 초록색 색종이 5장, 7.5cm×7.5cm 초록색/연두색 양면 색종이 5장, 갈색 머메이드지, 가위, 테이프, 목공용 풀, 풀, 연필

함께 만들어 봐요

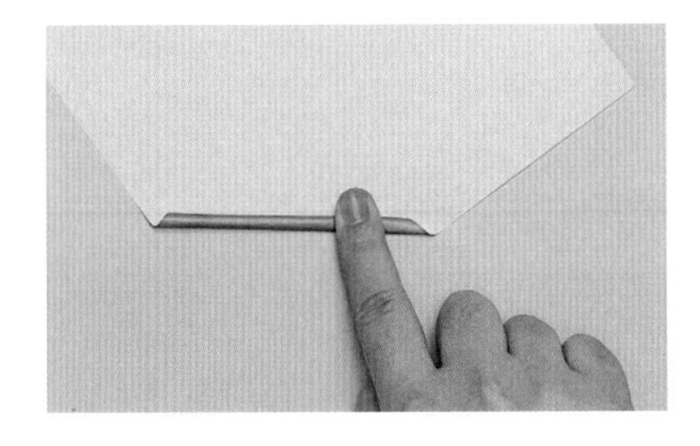

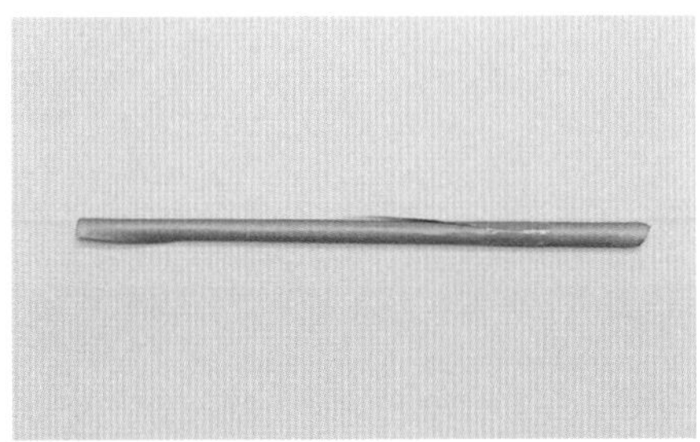

1 초록색 색종이의 끝을 말아서 둥근 막대(꽃의 줄기 부분)를 만들어요. 다 말고 나서 끝부분을 테이프로 고정해요.

2 빨간색 양면 색종이를 가로, 세로로 한 번씩 접었다 펴요. 접은 선을 따라 가위로 잘라요.

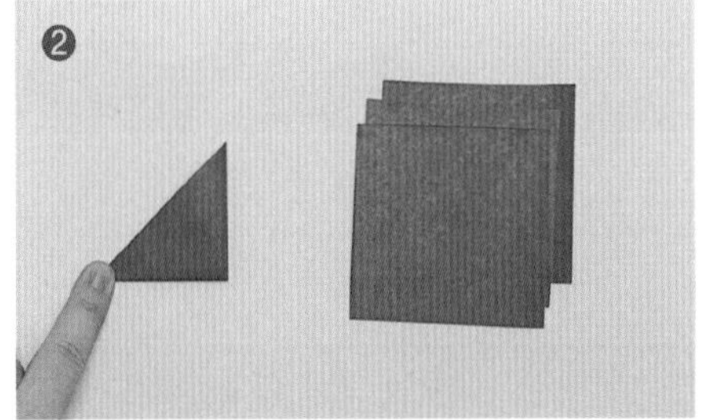

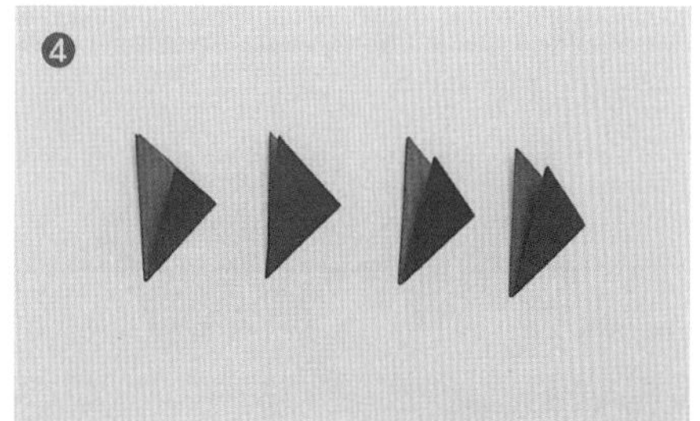

3 4등분한 색종이를 삼각형 모양이 되도록 반으로 접어요. 접은 색종이를 삼각형 모양이 되도록 2번 더 반으로 접어요. 4장 모두 같은 모양으로 접어요.

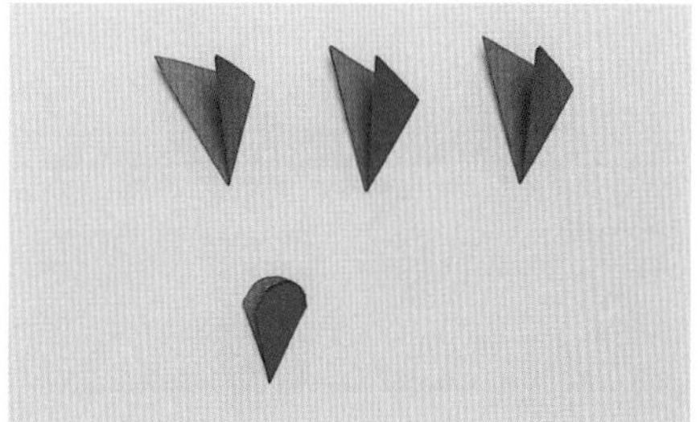

4 접은 색종이에 연필로 꽃잎 모양을 그린 다음, 연필 선을 따라 가위로 잘라요.

활동 돋보기 삼각형 모양이 연결되지 않은 부분을 왼쪽으로 두고 꽃잎을 그려야 해요.

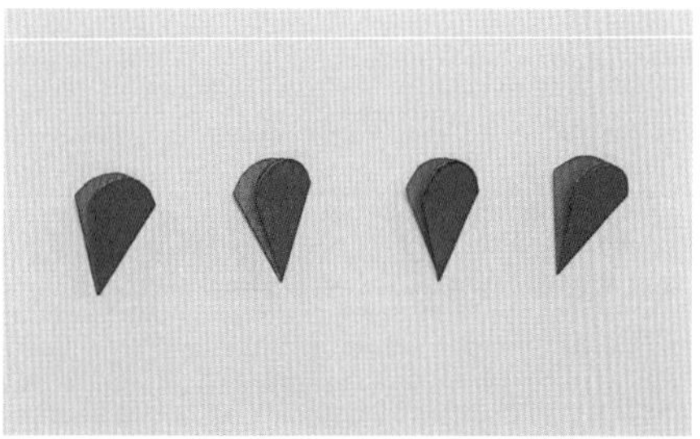

5 활동 4에서 자른 꽃잎 모양을 다른 색종이 위에 올린 뒤 똑같은 모양으로 그리고 가위로 잘라요.

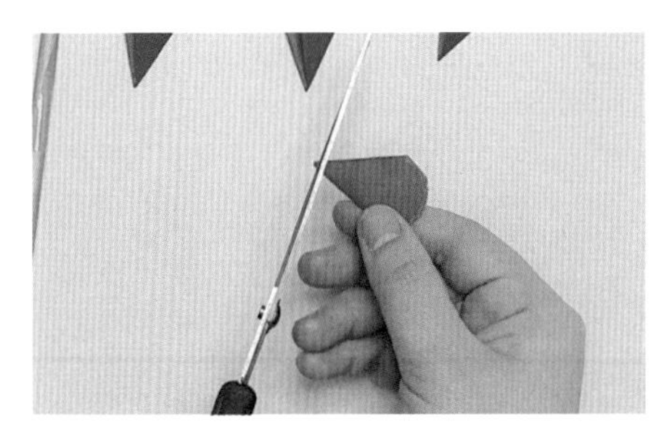

6 활동 1에서 만든 둥근 막대에 끼울 수 있도록 꽃잎의 아랫부분을 가위로 살짝 잘라 내요. 자른 후, 색종이를 펼치면 꽃잎이 8개인 꽃이 돼요.

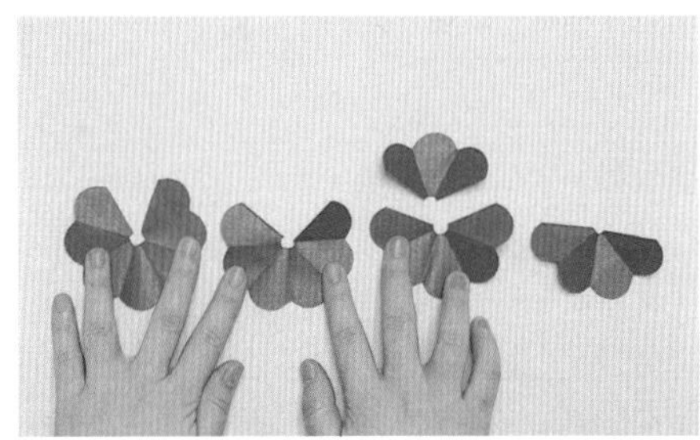

7 4개의 꽃에서 꽃잎을 각각 1, 2, 3, 4개씩 잘라요.

활동 돋보기 1, 2, 4개짜리 꽃잎은 사용하지 않아요.

8 꽃잎 가장자리에 목공용 풀을 바르고, 둥글게 말아 맞은편 꽃잎에 붙여 줘요.

활동 돋보기 3개짜리 꽃잎은 붙이지 않아요.

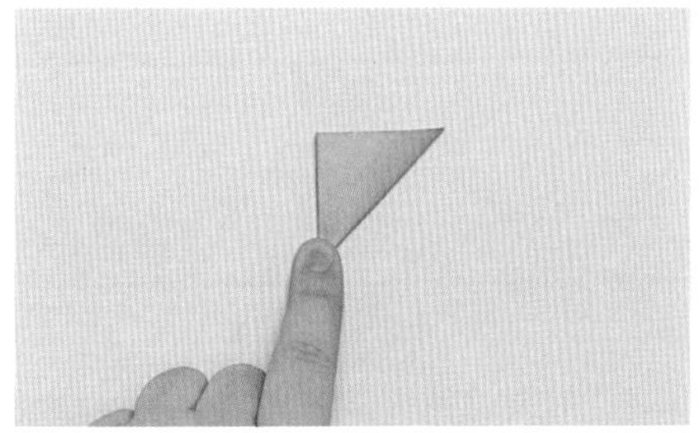

9 7.5cm×7.5cm 초록색/연두색 양면 색종이를 가로, 세로로 한 번씩 접어요. 그리고 대각선으로 한 번 더 접어요. 다 접으면 직각삼각형 모양이 돼요.

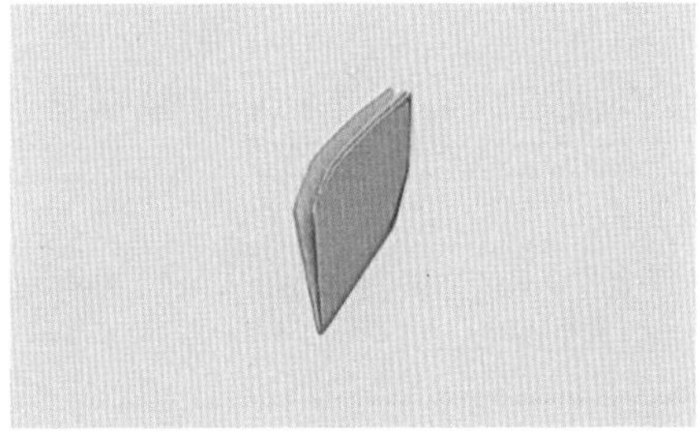

10 장미 꽃받침이 될 잎사귀 모양을 그리고, 연필 선을 따라 가위로 잘라요.

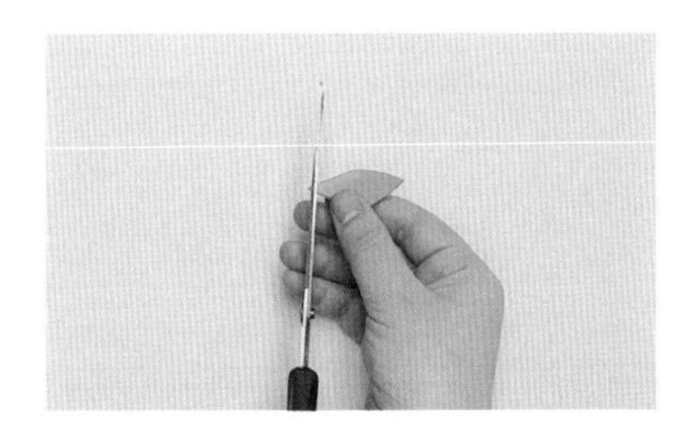

11 활동 1에서 만든 둥근 막대에 끼울 수 있도록 잎사귀의 아랫부분을 가위로 살짝 잘라 내요. 자른 후 잎사귀를 펼치면 꽃받침이 돼요.

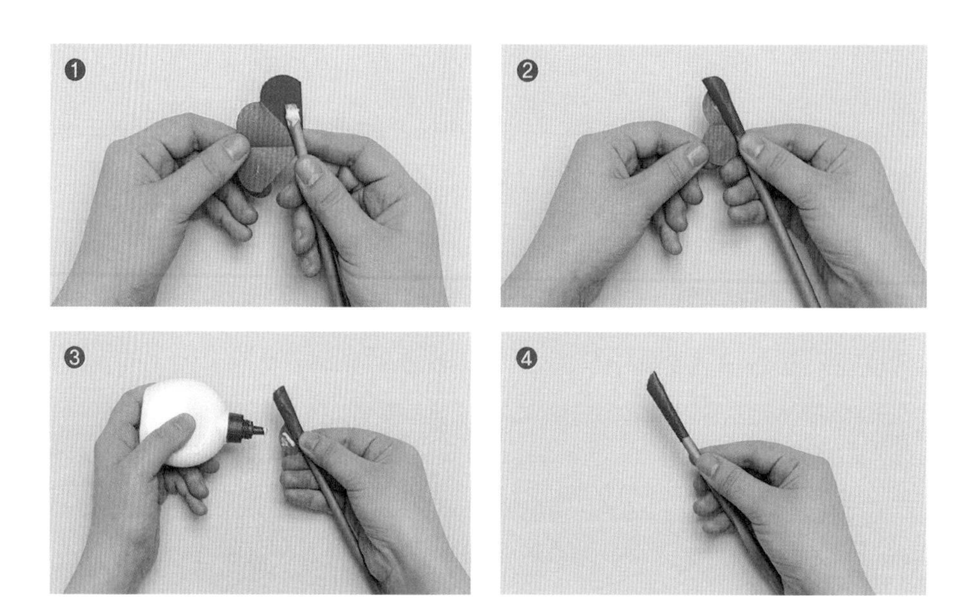

12 둥근 막대 끝부분에 목공용 풀을 바르고, 3개짜리 꽃잎을 말아 가며 붙여요.

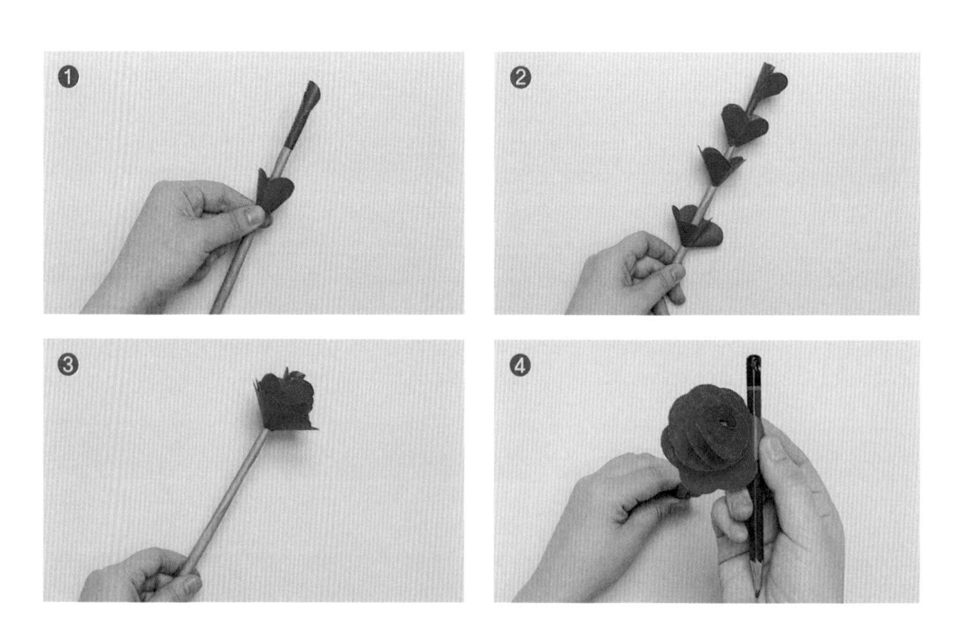

13 나머지 꽃을 꽃잎 수가 적은 것부터 순서대로 둥근 막대에 끼워서 올려 줘요.

활동 돋보기 활동 6에서 꽃에 만든 구멍이 작다면 가위로 좀 더 잘라서 끼워요. 꽃잎의 끝부분을 손이나 연필을 사용해서 바깥쪽으로 둥글게 펴 주면 더 생생한 장미꽃이 만들어져요.

14 꽃받침의 구멍 둘레에 목공용 풀을 바르고 둥근 막대에 끼워요. 꽃받침을 장미 꽃잎에 붙여요. 같은 방법으로 장미꽃 4송이를 더 준비해요.

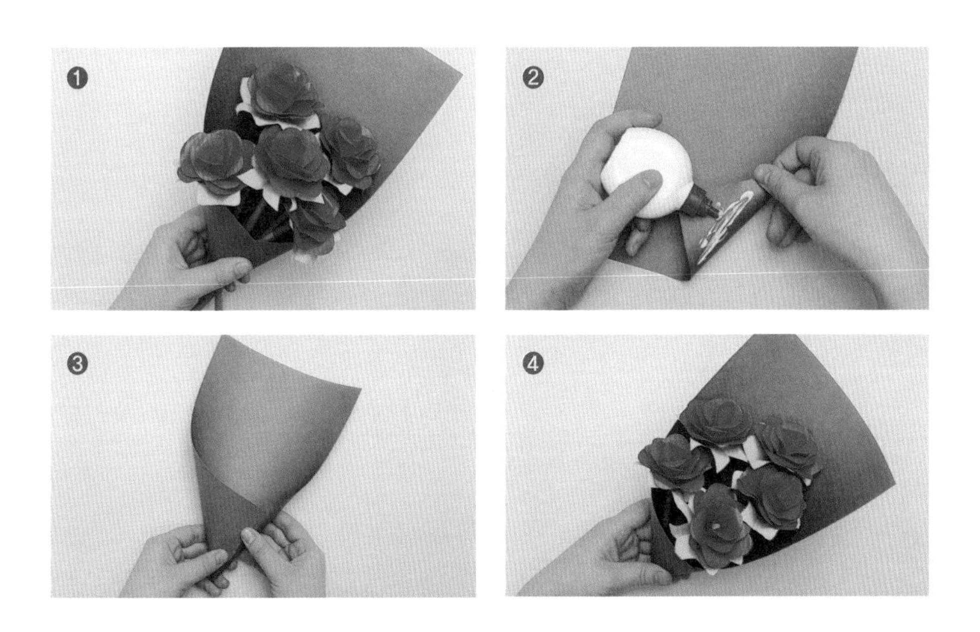

15 갈색 머메이드지로 장미꽃을 감싸고 목공용 풀을 붙여 꽃다발을 만들어요.

활동 돋보기 장미꽃 줄기가 너무 길면 가위로 잘라 줘요.

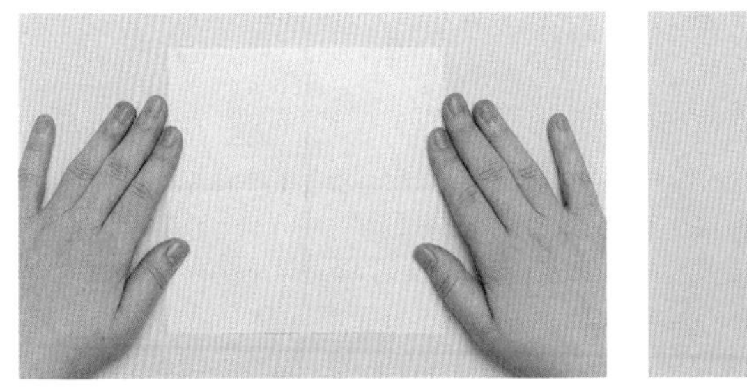

16 노란색 양면 색종이를 4등분하여 잘라요.

17 활동 16에서 자른 색종이 중 1장만 사용해요. 대각선으로 2번 접었다 펼친 후 접힌 선을 따라 1/4만큼 가위로 잘라요.

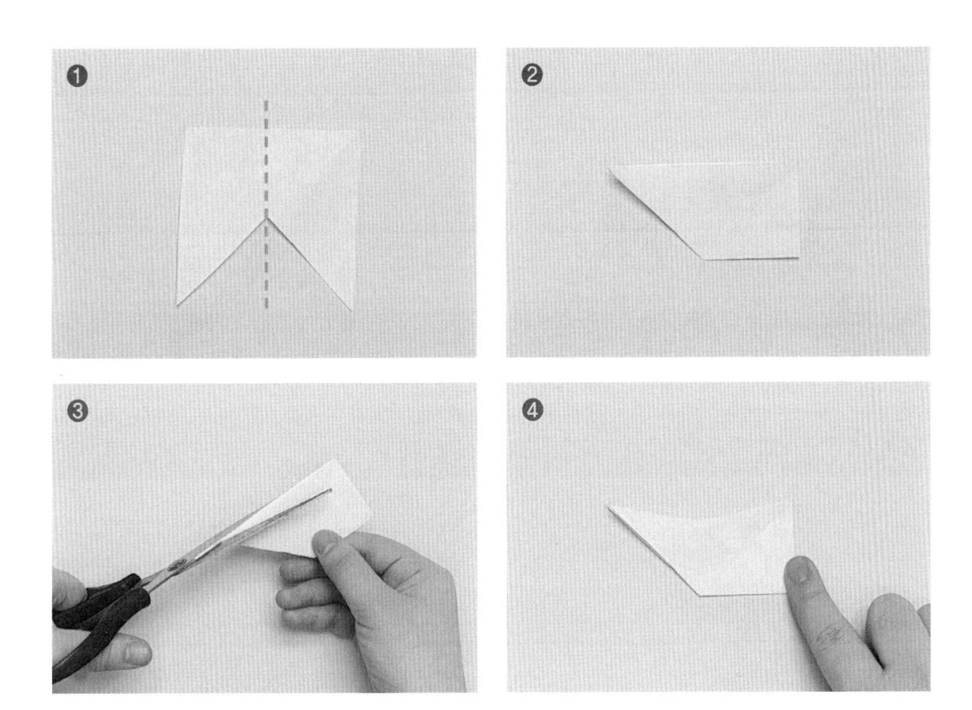

18 실선이 표시된 부분을 기준으로 반으로 접어요. 접은 부분에서 가장 긴 부분을 사진의 모양처럼 가위로 조금 잘라 내요.

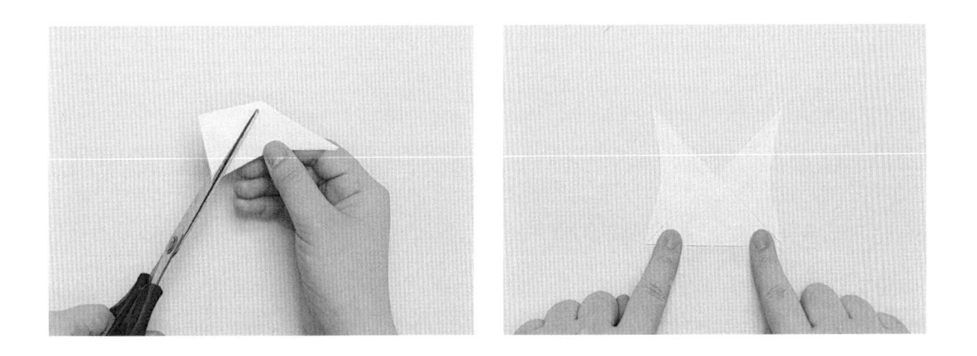

19 접은 선을 따라 가운데 부분만 약간 남겨 놓고 가위로 잘라요. 그리고 펼쳐요.

20 목공용 풀을 가운데 부분에 바르고, 접은 선을 따라 삼각형 모양으로 잘린 가장자리 부분을 리본 모양이 되도록 둥글게 말아서 목공용 풀이 묻어 있는 가운데에 고정시켜요.

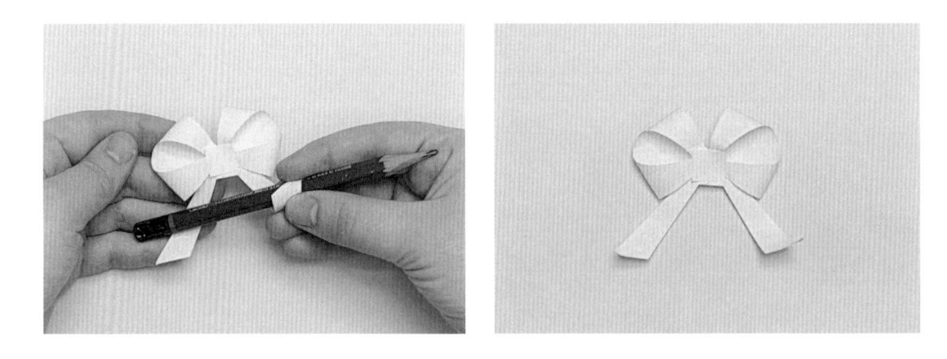

21 리본 아래 끈 모양이 되도록 아랫부분을 가위로 자르고, 남은 부분은 연필이나 손을 사용해서 둥글게 말아 줘요.

22 완성된 노란색 리본을 꽃다발에 붙여요.

꽃게 접기

도안을 색칠하여 꽃게를 접어요.

종이로 만드는 귀여운 꽃게!

주제

준비물: 도안, 색연필, 사인펜, 풀, 가위

함께 만들어 봐요

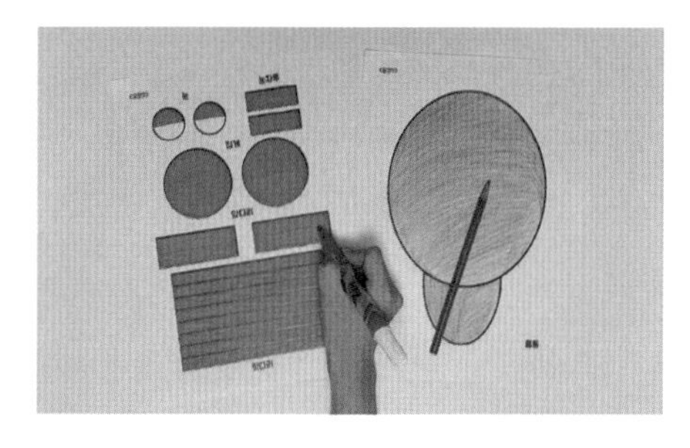

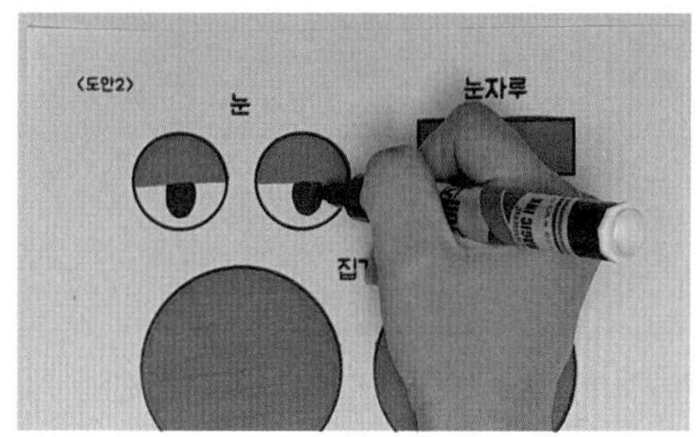

1 도안을 원하는 색으로 색칠해요. 꽃게의 눈도 직접 그려 줘요.

활동 돋보기 색연필 외에 다른 재료를 활용하여 색칠해 주면 더 재미있어요!

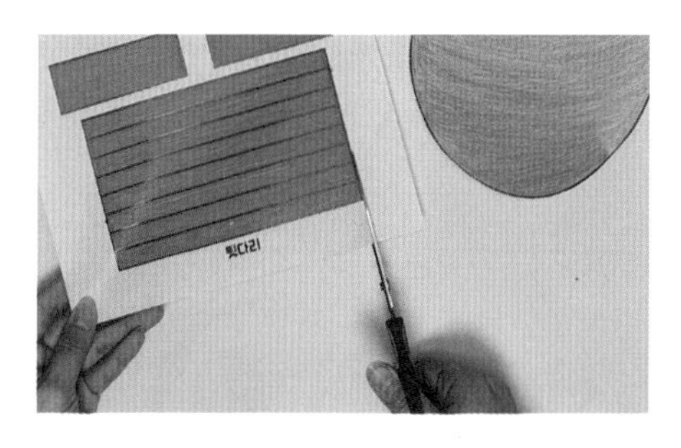

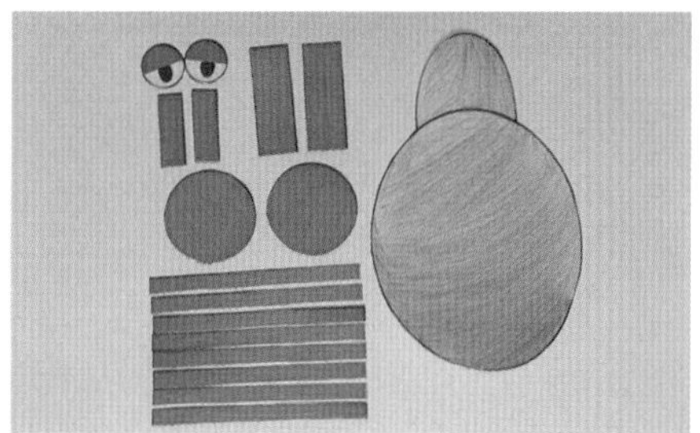

2 색칠한 것들을 가위로 잘라요.

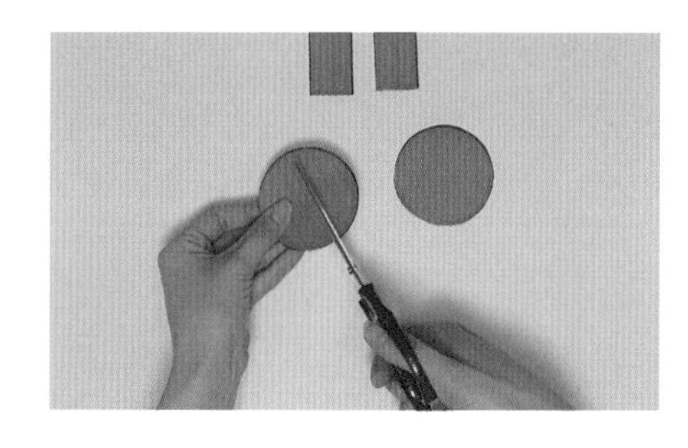

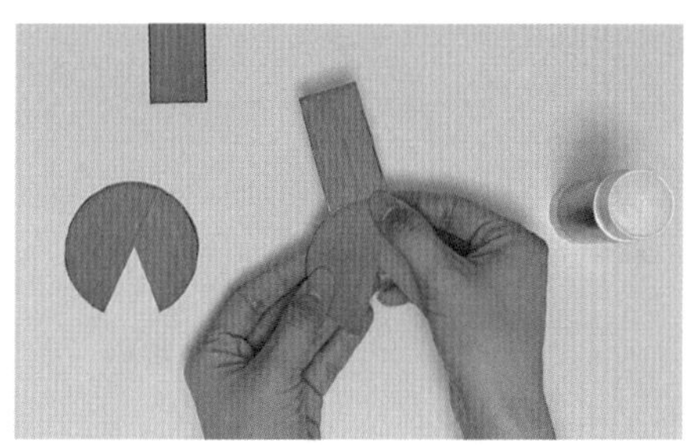

3 둥근 원에서 부채꼴 모양을 잘라 내고, 사진과 같이 직사각형 도안을 붙여 앞다리를 만들어요.

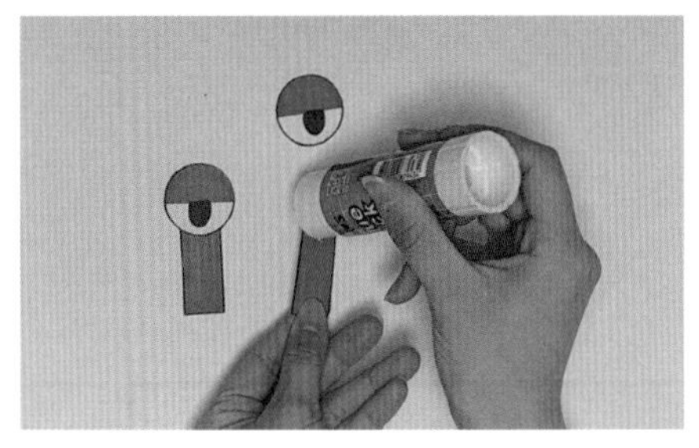

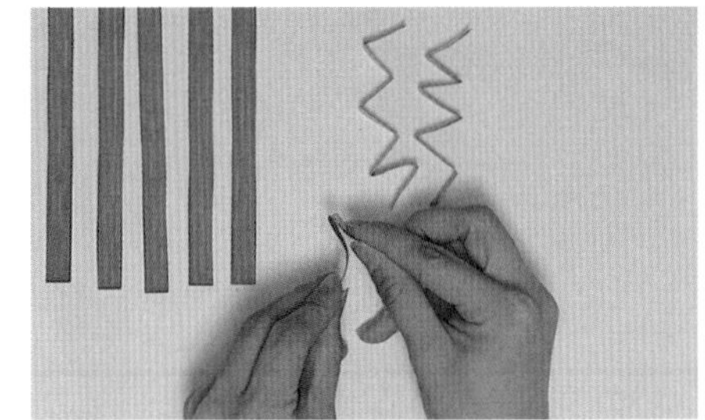

4 꽃게의 눈에 작은 직사각형 도안을 붙여요. 그리고 꽃게의 뒷다리가 될 긴 직사각형 8개를 사진처럼 구불구불 접어요.

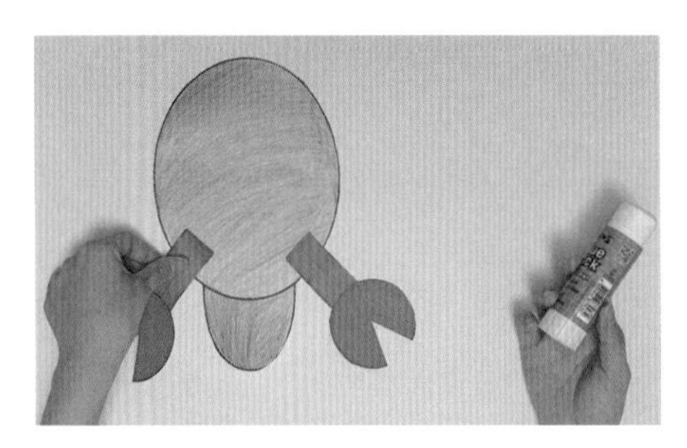

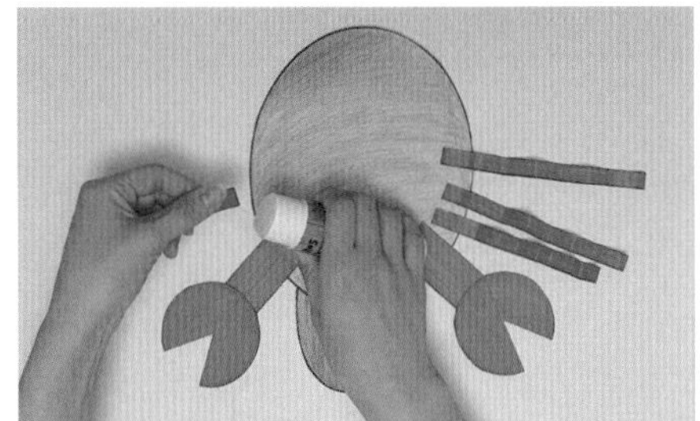

5 꽃게의 앞다리와 뒷다리를 몸통에 붙여요.

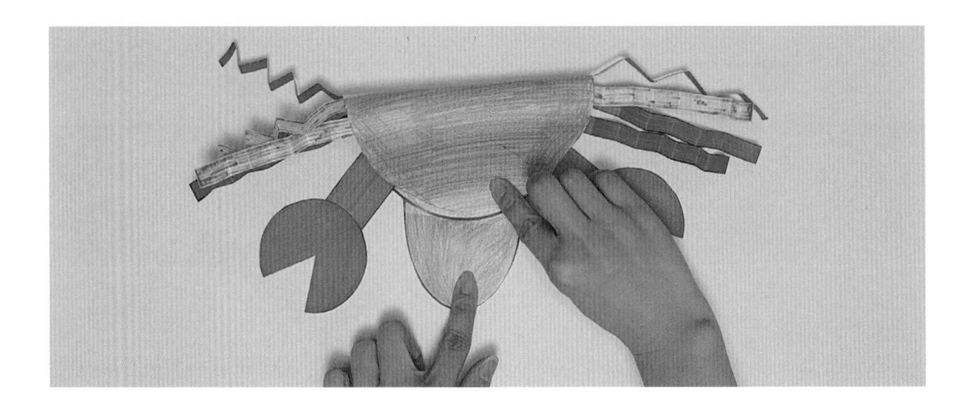

6 꽃게의 몸통을 반으로 접어서 붙여요.

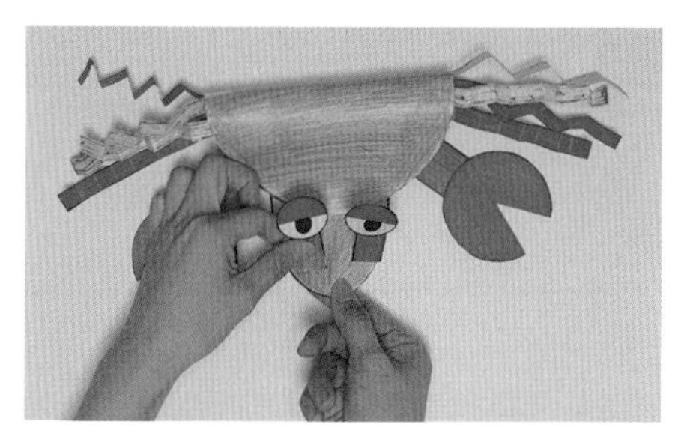

7 꽃게의 머리 부분에 눈을 붙여요.

팥빙수 만들기

시원한 팥빙수 만들기

준비물: 도안, 색연필, 사인펜, 가위, 풀

함께 만들어 봐요

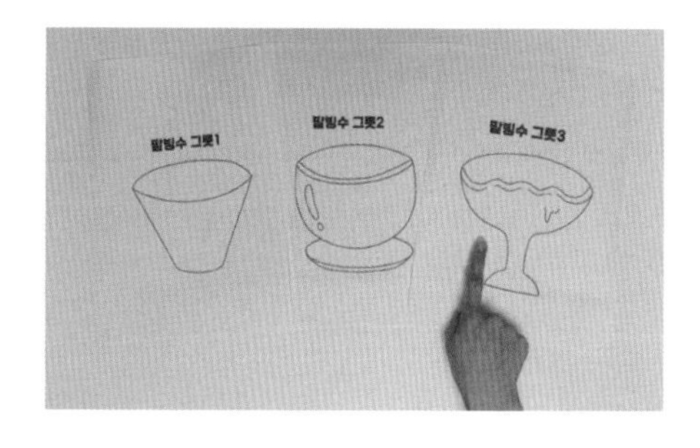

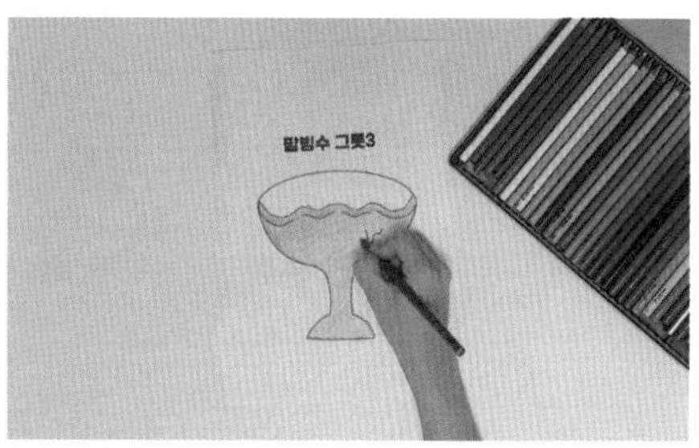

1 팥빙수 그릇 도안 중 마음에 드는 것을 골라 색칠해요.

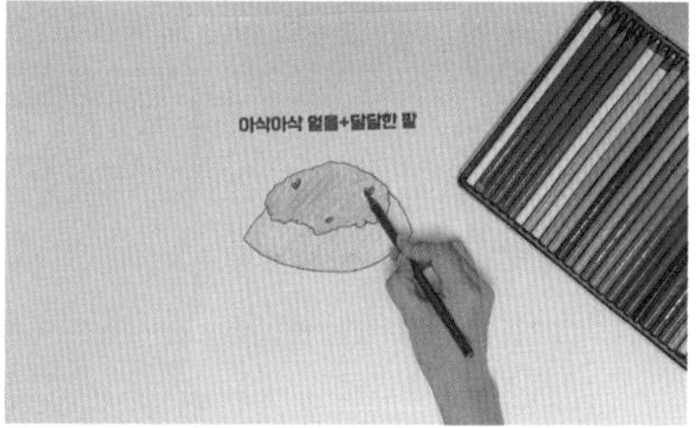

2 얼음의 종류를 고르고 색칠해요.

3 토핑(과일, 빼빼로, 인절미, 아이스크림)과 숟가락 등을 색칠해요.

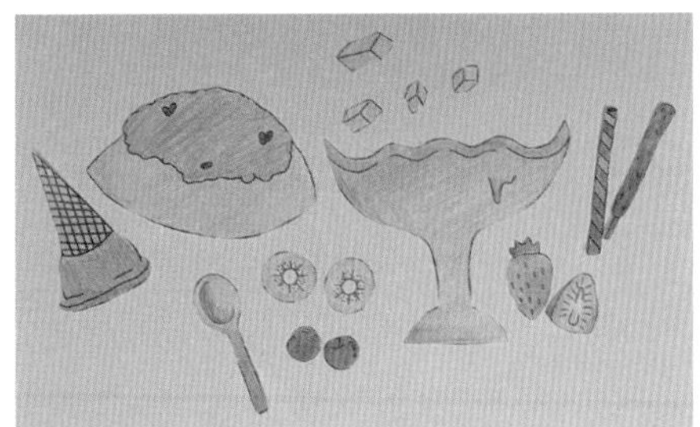

4 색칠한 재료들을 잘라요.

5 재료들을 예쁘게 배치해서 풀로 붙여요.

6 다양한 모양의 팥빙수를 만들어 봐요.

비 오는 날 우산 접기

색종이를 접어 우산을 만들어 붙여요!

준비물: 도안, 풀, 색종이, 가위, 색연필

함께 만들어 봐요

1 도안을 반으로 접었다 펴요.

2 도안 속 사람의 옷을 색칠하고, 사람의 얼굴을 꾸며요.

활동 돋보기 얼굴 부분에 사진을 붙여도 좋아요!

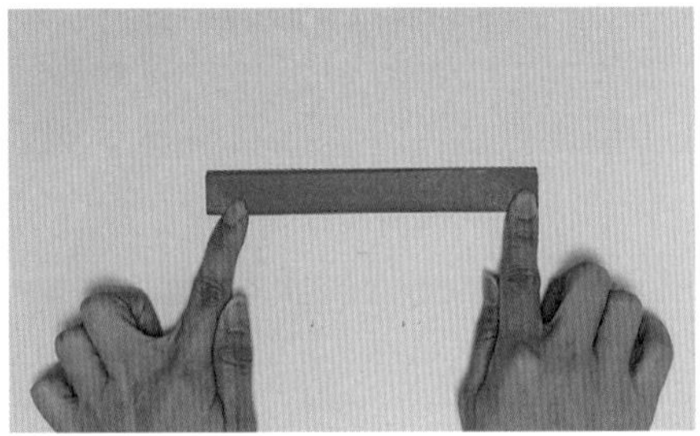

3 색종이를 반으로 접어요. 같은 방식으로 3번 더 접어요.

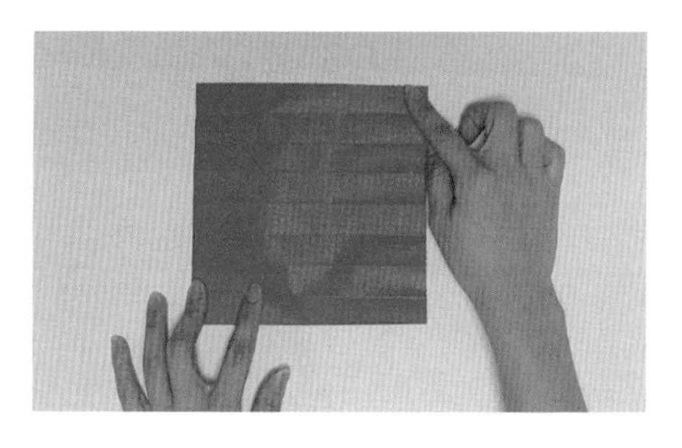

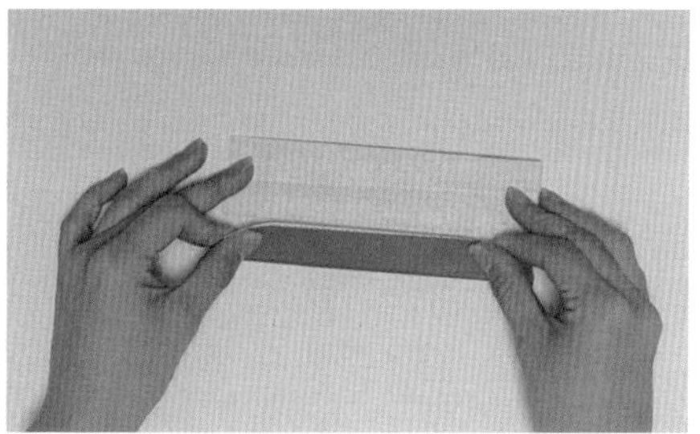

4 접은 색종이를 펼치고 지그재그로 계단 접기를 해요.

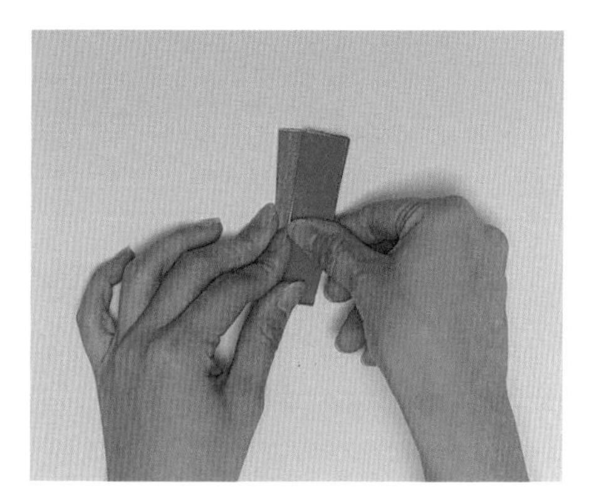

5 지그재그로 접은 색종이를 반으로 접어 풀을 사용해 도안에 붙여요.

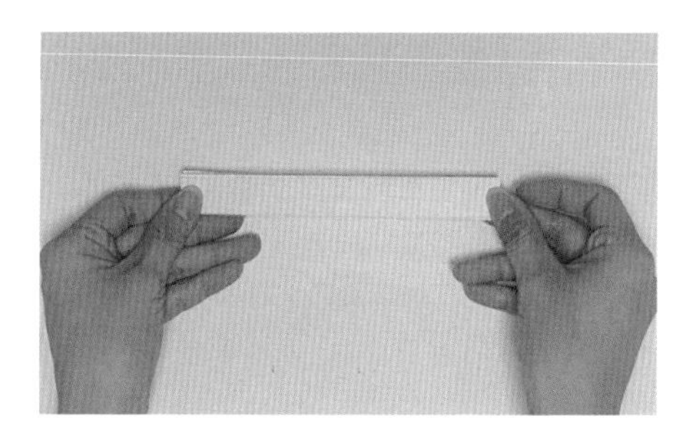

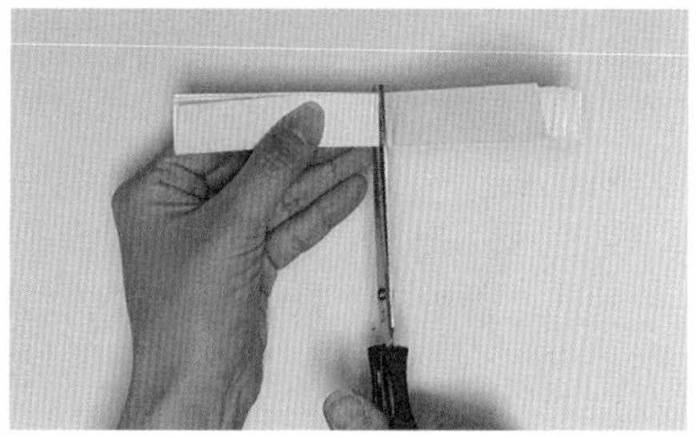

6 다른 색의 색종이를 활동 3-4와 같이 접은 후에 반으로 잘라요.

활동 돋보기 반은 버리고 나머지 절반만 사용해요.

7 활동 5에서 붙인 색종이 위에 활동 6에서 만든 색종이를 붙인 후, 도안을 펼쳐서 완성해요.

코스모스 편지 만들기

코스모스 꽃잎이 펼쳐지는 편지를 만들어 친구에게 보내요!

준비물: 7cm×39.4cm 분홍색 머메이드지, 7.5cm×7.5cm 색종이 7장(노란색 2장, 초록색 2장, 주황색 3장), 2cm×13cm 분홍색 머메이드지, 연필, 자, 가위, 목공용 풀, 사인펜

함께 만들어 봐요

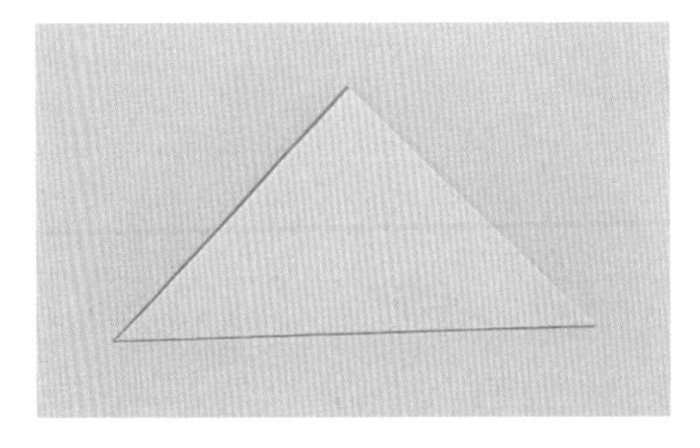

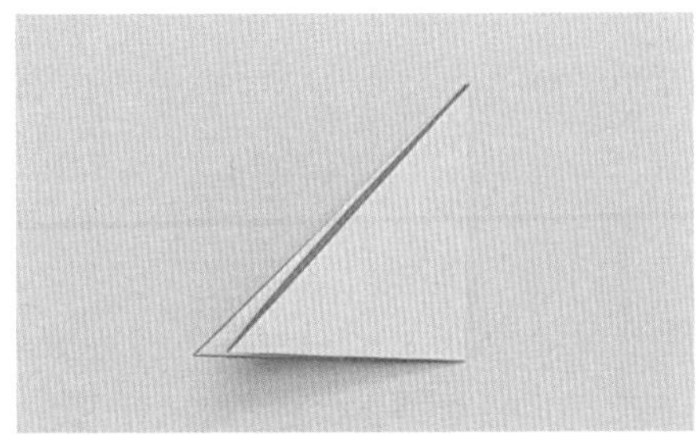

1 7.5cm×7.5cm 색종이 1장을 준비해요. 삼각형 모양이 되도록 반으로 접고, 직각삼각형 모양이 되도록 한 번 더 반으로 접어요.

2 삼각형 모양이 되도록 한 번 더 반으로 접어요.

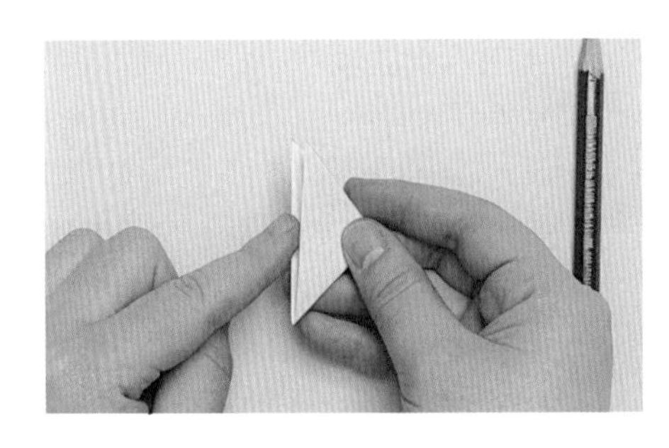

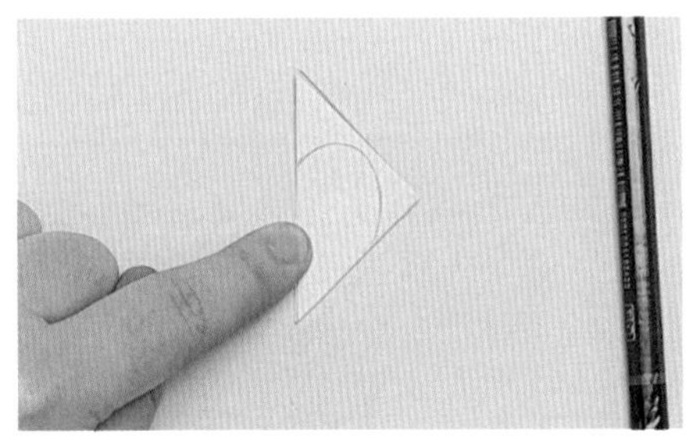

3 연필로 코스모스 꽃잎의 둥근 부분을 그려요.

활동 돋보기 사진처럼 벌어지는 부분이 왼쪽으로 가도록 놓고 연필로 그려야 해요.

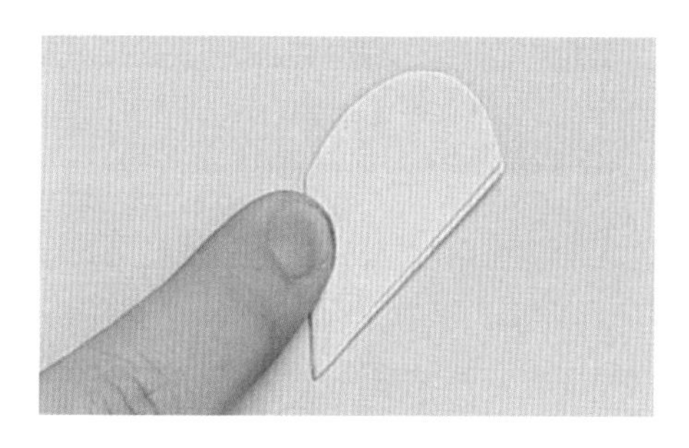
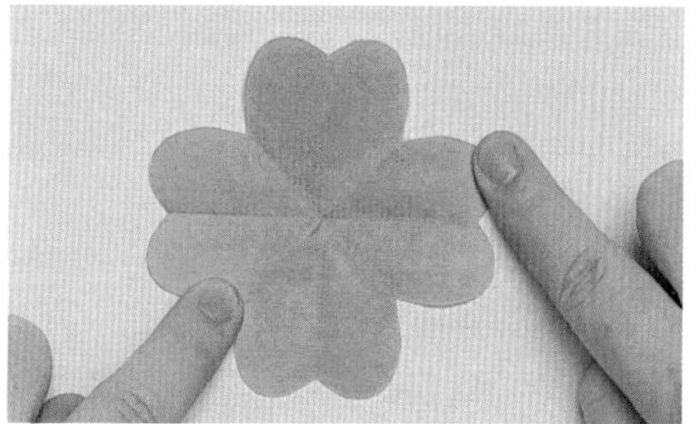

4 연필로 그린 선을 따라 가위로 자른 후, 색종이를 펼쳐서 꽃 모양을 확인해요.

5 7.5cm×7.5cm 색종이 6장을 겹쳐 놓아요. 그리고 그 위에 코스모스 꽃을 올려요.

활동 돋보기 코스모스 꽃잎이 색종이 밖으로 나가지 않도록 중앙에 올려놓아요.

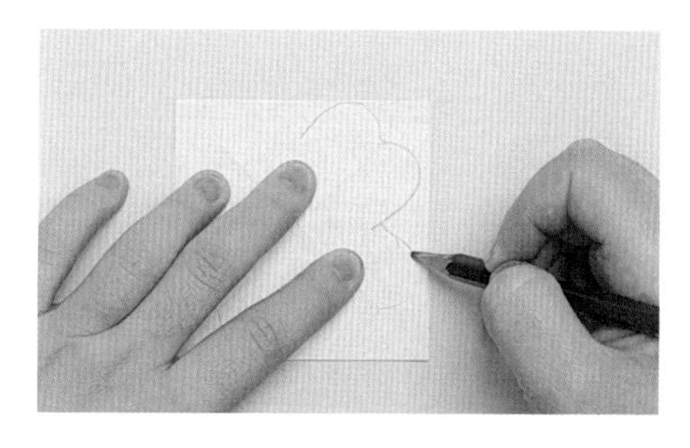

6 연필로 코스모스 꽃 모양을 따라 그려요.

활동 돋보기 코스모스 꽃을 뒤집어서 연필로 따라 그려요. 연필 자국이 생겨도 꽃 정면에서는 보이지 않기 때문에 굳이 지우지 않아도 돼요.

7 연필로 그린 모양을 따라 가위로 잘라요. 총 7장의 코스모스 꽃을 만들었어요.

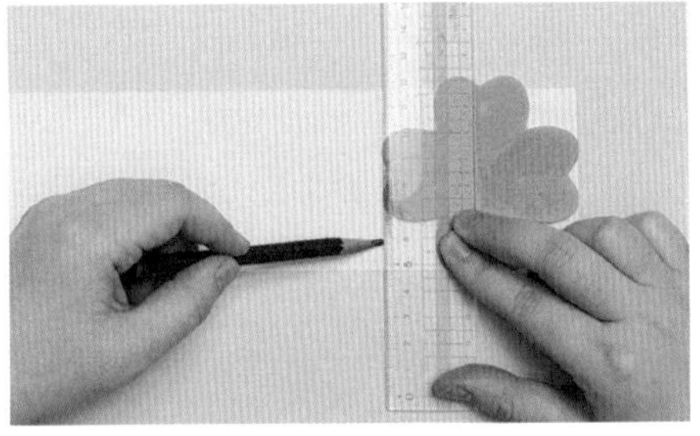

8 7cm×39.4cm 머메이드지의 오른쪽 끝에 꽃 한 장을 올려요. 그리고 꽃의 너비 만큼의 위치에 자를 대고 연필로 선을 그어요.

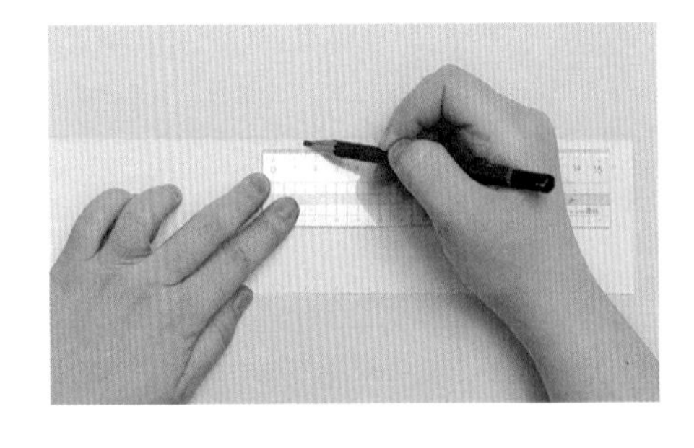

9 활동 8에서 그은 선에서 1.5cm 간격으로 6개의 선을 그어요.

활동 돋보기 활동 8에서 그은 선에서 1.5cm 간격으로 위, 아래에 점을 6개 찍고, 이 점들을 연결하는 직선을 그으면 반듯한 선을 그을 수 있어요.

10 그은 선에 맞춰 머메이드지의 오른쪽 끝부분을 뒤로 접어요. 나머지 6개 선에 맞춰 차례대로 뒤로 접어요.

활동 돋보기 꽃 편지지를 붙일 벨트가 완성됐어요.

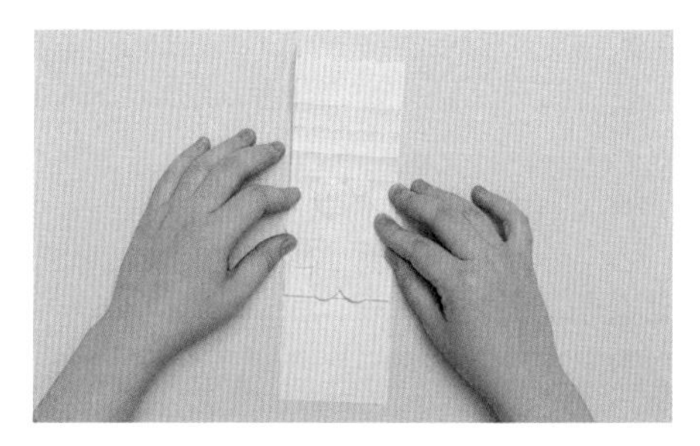
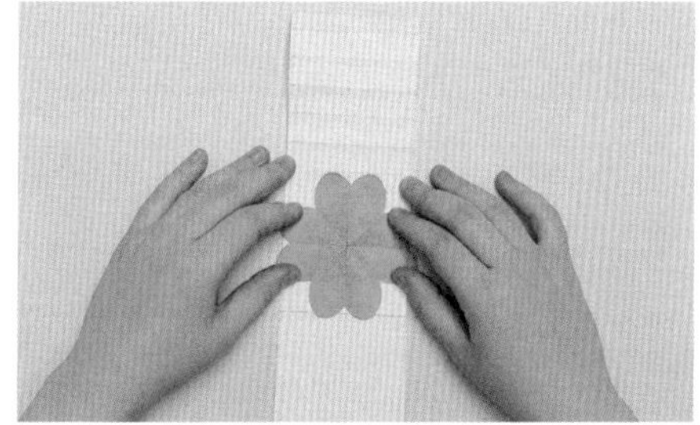

11 벨트를 세로로 길게 놓고, 활동 8에서 그었던 선에 맞춰 첫 번째 꽃 편지지를 벨트 위에 올려요. 그리고 목공용 풀로 꽃을 벨트 위에 고정시켜요.

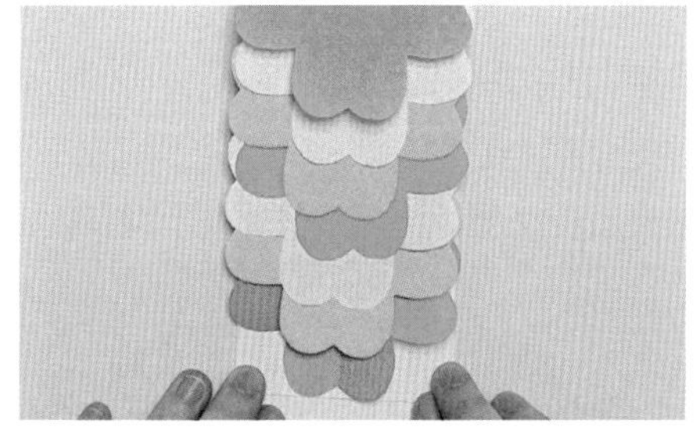

12 벨트의 접힌 칸마다 목공용 풀을 바르고, 꽃 6장을 차례대로 벨트에 붙여요.

활동 돋보기 꽃끼리 붙으면 안 돼요. 벨트의 칸 너비만큼만 꽃이 붙여져야 해요.

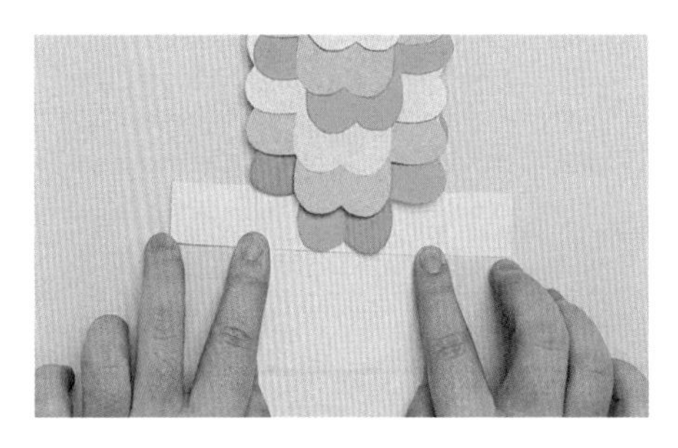
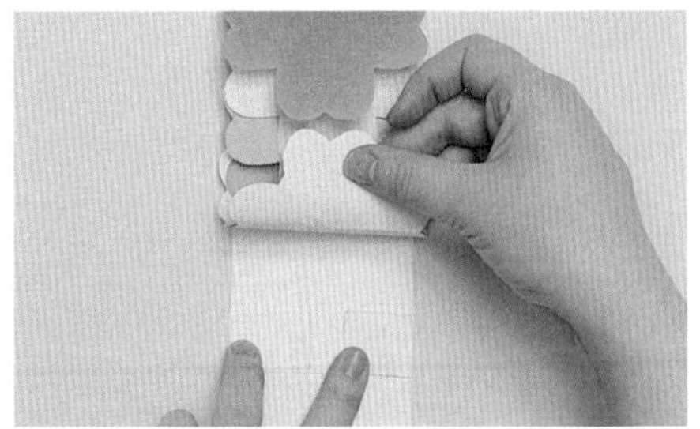

13 2cm×13cm 머메이드지를 벨트 아래에 놓고, 가장 아래에 있는 꽃을 손으로 올려요. 그리고 벨트 양옆으로 나와 있는 2cm×13cm 머메이드지로 위 벨트를 감싸듯이 접어요.

활동 돋보기 꽃이 붙여진 벨트 가장 아래쪽에 있는 꽃의 끝부분과 일치하도록 2cm×13cm 머메이드지를 놓아야 해요.

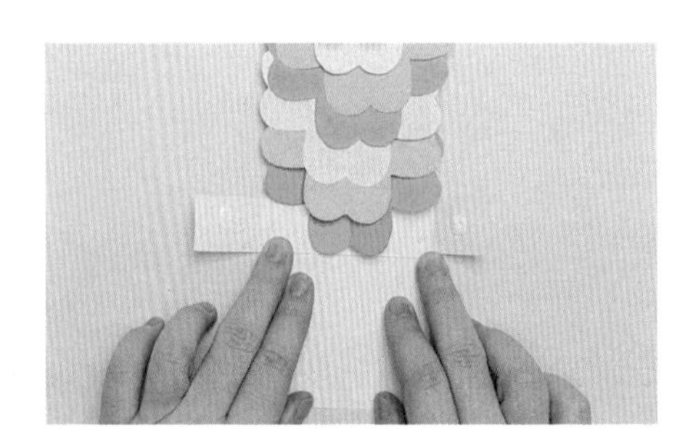
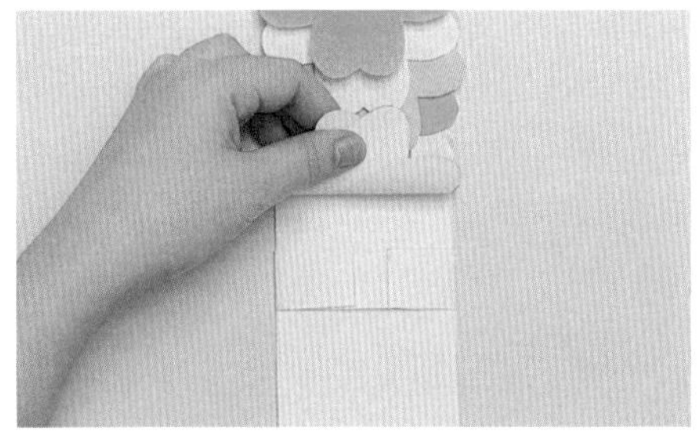

14 2cm×13cm 머메이드지를 펼쳐서 목공용 풀을 발라요. 가장 아래에 있는 꽃잎을 손으로 올린 후, 2cm×13cm 머메이드지를 꽃잎이 붙여진 벨트에 붙여요.

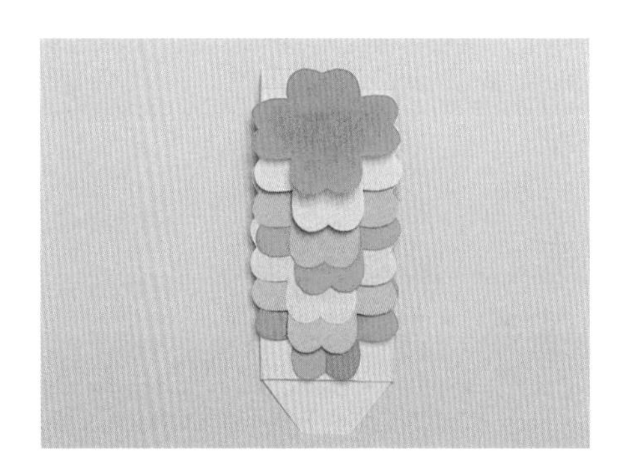

15 벨트의 아랫부분을 사진처럼 가위로 자르고 정리해요.

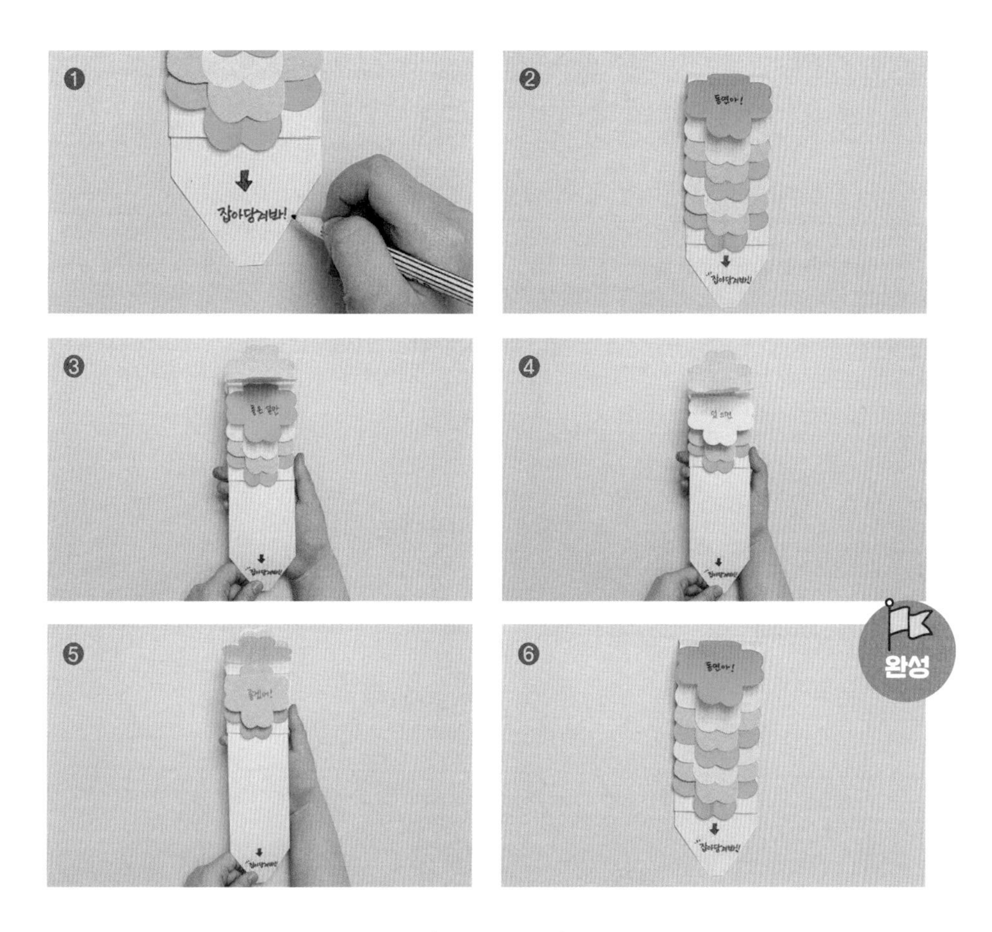

16 벨트의 아랫부분에 사인펜으로 '잡아당겨 봐'와 같은 안내 문구를 쓰고, 코스모스 꽃 편지지에 친구에게 보낼 말을 적어요.

활동 돋보기 벨트를 아래로 잡아당기면 꽃 편지지가 차례로 펼쳐지는 모습을 볼 수 있어요!

단풍나무 만들기

새한지를 이용하여 가을이 찾아온 단풍나무를 만들어요!

준비물: 갈색 머메이드지, 가위, 종이 접시, 끝이 둥근 연필(지우개가 달린 연필도 가능), 색한지(노란색, 주황색), 목공용 풀, 납작한 플라스틱 접시(두꺼운 종이로 대체 가능)

함께 만들어 봐요

1 종이 접시에 연필로 나무의 머리 부분을 그리고, 연필 선을 따라 가위로 잘라요.

활동 돋보기 구름 모양을 그린다고 생각하고 연필로 그리면 쉽게 그릴 수 있어요.

2 색한지를 가로, 세로로 1번씩 반으로 접었다 펴요. 그 다음 대문 접기를 한 후, 다시 펼쳐요.

활동 돋보기 색한지의 중심선에 맞춰지도록 양끝을 안쪽으로 접는 것을 대문 접기라고 해요.

3 활동 2번의 색한지를 위아래로 대문 접기 해요. 그리고 펼쳐요.

4 접은 선을 따라 가위로 색한지를 잘라요. 색한지 1장당 총 16개의 정사각형 조각이 만들어져요. 같은 방식으로 노란색, 주황색 색한지를 16조각으로 모두 잘리요.

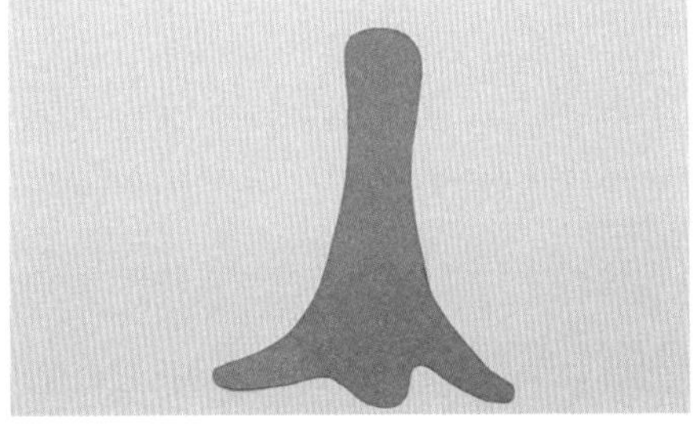

5 갈색 머메이드지에 나무줄기를 연필로 그리고, 그린 선을 따라 가위로 잘라요.

활동 돋보기 나무줄기를 너무 두껍게 그리지 않도록 주의해요.

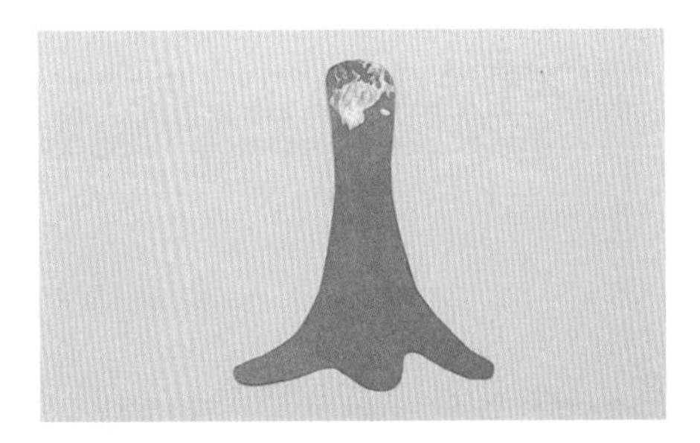

6 나무줄기에 목공용 풀을 발라 종이 접시로 만든 나무의 머리 부분을 고정시켜요.

7 플라스틱 용기에 목공용 풀을 충분히 부어요.

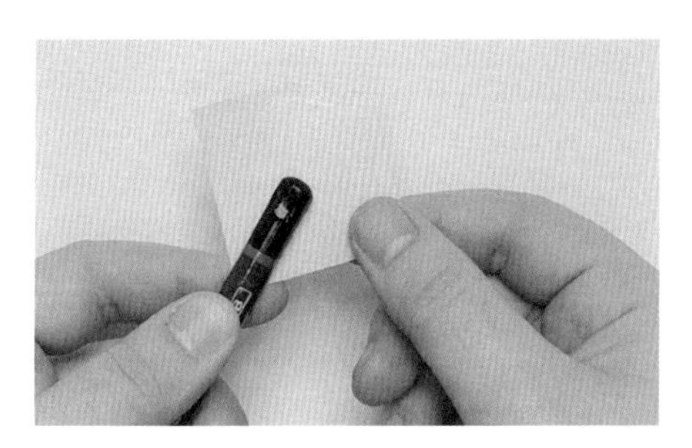

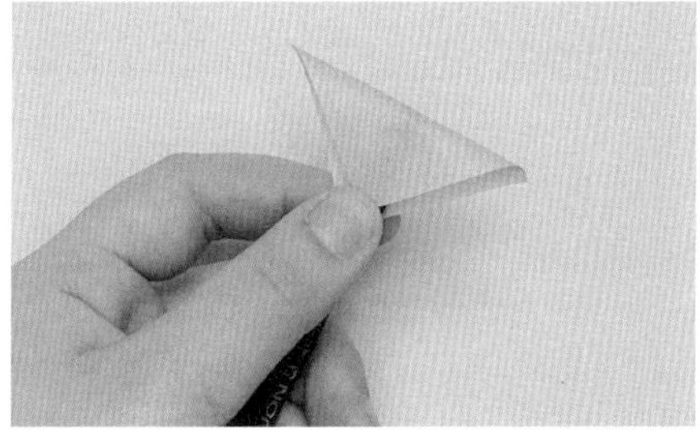

8 색한지 조각 위에 연필 꽁지를 올려놓고, 색한지를 반으로 접어 연필 꽁지를 덮어요.

활동 돋보기 연필 꽁지가 색한지 조각의 정중앙에 위치해야 해요.

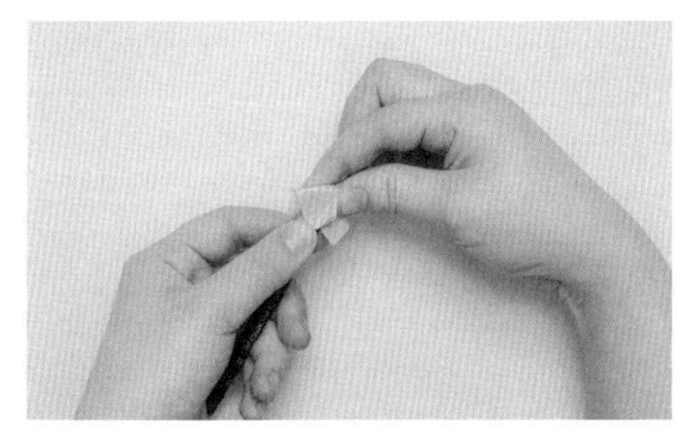

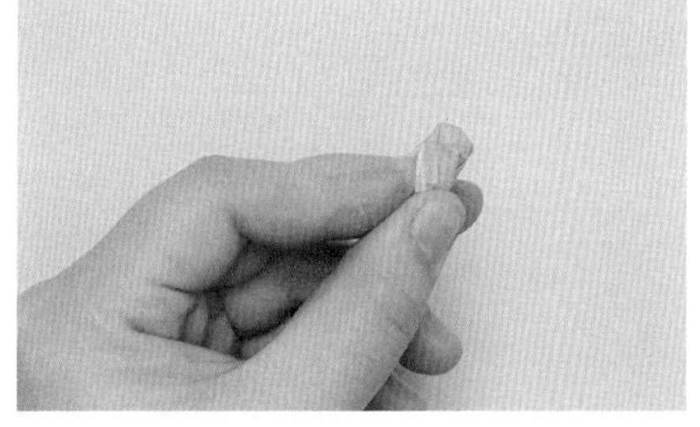

9 색한지로 덮여진 연필 꽁지를 엄지와 검지로 잡으면 반으로 접은 색한지의 양옆이 아래로 접어지게 돼요. 그 상태에서 종이를 시계 방향으로 말아 접으면서 연필 꽁지를 감싸 줘요.

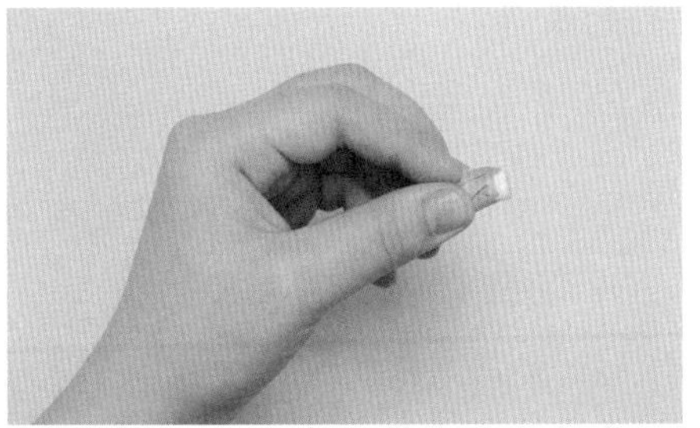

10 연필 꽁지를 감싼 색한지의 동그란 면에 목공용 풀을 충분히 묻혀요.

11 종이 접시로 만든 나무의 머리 부분에 색한지를 연필 꽁지로 충분히 눌러서 고정시켜요.

활동 돋보기 색한지는 단풍나무의 단풍잎이 될 거예요. 종이 접시의 가운데부터 천천히 붙여 나가서 단풍잎을 채워요.

12 활동 8-11을 반복해서 단풍잎이 가득한 단풍나무를 만들어요.

할로윈 박쥐 책갈피 만들기

황금 이빨을 가진 할로윈 박쥐 책갈피를 만들어 책에 끼워 봐요!

준비물: 책, 색종이(검정색 2장, 노란색 1장), 검정색 색연필, 눈알 모형 2개, 가위, 풀

함께 만들어 봐요

1 검은색 색종이를 삼각형 모양이 되도록 반으로 접어요.

활동 돋보기 설명의 용이성을 위해서 예시 작품에는 앞면은 검은색, 뒷면은 회색인 양면 색종이를 사용했어요. 검은색 양면 색종이를 사용하면 온몸이 검정색인 박쥐를 접을 수 있어요.

2 삼각형 양옆의 꼭짓점을 가운데 꼭짓점과 만나도록 올려서 접어요.

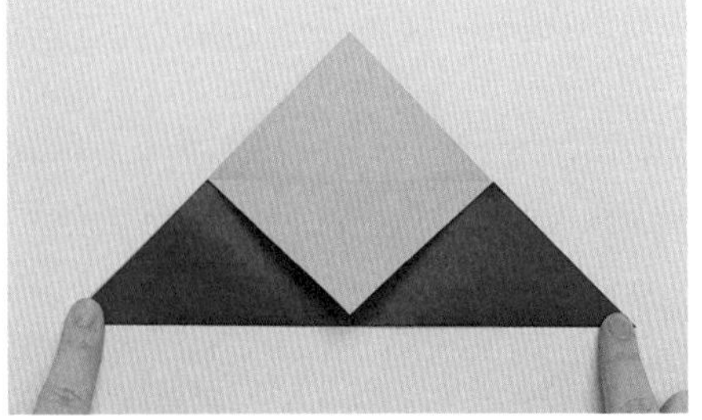

3 양옆을 다시 펴고, 사진과 같이 위쪽 뾰족한 부분의 한 면만 아래로 접어요.

4 양 끝의 뾰족한 부분을 활동 3에서 접은 부분의 안쪽으로 집어넣어요.

5 회색 삼각형 윗부분을 뒤로 접어 박쥐의 몸체를 완성해요.

6 박쥐 몸체에 어울리는 크기로 색종이 위에 날개를 그린 후 가위로 잘라요.

활동 돋보기 연필로 그리면 나중에 지워야 하니 검은색 색연필로 그리는 것을 추천해요.

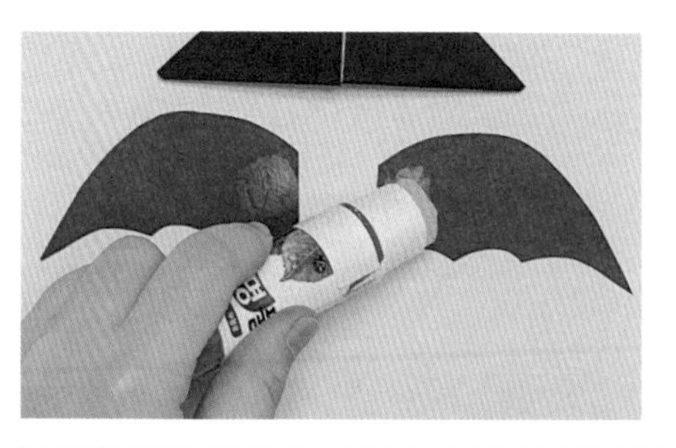

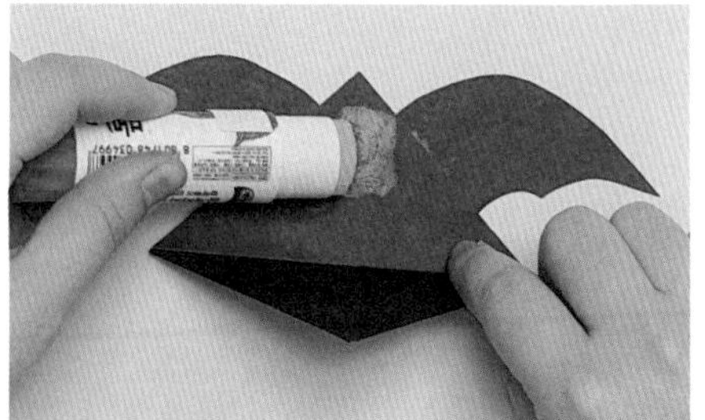

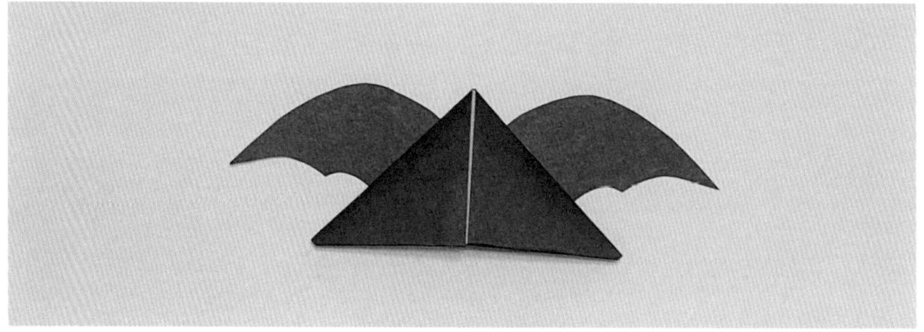

7 박쥐 몸체에 풀로 날개를 고정시켜요.

활동 돋보기 활동 5에서 뒤로 접었던 부분에 날개를 붙여야 해요. 그리고 뒤로 접은 삼각형 부분을 몸체에 풀로 고정시켜요.

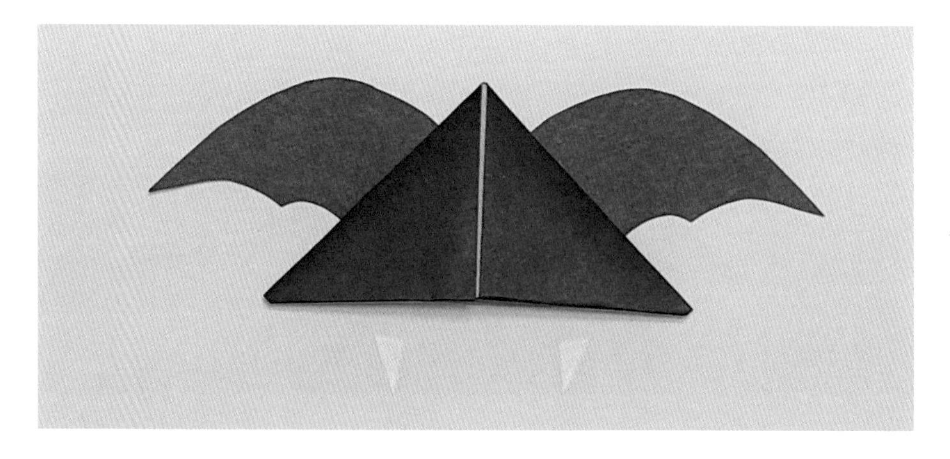

8 노란색 종이에서 작은 삼각형 모양을 2개 잘라 박쥐의 황금 이빨을 만들어요.

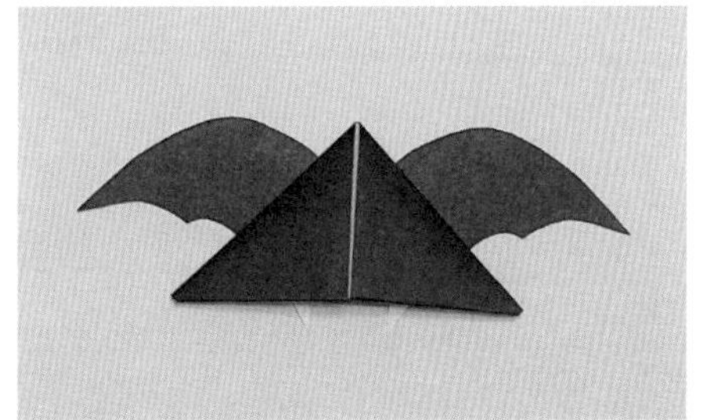

9 박쥐 몸체를 뒤집어서 엄지와 검지로 양옆 부분에 힘을 주고 살짝 구부려요. 벌어진 몸체 안쪽이자 날개가 붙어 있는 면의 맞은편에 노란색 삼각형 2개를 붙여요.

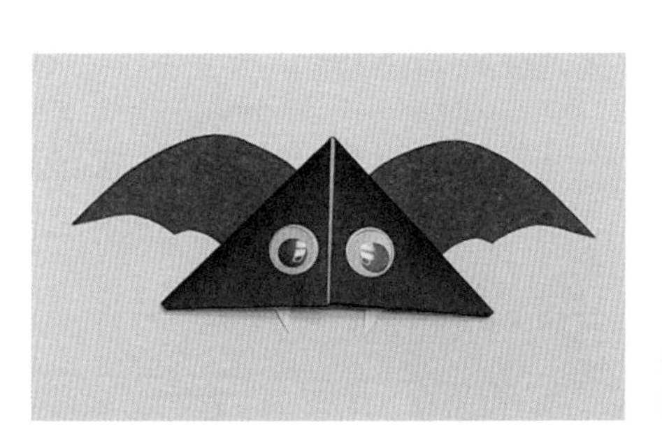

10 박쥐 몸체에 눈알을 붙여요.

크리스마스 눈사람 만들기

메리 크리스마스~ 나만의 눈사람을 만들어요!

준비물: A4용지, 색종이(여러 가지 색), 가위, 풀

함께 만들어 봐요

1 A4용지를 긴 방향으로 반으로 접어요.

2 반으로 접은 A4용지를 펼쳐 접힌 선을 따라 가위로 잘라요.

활동 돋보기 잘라 낸 종이는 눈사람의 머리와 몸체가 될 거예요.

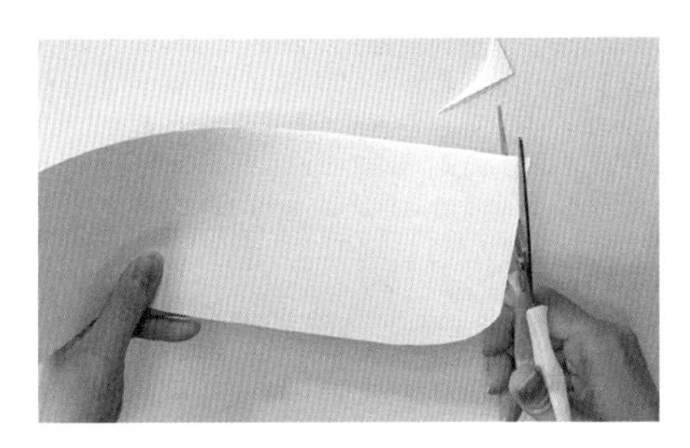

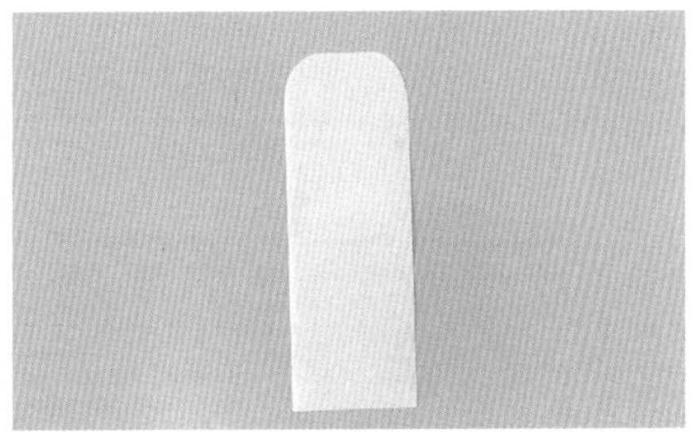

3 자른 종이의 좁은 쪽 모서리를 가위로 둥글게 잘라요.

활동 돋보기 모서리를 둥글게 다듬은 쪽이 눈사람의 머리가 될 부분이에요.

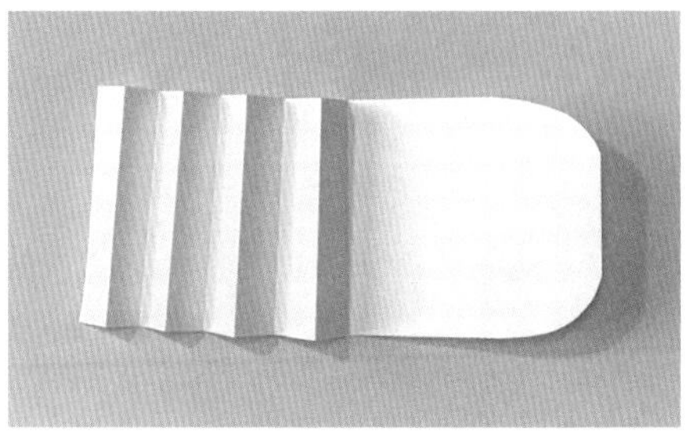

4 둥글게 자른 부분을 손가락 길이만큼 남기고 맞은편 끝에서부터 계단 모양으로 접어요.

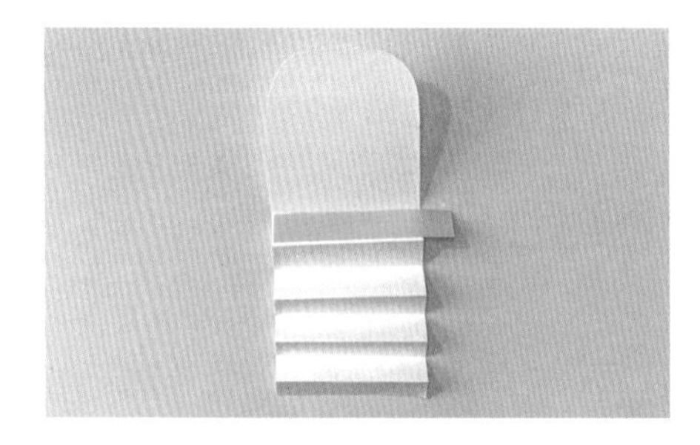

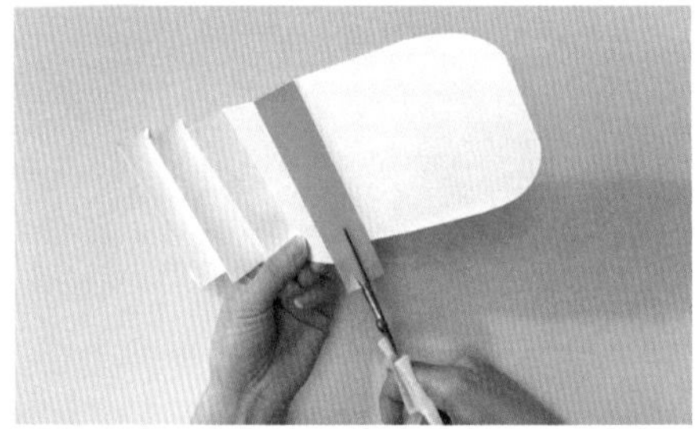

5 원하는 색깔의 색종이를 골라, 계단 너비만큼 잘라서 목도리를 만들어요. 목도리는 계단 모양의 첫 번째 부분에 붙여요.

활동 돋보기 가위로 목도리의 끝부분에 모양을 내어 잘라 주면 더 실감 나요.

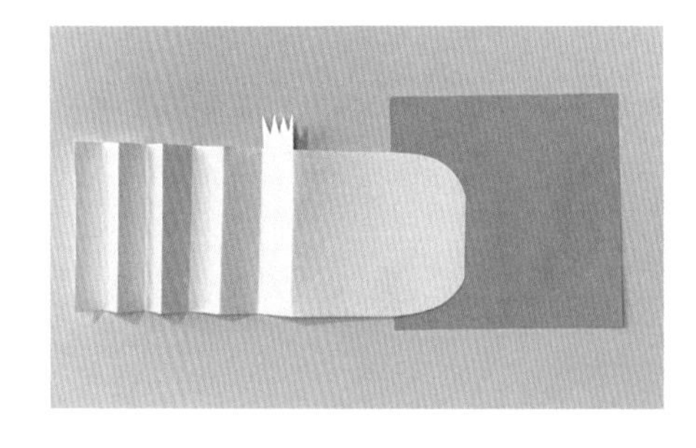

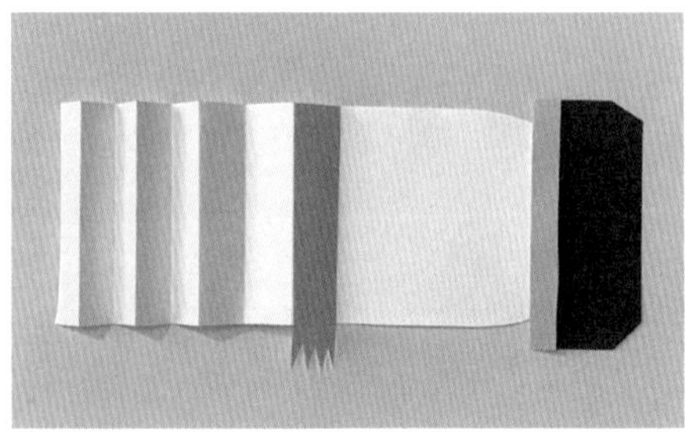

6 원하는 색깔의 색종이를 눈사람 머리 부분에 두고 모자의 크기를 정해요. 모자의 모양을 정해 가위로 잘라 눈사람 모자를 만들고, 눈사람의 머리 부분에 풀로 붙여요.

활동 돋보기 눈사람 모자의 앞부분을 접으면 더 실감 나요.

7 눈사람의 눈과 입을 그려요. 코 부분은 색종이를 잘라 붙이면 더 실감 나요.

8 눈사람 얼굴에 볼터치를 그리거나, 목도리에 문양을 넣어 완성해요.

아름다운 겨울 풍경 꾸미기

눈으로 가득한 겨울 풍경을 상상해서 꾸며 보아요!

준비물: A4용지(흰색, 검은색), 풀, 가위, 색종이

함께 만들어 봐요

1 흰색 A4용지를 손가락 길이만큼 남기고 계단 모양으로 접어요.

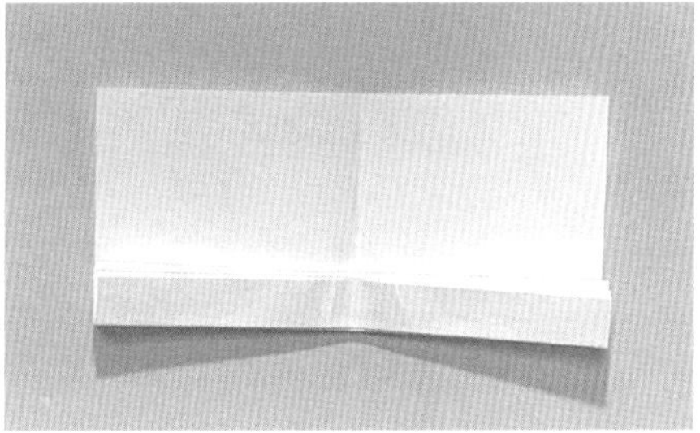

2 계단 모양으로 접은 종이를 반으로 접어요.

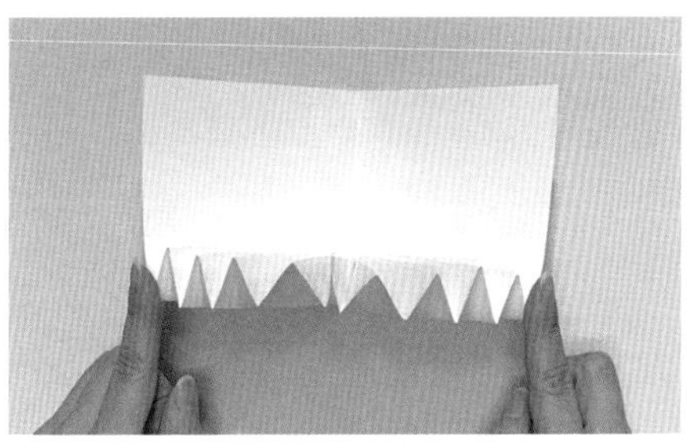

3 반으로 접은 종이를 펼치고, 계단 모양으로 접은 부분이 마주 닿게 풀로 붙여요.

4 검은색 A4용지를 반으로 자르고, 넓은 쪽 모서리를 둥글게 잘라요.

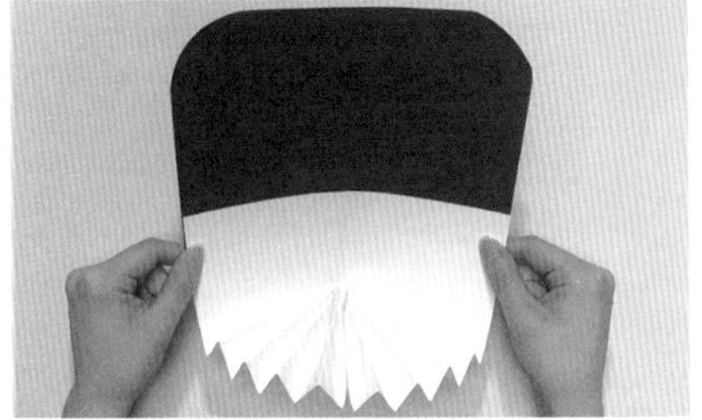

5 둥글게 자른 종이 아래쪽에 풀을 칠하고 계단 모양으로 접은 종이를 붙여요.

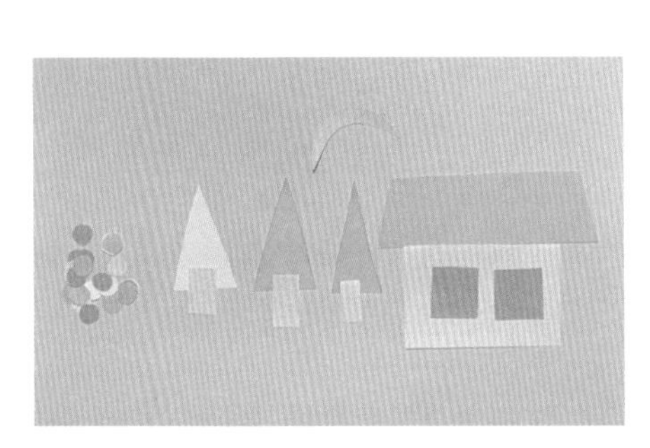

6 겨울 풍경에 어울리는 것들을 색종이로 만들어요. 배경 종이와 계단 모양으로 접은 종이에 입체적으로 붙여서 완성해요.

크리스마스 모빌 만들기

알록달록 색지로 크리스마스 모빌을 만들어 환경을 꾸며 봐요!

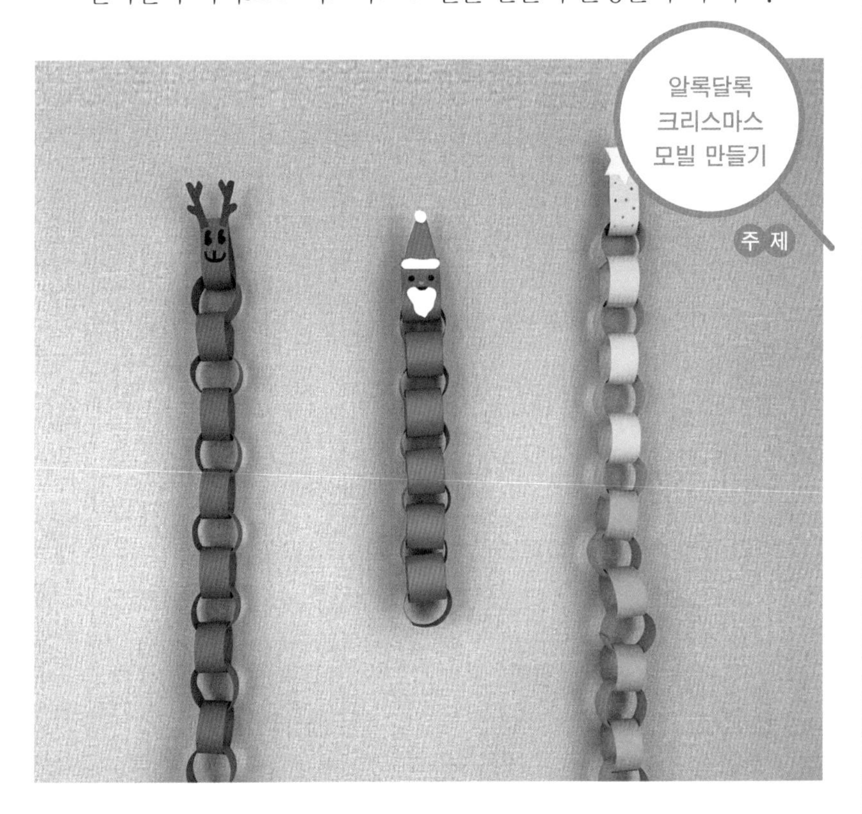

준비물: 빨강, 초록, 금색, 은색 등 크리스마스 느낌이 나는 색지 및 색종이, 풀, 가위, 테이프, 사인펜

함께 만들어 봐요

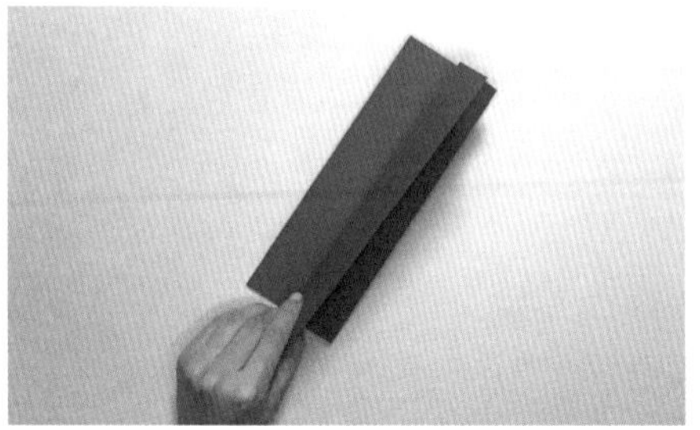

1 원하는 색지를 골라 3번 접어요.

활동 돋보기 같은 너비로 자르기 위해 접는 것이기 때문에 정확하게 등분해서 접어 줘요.

2 접은 색지를 펼쳐서 가위로 하나씩 잘라요.

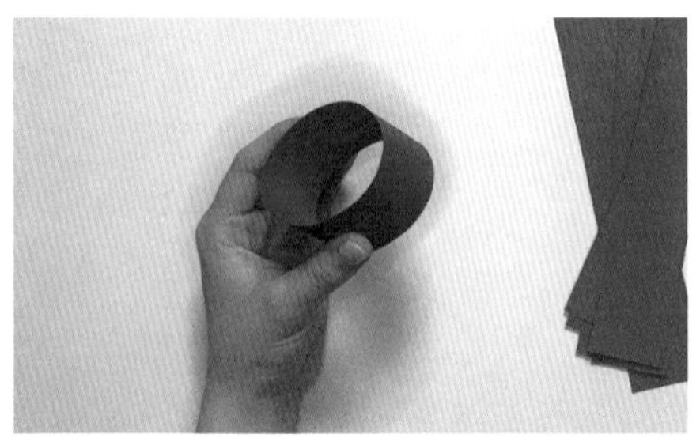

3 긴 모양의 색지를 동그랗게 말아 풀로 붙여 줘요.

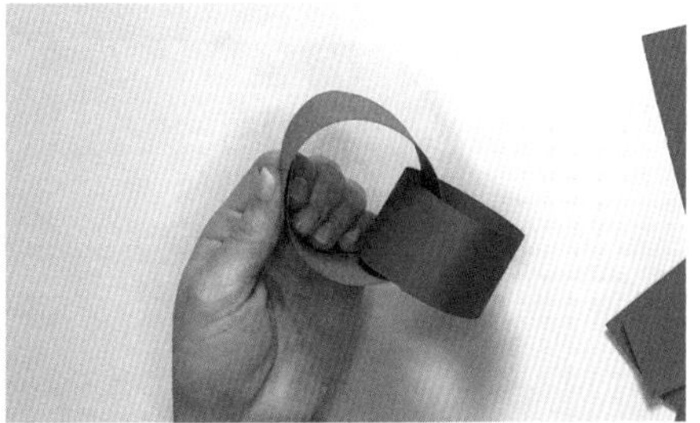

4 다른 색의 색지도 같은 방법으로 자른 후, 활동 3에서 동그랗게 말아 붙인 색지에 사이에 끼우고 같은 방법으로 말아 풀로 고정해요.

활동 돋보기 풀로 잘 고정이 되지 않으면 테이프로 한 번 더 고정해요.

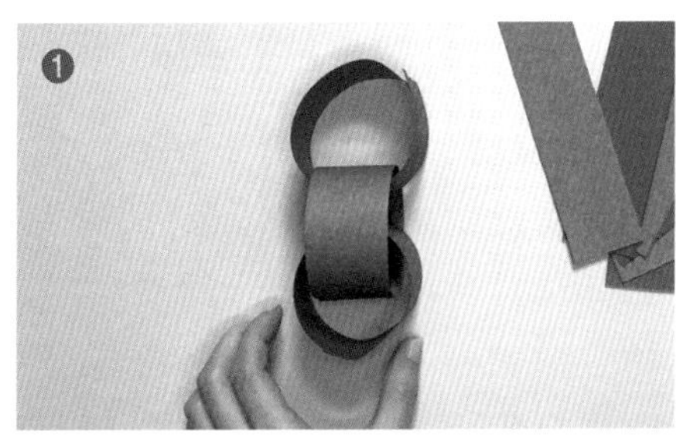

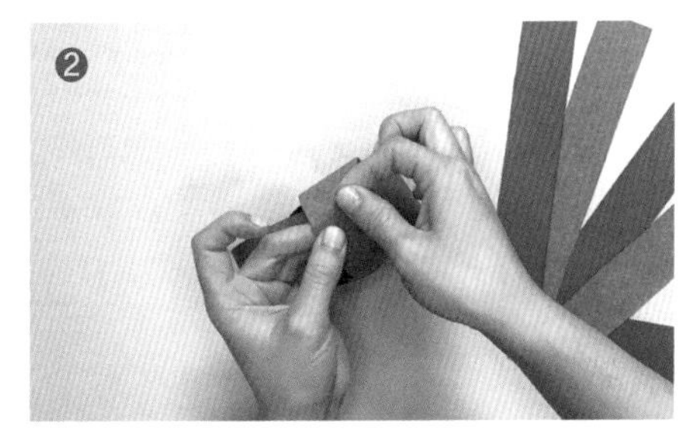

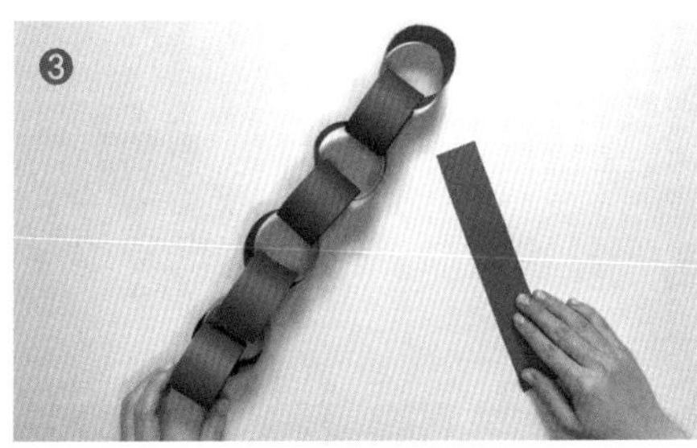

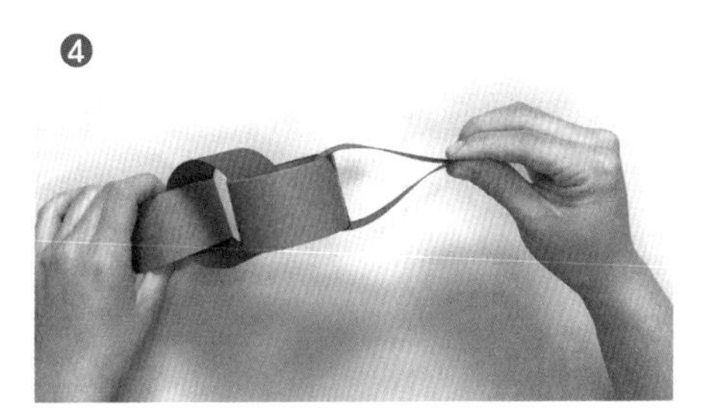

5 활동 3과 4를 반복해서 원하는 길이만큼 만들어요. 마지막 남은 종이는 물방울 모양으로 말아 붙여요.

활동 돋보기 길이는 모빌을 붙일 장소를 생각해서 조절해요.

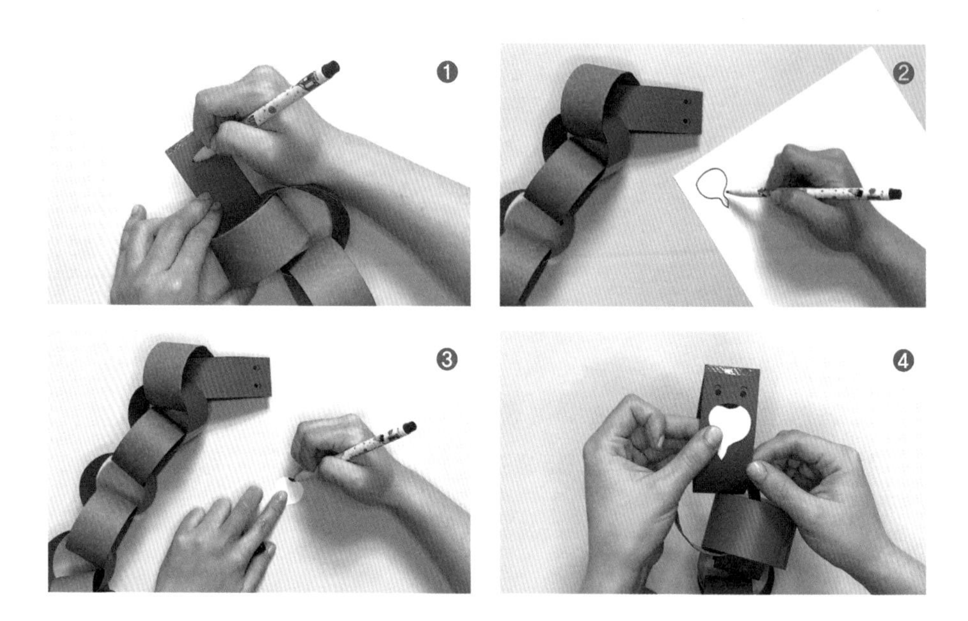

6 물방울 모양 색지에는 그림을 그리거나 모양을 잘라 붙여서 캐릭터를 만들어요.

활동 돋보기 사인펜으로 원하는 색의 종이에 직접 그림을 그려 붙일 수도 있어요.

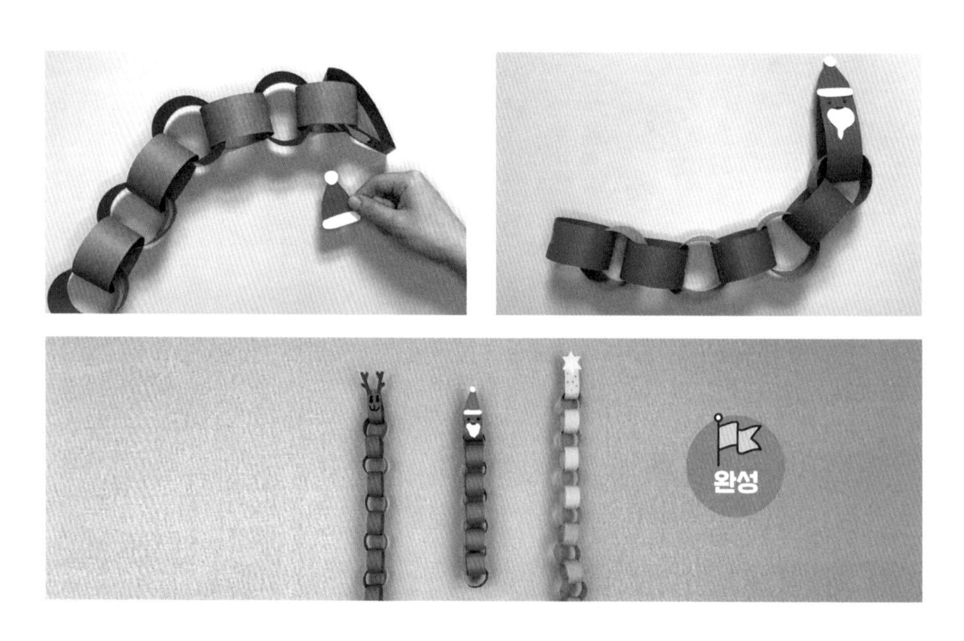

7 원하는 모양으로 꾸며 모빌을 완성해요.

털모자 디자인하기

겨울 느낌 물씬 나는 따뜻한 털모자를 내 마음대로 디자인해요!

준비물: A4 크기 도화지, 물감, 물통, 팔레트, 붓, 가위, 목공용 풀, 털실, 15cm× 10cm 크라프트지, 흰색 크레파스 또는 색연필

함께 만들어 봐요

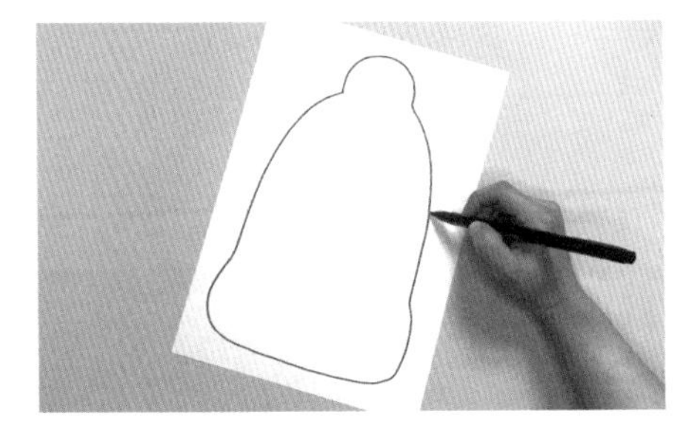

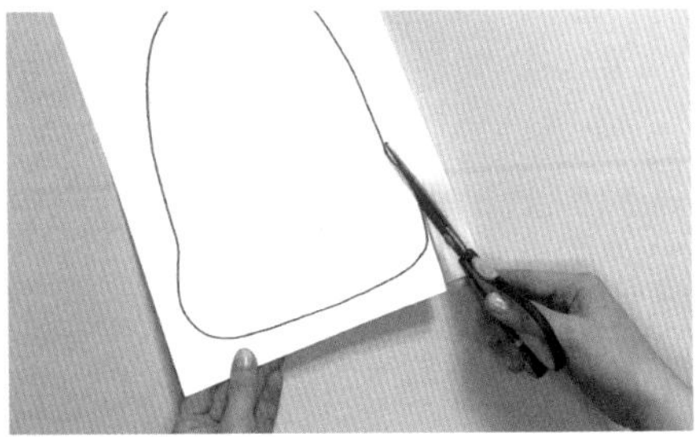

1 도화지에 털모자 모양을 그린 후, 가위로 잘라요. 이때, 도안을 이용해도 좋아요.

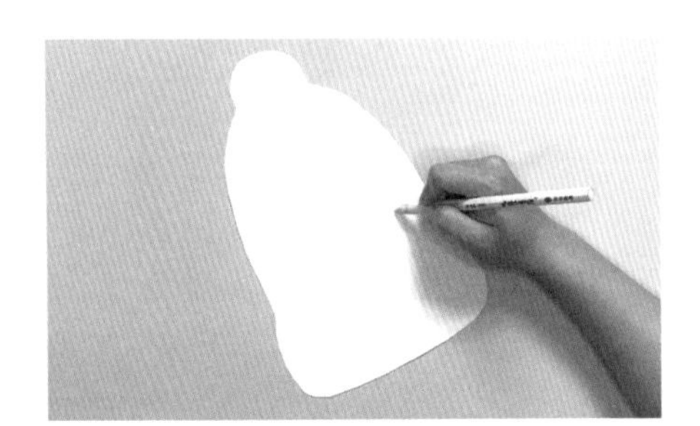

2 털모자 위에 흰색 크레파스나 색연필로 털모자의 무늬를 그려 넣어요. 그 다음에는 원하는 색의 물감을 선택해서 칠해요.

활동 돋보기 같은 계열의 색을 점점 어두운 색으로 칠해 주면 더 다채로운 털모자가 완성돼요.

3 15cm×10cm 크라프트지를 사진과 같은 모양으로 자르고 털실을 준비해요.

활동 돋보기 털실은 칠한 모자의 색과 어울리는 색으로 골라요.

4 크라프트지에 털실을 사진과 같은 방식으로 풍성하게 감은 후, 약간의 길이를 남기고 잘라요.

5 크라프트지에 있는 구멍 사이로 털실을 넣고 세로로 여러 번 단단히 감은 후, 크라프트지를 제거해요. 세로로 감은 털실을 단단히 매듭을 지어 묶어요.

6 동그랗게 말린 양쪽 부분을 가위로 자른 후, 모양을 정리해서 털모자 방울 모양으로 다듬어요.

7 채색한 털모자 도안에 털실 방울을 목공용 풀로 고정해요.